Veröffentlichungen der Schmalenbach-Gesellschaft, Band 24

DIE EINGANGSRECHNUNG IM INDUSTRIELLEN UNTERNEHMEN

von

Dr. Edgar Mund

SPRINGER FACHMEDIEN WIESBADEN GMBH
1958

Ursprünglich erschienen bei Westdeutscher Verlag, Köln und Opladen 1958
Softcover reprint of the 1st edition 1958

Einbandentwurf: Heinrich Wehmeier. Satz und Druck: Dr. Friedrich Middelhauve GmbH, Opladen

Additional material to this book can be downloaded from http://extras.springer.com.

ISBN 978-3-663-19959-5 ISBN 978-3-663-20305-6 (eBook)
DOI 10.1007/978-3-663-20305-6

VORWORT

Die vorliegende Veröffentlichung, die sich mit der materiellen und organisatorischen Seite der Eingangsrechnung und ihrer Problematik, gesehen aus dem Blickwinkel des industriellen Unternehmens, befaßt, entstand als Diplom-Arbeit im Seminar für Allgemeine und Industrielle Betriebswirtschaftslehre an der Universität Köln unter seinem Direktor Herrn Professor Dr. Theodor Beste.
Ihm schulde ich aufrichtigen Dank für die wertvollen Anregungen und Ratschläge, die ich bei der Formulierung und Gestaltung des Themas sowie im Zuge seiner Bearbeitung empfangen durfte.
Insbesondere die organisatorische Behandlung der Eingangsrechnung stellt, meiner Ansicht nach, ein Zentralproblem innerhalb der sich in einem industriellen Unternehmen vollziehenden Werteumwandlung und Wertebewegung dar, das besondere Beachtung verdient. — Möge die hier gewählte Betrachtungsweise der betriebswirtschaftlichen Forschung und Praxis in gleicher Weise dienen.
Im Hinblick auf die Bedeutung des Themas hat die Schmalenbach-Gesellschaft die Arbeit in ihre Schriftenreihe übernommen, wofür ich ihr zu besonderem Dank verpflichtet bin.

Duisburg, im August 1958 *Edgar Mund*

INHALT

VERZEICHNIS DER ABBILDUNGEN

Bei den vorstehend aufgeführten und in die vorliegende Arbeit eingefügten Vordrucken und Stempeln handelt es sich um solche, die größtenteils in den Unternehmen, in denen der Verfasser Untersuchungen über den Behandlungsgegenstand angestellt hat, Verwendung finden, teilweise aber auch der Literatur entnommen wurden. Mitunter wurden an ihnen geringfügige Änderungen vorgenommen, teils aus Zweckmäßigkeitsgründen heraus, teils technisch bedingt.

EINLEITUNG

Der Organismus einer modernen, arbeitsteiligen Volkswirtschaft bietet sich dem Betrachter als eine Vielzahl von Einzelwirtschaften dar, und zwar handelt es sich bei diesen in der Hauptsache oder nahezu ausnahmslos im Gegensatz zu den Eigenleistungswirtschaften um Fremdleistungswirtschaften, die sich dadurch kennzeichnen, daß sie sich in den Dienst der Bedarfsdeckung fremder Wirtschaften stellen, während die Eigenleistungswirtschaften, wie die Bezeichnung schon erkennen läßt, ausschließlich oder doch vorwiegend ihre Tätigkeit auf dem wirtschaftlichen Sektor auf die unmittelbare Befriedigung eigener Bedürfnisse auszurichten pflegen. Eigenleistungswirtschaften sind in einer Volkswirtschaft heutiger Prägung, zum mindesten in Zeiten, in denen sich der Wirtschaftsablauf in normalen Bahnen vollzieht, selten, auf jeden Fall solche in reinster Form. — Im folgenden seien daher, wenn von Einzelwirtschaften die Rede ist, lediglich die Fremdleistungswirtschaften und von den Eigenleistungswirtschaften diejenigen gemeint, die nicht nur eigene, sondern auch fremde Bedürfnisse befriedigen.

Nicht die Summe, sondern das Ineinandergreifen der Einzelwirtschaften macht das Wesen des Organismus Volkswirtschaft aus. Vergleicht man diese mit einem Getriebe, in dem ein Rad in das andere greift, so stellen die Einzelwirtschaften in diesem Getriebe die Räder dar, von denen jedes ein anderes in Bewegung setzt, wie es seinerseits von einem anderen angetrieben wird. — Aus dem Blickwinkel der Einzelwirtschaften gesehen, sieht dieses Zusammenspiel so aus, daß jede für sich Leistungen erstellt und an andere abgibt und ihrerseits dafür Leistungen empfängt.

Aus den Einzelwirtschaften, den Fremdleistungswirtschaften, ragt nun die Gruppe der Unternehmen, der Erwerbswirtschaften, hervor, die unter Eingehen von Risiken, über einen eigenen Bestand an Gütern zur Erfüllung des Unternehmenszweckes verfügend, bei Führung einer eigenen Rechnung über die Vermögensänderungen die Deckung des Bedarfs fremder Wirtschaften übernommen hat. Die Zwecksetzung der Unternehmen im

Rahmen der von ihnen übernommenen Aufgabe kann sehr verschieden sein; immer aber sind es zwei Leistungsströme, in deren Mittelpunkt die Unternehmen stehen: Einmal mündet in ihnen ein Strom von Leistungen, der von außen kommt, und weiter sind sie die Quelle eines Stromes von Leistungen, der sich nach außen ergießt. Diesen beiden Strömen entsprechen die betriebswirtschaftlichen Tatbestände der Beschaffung und des Absatzes. Sie vollziehen sich einmal in der Form der konkreten Leistungsbewegungen dergestalt, daß Güter, Dienstleistungen, Geld, Wertpapiere und so weiter gegen Entgelt in ein Unternehmen eingehen und in gleicher oder veränderter Form wieder das Unternehmen gegen Entgelt verlassen. Zum anderen finden diese Vorgänge ihren zahlenmäßigen Niederschlag in der Buchhaltung im weitesten Sinne zum Zwecke der Rechnungslegung und spielen sich somit in einer mehr abstrakten Sphäre ab. *Was nun die buchhalterische Fixierung und Abwicklung der Beschaffung anbelangt, so ist damit in groben Zügen der Rahmen angedeutet, in den die Eingangsrechnung, als der Betrachtungsgegenstand der vorliegenden Arbeit, gehört:* Die Eingangsrechnung fließt gleichsam mit dem passiven Leistungsstrom in ein Unternehmen hinein und belegt die eingegangenen aktiven Leistungen anderer Unternehmen zum Zwecke der buchhalterischen Auswertung.

Allzu leicht ist man erfahrungsgemäß geneigt, die Bedeutung der Eingangsrechnung für den sich in einem Unternehmen vollziehenden Wertefluß zu unterschätzen oder gar zu verkennen, ohne daß man hierfür einen Grund angeben könnte. — In der betriebswirtschaftlichen Literatur finden sich nur vereinzelt Abhandlungen, in denen die Eingangsrechnung angesprochen wird. Soweit man auf derartige Darstellungen stößt, lassen sie es zumeist an einer wünschenswerten Gründlichkeit und Geschlossenheit fehlen. Ähnliche Lücken lassen sich bei der Durchsicht der juristischen Literatur feststellen. Sogar in der Praxis kann man häufig genug die Erfahrung machen, daß der Eingangsrechnung nicht die Bedeutung beigelegt wird, die ihr zukommt. Das gilt vor allem auch für die rechtliche Seite der Eingangsrechnung.

Infolgedessen hat sich der Verfasser bemüht, im Verlaufe dieser Arbeit die Eingangsrechnung einer möglichst eingehenden Untersuchung zu unterziehen: Alle Fragen, die sie in materieller Hinsicht und in bezug auf ihre Behandlung einerseits und in betriebswirtschaftlicher und juristischer Hinsicht andererseits aufwirft, sollen in geschlossener Form dargestellt werden. Dabei soll sowohl das, was bereits vereinzelt in der Literatur über die Eingangsrechnung ausgeführt wurde, als auch insbesondere umfangreiches Erfahrungsmaterial, das im Verlaufe von in mehreren namhaften industriellen Unternehmen verschiedener Größe und Struktur angestellten Untersuchungen gesammelt wurde, zu Wort kommen. So gesehen, *stellt die vorliegende Arbeit einen Versuch dar, dazu beizutragen, daß eine nicht zu verkennende Lücke in der Literatur allmählich geschlossen wird. Nicht zuletzt soll die Arbeit Anregungen und Hinweise für die Praxis in sich bergen.*

Wenn für die Untersuchung der Eingangsrechnung *die Perspektive des industriellen Unternehmens gewählt* wurde, so geschah dies hauptsächlich aus zwei Gründen: Einmal ist mit dieser Spezialisierung die Gewähr dafür gegeben, daß möglichst alles, was an der Eingangsrechnung von Interesse ist und was behandelt zu werden verdient, auch zur Darstellung gelangt. Alle Fragen, die überhaupt in Zusammenhang mit der Eingangsrechnung auftauchen können, dürften wohl mit der Behandlung der in einem industriellen Unternehmen akuten erschöpfend beantwortet sein. — Zum anderen erfolgte die spezielle Themastellung deshalb, weil die Eingangsrechnung für ein industrielles Unternehmen von entschieden größerer Bedeutung ist als für ein solches irgendeines anderen Gewerbezweiges. Es sei an dieser Stelle, um nicht den nachfolgenden Ausführungen vorzugreifen, nur angedeutet, daß die Höhe der Beträge und die Vielgestaltigkeit der eingehenden Rechnungen auf der einen Seite sowie der erhebliche Rechnungsanfall und die vielseitige Beanspruchung der Eingangsrechnungen auf der anderen Seite die Verlagerung des Betrachtungsgegenstandes auf die Ebene des industriellen Unternehmens durchaus angebracht erscheinen lassen.

Es sei schließlich noch in diesem Zusammenhang bemerkt, daß es im Verlauf der vorliegenden Arbeit keines Hinweises darauf bedarf, daß die Eingangsrechnung in Unternehmen bestimmter Industriezweige *eine Sonderstellung hinsichtlich ihres materiellen Gehaltes oder ihrer Behandlung* genießt, da eine solche, wie die angestellten Untersuchungen ergeben haben, als *nicht gegeben* zu betrachten ist. — Wenn in Unternehmen verschiedener Industriezweige bei dem Sortiment eingehender Rechnungen das Schwergewicht mal auf diesen, mal auf jenen Leistungen als Gegenstand der Berechnung liegt, so werden durch diesen Umstand keine besonderen Probleme aufgeworfen, die herausgestellt zu werden verdienen. Vielmehr genügen dazu die allgemeinen Ausführungen an verschiedenen Stellen dieser Arbeit, die sich mit der im industriellen Unternehmen anzutreffenden Breite und Tiefe des Sortiments eingehender Rechnungen generell befassen. — Desgleichen bedingt die Zugehörigkeit eines Unternehmens zu einem bestimmten Industriezweig keine besondere Behandlung der Eingangsrechnungen, die vielleicht in einer für den einen oder anderen Zweig charakteristischen Tatsache, gleich welcher Art, begründet läge und daher besonders herauszustellen wäre. — Nach den vom Verfasser gemachten Erfahrungen kann also von einer Darstellung oder Unterstreichung der *Sonderstellung der Eingangsrechnung* in Unternehmen bestimmter Industriezweige bewußt Abstand genommen werden. Wohl ist eine solche *in industriellen Unternehmen schlechthin gegeben, und sie bildet ja gerade den Dreh- und Angelpunkt der vorliegenden Arbeit.*

ERSTER HAUPTTEIL

DIE EINGANGSRECHNUNG, MATERIELL GESEHEN

A. DIE EINGANGSRECHNUNG IN BETRIEBSWIRTSCHAFTLICHER SCHAU

I. Begriffsbestimmung und -abgrenzung

Bei Berücksichtigung einer Vielzahl von in der Literatur[1] zu findenden Definitionen für den Begriff „Rechnung" faßt man diesen zweckmäßig und sachlich richtig wie folgt: Die Rechnung stellt eine meist — aber nicht unbedingt notwendig — auf einem vorgedruckten Formular vorgenommene schriftliche Mitteilung dar, durch die der Verkäufer (Gläubiger) dem Käufer (Schuldner) über die von ihm vollzogenen Güterlieferungen oder Dienstleistungen und über die vom Käufer dafür zu bewirkenden Gegenleistungen nach Art und Umfang Kenntnis gibt.

Es ist zweckmäßig, um den Begriff ganz klar herauszustellen, bereits an dieser Stelle kurz der später zu erfolgenden Behandlung der juristischen Seite der Eingangsrechnung vorzugreifen: Der *wesentliche Unterschied zwischen einer Rechnung und einer Bestellungsannahme* (Auftragsbestätigung) besteht begrifflich darin, daß durch diese der Verkäufer dem Käufer mitteilt, daß er eine Bestellung (Offerte) annimmt und unter welchen Bedingungen sie zur Ausführung gelangen soll. Das Kriterium der Bestellungsannahme bilden die Annahme der Bestellung und die Inaussichtstellung ihrer Ausführung. Das Kriterium einer Rechnung ist regelmäßig in der Mitteilung der Güterlieferungs- oder Dienstleistungserfüllung sowie der Begründung für die Zahlungserfüllung zu sehen.

Und nun zum Begriff „Eingangsrechnung":

Ausgehend von der Begriffsbestimmung für die Rechnung allgemein, läßt sich nun die Eingangsrechnung dahingehend definieren, daß darunter die Rechnung zu verstehen ist, die beim Käufer (Schuldner) eingeht und hier die ihr entsprechend der eingangs gegebenen Definition eigenen Funktionen aus-

[1] Vgl. *Walter Le Coutre*, Organis. Lexikon, Berlin 1930, S. 404 — *Georg Obst*, Das Buch des Kaufmanns, Bd. II, 7. Aufl., Stuttgart 1928, S. 604 — *Maier-Rothschild*, Bd. II: Kaufmannspraxis, hg. von Karl Rohwald, Berlin 1927, S. 533.

zuüben hat. — *Das Gegenstück zur Eingangsrechnung ist die Ausgangsrechnung.* Begriffsnotwendig ist jede Rechnung zugleich Eingangsrechnung, als eingehende Rechnung beim Rechnungsempfänger (Käufer), und Ausgangsrechnung, als ausgehende Rechnung beim Rechnungsaussteller (Verkäufer).

II. Die Bezeichnung „Eingangsrechnung"

Es ist nun keineswegs so, daß die Bezeichnung „Eingangsrechnung" sich eines uneingeschränkten Gebrauchs in Literatur und Praxis erfreut, obwohl es naheliegt anzunehmen, daß es eine treffendere und zur Vermeidung von Unklarheiten geeignetere Bezeichnung wohl schwerlich geben kann. Trotzdem wird derjenige, der sich mit Praktikern unterhält oder in Fachbüchern nachschlägt, vielfach eines anderen belehrt. Selbst die Bezeichnung „Rechnung" ist mitunter nicht gebräuchlich. Statt ihrer hört und liest man hier und da „Faktura" oder „Nota".

Den Unterschied zwischen *Rechnung und Nota*[2] sah und sieht man zum Teil heute noch darin, daß eine Nota dann ausgestellt wird, wenn sie sich nur auf einen einzelnen Posten (Güterlieferung oder Dienstleistung) erstreckt, während von einer Rechnung erst zu sprechen ist, wenn mehrere Leistungen oder solche Lieferungen, die von verschiedenen Lägern erfolgt sind, zur Berechnung gelangen.

Zwischen *Rechnung und Faktura* wird dergestalt unterschieden, daß die letztere dann ausgestellt wird, wenn die berechneten Güterlieferungen oder Dienstleistungen für einen auswärtigen Abnehmer bestimmt sind, während man sich bei Platzgeschäften der Bezeichnung „Rechnung" bedient[3]. — In der Literatur[4] stößt man auch zuweilen auf die Ansicht, daß die Bezeichnung „Faktura" stets zu verwenden ist, wenn Güterlieferungen im Großhandel zur Berechnung gelangen. — Nur der Vollständigkeit halber sei hier noch erwähnt, daß die Bezeichnung „Faktura", abgeleitet von Faktor, ursprünglich nur für Rechnungen gebraucht wurde, die ein Kommissionär über für Rechnung des Kommittenten eingekaufte Waren an diesen auszustellen pflegte.

Die aufgezeigten Unterschiede macht man aber in der Regel heute nicht mehr. Die alten Bezeichnungen werden jedoch vielfach noch, weil sie sich

[2] Vgl. L. Rothschilds Taschenb. f. Kaufl., insbesondere für Zöglinge des Handels, 30. Aufl., Leipzig 1886, 2. Teil, S. 57 — *Joh. Friedr. Schär*, Korrespondenz und Handelsbetriebslehre, in: Maier-Rothschild-Bibliothek, 12./13. Jahrg., Berlin 1923, S. 19.

[3] Vgl. L. Rothschilds Taschenbuch a. a. O., S. 57 ff.

[4] Vgl. *Joh. Friedr. Schär*, Korrespondenz und Handelsbetriebslehre a. a. O., S. 19 ff.

eingebürgert haben, zu Lasten einer einheitlichen Bezeichnung und damit besseren Verständigung beibehalten.
Soweit man sich aber zu der Bezeichnung „Rechnung" durchgerungen hat, ist man in Praxis und Literatur dazu übergegangen, sich geradezu eines *Kataloges von Zusätzen* zu bedienen, die sämtlich zum Ausdruck bringen sollen, daß die Rechnungen jeweils gemeint sind, die beim Käufer eingehen, um dort in den Wertefluß eingeschleust zu werden, und um letztlich einen Gegensatz zu schaffen zu den Ausgangsrechnungen, die eben primär für den Rechnungsaussteller (Verkäufer) von Interesse sind. So gebraucht man nebeneinander „Lieferantenrechnung", „Warenrechnung", „Einkaufsrechnung", „Kreditorenrechnung" und meint jeweils dasselbe.
Vielleicht ist auf die Dauer doch der Bezeichnung „Eingangsrechnung" der Sieg gegenüber den Konkurrenzbezeichnungen beschieden, der nun einmal der besseren, weil zweckmäßigeren, zufallen muß.

III. Der Inhalt der Eingangsrechnung

Aus der im vorstehenden gegebenen Begriffsbestimmung für die Eingangsrechnung läßt sich ihr Inhalt zwangsläufig ableiten. Ganz allgemein ist zu sagen, daß er sich keineswegs auf die gesamten, dem jeweiligen Geschäft zugrunde liegenden Vertragsbedingungen, sondern lediglich auf die Darstellung der Ausführung der Bestellung und die Benennung der zu bewirkenden Gegenleistung, und zwar beides in knapper Form, erstrecken soll. In der Praxis hat sich daher die Regel entwickelt, *nur die wichtigsten Punkte des Vertrages in der Eingangsrechnung zu wiederholen.* Welche Wirkung die Aufnahme vertragswidriger Positionen in die Eingangsrechnung hat, wird an anderer Stelle noch darzustellen sein.
Das „RKW" führt in seinen „Richtlinien für Rechnungsvordrucke"[5] die *wesentlichen Bestandteile*, die eine Eingangsrechnung beinhalten muß, an. In Anlehnung an sie läßt sich der Rechnungsinhalt in den folgenden Punkten zusammenfassen:
1. *Genaue Anschrift des Rechnungsausstellers* (Verkäufers, Gläubigers) einschließlich der Angaben über dessen Bankverbindungen, Fernsprechanschluß, Drahtanschrift und Geschäftszeit.
2. *Genaue Anschrift des Rechnungsempfängers* (Käufers, Schuldners).
3. *Angaben, die den Gegenstand des Vertrages,* also die Lieferungen oder Leistungen des Verkäufers einerseits und die Gegenleistung des Käufers

[5] Vgl. Richtlinien f. Rechnungsvordrucke, RKW-Veröffentlichung No. 16, Berlin 1929.

(Preis) andererseits, *betreffen*. Im einzelnen handelt es sich dabei um die folgenden:

Angaben, die sich auf die Erfüllung durch den Verkäufer beziehen: Genaue Bezeichnung der Güterlieferungen oder Dienstleistungen (Abmessungen, Menge, Qualität),

Angaben, die sich auf die Gegenleistung durch den Käufer beziehen: Einzelpreis, Gesamtpreis, Abzüge (Skonto, Rabatt), Frachtkosten, Verpackungskosten, eventuell Umsatzsteuer, Vermittlergebühren und andere.

4. *Angaben, die für die Auswertung und Bearbeitung der Eingangsrechnung* sowohl beim Rechnungsempfänger als auch beim -aussteller *von Wichtigkeit sind:* Rechnungsnummer, Rechnungsdatum, Briefzeichen des Verkäufers, Bestellnummer des Käufers, Auftragsnummer des Verkäufers, Kontierungsangaben, Firmen- und Warenschlüsselnummer, Nummer der Versandanzeige(n) nebst deren Datum, Wiegekartennummer, Kennummern der Frachtunterlagen.

5. *Hinweise auf die Versendungsart.*

6. *Sonstige wichtige Ausschnitte aus den Vertragsbedingungen:* Zahlungsbedingungen, Lieferbedingungen, Hinweise auf Erfüllungsort, Gerichtsstand, Mängelrügefrist, Eigentumsvorbehalt, Verpackungsrücksendung und andere.

Schon an dieser Stelle ist besonders darauf hinzuweisen, daß der *Rechnungsinhalt nicht durch die Unterschrift* des Rechnungsausstellers *abgeschlossen* wird, um betrügerischen Absichten keinen Vorschub zu leisten. Hierauf wird bei der Behandlung der juristischen Bedeutung der Eingangsrechnung näher einzugehen sein.

Die Beschränkung des Inhalts der Eingangsrechnungen auf die im vorstehenden dargestellten wesentlichen Bestandteile und dessen Wahrung haben einmal zur Folge, daß der Rechnungsvordruck nicht überlastet wird, und zum anderen, daß alle Stellen, die mit der Eingangsrechnung zu tun haben, in ihr auch all die Angaben finden, die sie benötigen. — Ergänzend sei auf die später noch folgenden Ausführungen über „Die Eingangsrechnung als Vordruck" verwiesen.

Zu den *unwesentlichen Bestandteilen*, die häufig noch in den Rechnungsinhalt aufgenommen werden, gehören zum Beispiel die *kompletten Vertragsbedingungen*, die meist auf der Rückseite der Eingangsrechnungen abgedruckt werden. Falls von dieser Möglichkeit Gebrauch gemacht wird, empfiehlt es sich, zum mindesten auf der Vorderseite einen entsprechenden Hinweis anzubringen. — Ferner werden den wesentlichen Bestandteilen der Eingangsrechnung zuweilen *Angaben über den Kontenstand* des Rechnungsempfängers (Kontenauszug in Kurzform) sowie im Falle der Berechnug von Teilleistungen *Angaben über die bereits erfolgten und die noch durchzuführenden Güterlieferungen und Dienstleistungen* hinzugefügt. — Die auf den meisten Eingangsrechnungen zu findenden *Sätze wie* „Wir sandten auf Ihre Gefahr",

„Wir sandten Ihnen auf Grund unserer Verkaufsbedingungen", „Wir belasten Ihr Konto mit" oder „Auf Grund Ihres Auftrages erhielten Sie" drücken fast alle etwas aus, was selbstverständlich ist, und können daher, von wenigeu. Ausnahmen abgesehen — vgl. hierzu unter B. „Die Eingangsrechnung in juristischer Schau" —, fortfallen. — Zu den unwesentlichen Bestandteilen der Eingangsrechnung zählen schließlich *Schriftsätze und Bilder*, insbesondere *Warenzeichen und Firmenzeichen*, die der Eingangsrechnung den Charakter einer Werbehilfe geben.

IV. Die Arten der Eingangsrechnung

Entsprechend der naturgemäßen Vielgestaltigkeit des Stromes von Gütern und Dienstleistungen, der sich in ein industrielles Unternehmen innerhalb der Beschaffungssphäre auf der rechtlichen Basis von Kauf-, Werk-, Werklieferungs-, Dienstverträgen und anderen ergießt, *weist auch das Sortiment an Eingangsrechnungen eine beachtliche Größe und Buntheit auf*.
Eine Sichtung und Aufteilung dieses ebenso breiten wie tiefen Sortiments zwecks Gewinnung einer besseren Übersicht, und um bei dieser Gelegenheit bereits eine Vorstellung von den Anforderungen zu erhalten, die in einem industriellen Unternehmen an die Bearbeitung und Auswertung der Eingangsrechnung gestellt werden, vorzunehmen, wird im folgenden kurz versucht werden. Dabei sollen *die verschiedenen Möglichkeiten*, die hinsichtlich der Einteilung der Eingangsrechnungen in Rechnungsarten je nach dem gewählten Unterscheidungsmerkmal bestehen, ungeachtet dessen, daß sie sich teilweise gegenseitig ausschließen, nacheinander dargestellt werden:
1. Wählt man den Gegenstand, der in der Eingangsrechnung durch den Rechnungsaussteller zur Berechnung gelangt, als Unterscheidungsmerkmal, so ergibt sich eine Aufteilung in die beiden großen Gruppen *Güter-Eingangsrechnungen und Dienstleistungs-Eingangsrechnungen* : In die erste Gruppe gehören die Eingangsrechnungen über Roh-, Hilfs- und Betriebsstoffe, Maschinen und sonstige Anlagegegenstände, Ersatzteile, Fabrikations-Zulieferungen, Werbematerialien und andere. — Die zweite Gruppe umfaßt die Eingangsrechnungen über Reparatur- und Bauleistungen fremder Unternehmen, Leistungen von Frachtführern und Spediteuren, Mietleistungen, Leistungen der Banken (Zins-, Diskont- und Effektenrechnungen), Leistungen der Versicherungen, der Hotels und Gasthäuser, Leistungen der Behörden (Fernsprech-, Zoll-, Eich- und sonstige Gebühren-Rechnungen), Leistungen der Ärzte und andere.
Diese Aufteilung der Eingangsrechnungen hat für ihre Behandlung im industriellen Unternehmen weniger Bedeutung. Sie läßt jedoch erkennen,

von welcher Buntheit der gesamte Rechnungsanfall in einem Unternehmen ist. Sie unterstreicht ferner die an anderer Stelle noch näher zu behandelnde Tatsache, daß die mit der Prüfung der Eingangsrechnungen beauftragten Sachbearbeiter, die Rechnungsprüfer, ein ungemein vielseitiges Sachgebiet vorfinden, dessen Bearbeitung erhebliche Sachkenntnisse erfordert.

Eine allgemeine Feststellung, wie groß der prozentuale Anteil der beiden aufgezeigten Gruppen oder gar der einzelnen Untergruppen an dem gesamten Rechnungsanfall einer Periode, beispielsweise eines Monats, jeweils ist, läßt sich naturgemäß mit Rücksicht auf die Individualität der Unternehmen nicht machen. Man kann wohl allgemein sagen, daß in der Regel und im Durchschnitt die Güter-Eingangsrechnungen den ersten Platz einnehmen und daß deren Anteil um so größer ist, je materialintensiver der oder die Betrieb(e) eines Unternehmens ist (sind). Von den Dienstleistungs-Eingangsrechnungen sind, als besonders häufig auftretend, die Reparatur-, Frachtführer- und Speditions-Rechnungen und in Zeiten allgemeinen Wiederaufbaus auch die Baurechnungen zu nennen.

2. Von erheblich größerer Bedeutung ist die nun folgende Aufteilung der eingehenden Rechnungen entsprechend ihrer Zugehörigkeit zu den Kontenklassen des Kontenrahmens. — Hier und im folgenden wird von der Kontensystematik nach dem Reichskontenrahmen von 1937[6] ausgegangen. — Unter Zugrundelegung dieses Kriteriums lassen sich nachstehende drei Gruppen zeigen: Die erste Gruppe bilden die *Eingangsrechnungen, deren Beträge aktiviert werden:* Rechnungen über Anlagegegenstände (Klasse 0), über Vorratsmaterialien (Klasse 3) und Vorleistungen = periodenfremde Rechnungsbeträge (Klasse 2 und 0). — Die zweite Gruppe machen die *Eingangsrechnungen* aus, *deren Beträge unmittelbar in die Kostenrechnung eingehen.* Im einzelnen kann es sich bei diesen Beträgen um solche mit Gemeinkosten-, Einzelkosten- und Sondereinzelkostencharakter handeln, die also auf den Kostenartenkonten der Klasse 4 verbucht und von hier aus auf die entsprechenden Konten der Klassen 5, 6, 7 und 8 weitergeleitet werden. — Zur dritten Gruppe schließlich gehören die *Eingangsrechnungen, deren Beträge als neutraler Aufwand verbucht werden* (Klasse 2), soweit sie nicht der ersten Gruppe zuzurechnen sind.

Diese Aufteilung ist insofern betriebswirtschaftlich von besonderer Bedeutung, als in Anlehnung an sie die Kontierung der Eingangsrechnung vorzunehmen ist, deren Richtigkeit ihrerseits wiederum die Gewähr dafür bietet, daß die Rechnungswerte im Interesse ordnungsgemäßer Bilanzierung, Kosten- und Erfolgsrechnung in die richtigen Kanäle geleitet werden. Für alle Stellen eines industriellen Unternehmens, die mit der Kontierung zu

[6] Vgl. Reichs- u. Preußisches Wirtschaftsministerium, Richtlinien zur Organisation der Buchhaltung, Berlin 1937.

tun haben, sollte diese Gliederung, eventuell noch weiter getrieben, von Nutzen sein.

3. Nach der Person des Rechnungsausstellers lassen sich die Eingangsrechnungen in *Privat-Eingangsrechnungen und Behörden-Eingangsrechnungen* gliedern. Auch mit dieser Gliederung hat es keine besondere Bewandtnis, wohl dagegen mit der weiteren *Unterteilung der Privat-Eingangsrechnungen in diejenigen von Fremd-Unternehmen und solche von Konzern-Unternehmen.*

Eine Sonderstellung nehmen die *Notrechnungen* ein, auf die an anderer Stelle noch näher einzugehen sein wird und die von dem jeweiligen Empfänger der Lieferungen und Leistungen selbst ausgestellt werden.

Was die Unterscheidung zwischen Eingangsrechnungen von Fremd- und von Konzern-Unternehmen angeht, so ist sie von Wichtigkeit hinsichtlich der Verbuchung der Eingangsrechnungen im Kontokorrent, die einmal mit Rücksicht auf den internen Verrechnungsverkehr und vor allem aber auf die gesetzlichen Bilanzierungsvorschriften bezüglich des besonderen Ausweises von Konzernforderungen und -verpflichtungen getrennt erfolgen muß.

Bezüglich der Notrechnungen ist noch zu bemerken, daß sie eigentlich nur einen Ersatz für noch nicht eingegangene Rechnungen darstellen. In industriellen Unternehmen ist es üblich, sich ihrer jeweils dann zu bedienen, wenn am Periodenschluß bereits Güter- und Dienstleistungseingänge, aber noch keine entsprechenden Rechnungseingänge zu verzeichnen sind, um eine richtige Periodisierung zu gewährleisten und eine Verfälschung des Liquiditätsbildes zu vermeiden. Ausführlich soll hierüber, wie schon erwähnt, an anderer Stelle ausgeführt werden.

4. Von Wichtigkeit sowohl für die Verbuchung als auch für die Regulierung der Eingangsrechnungen ist die Aufteilung nach ihrem Herkunftsland in *In- und Ausland-Eingangsrechnungen.* Eine besondere Behandlung der letzteren ergibt sich jedoch jeweils nur dann, wenn sie auf fremde Währung lauten. — Es sei hier noch darauf hingewiesen, daß je nach der Art der Abwicklung eines Auslandsgeschäftes *bisweilen die Proforma- von der endgültigen Eingangsrechnung unterschieden* wird. Der Unterschied ist meist weniger materiell als vielmehr in dem Zeitpunkt der Rechnungsausstellung gegeben: Der ausländische Verkäufer läßt seinem Geschäftspartner auf Wunsch bereits vor der Bewirkung seiner Leistungen eine Proforma-Eingangsrechnung zugehen, die dieser dann als Unterlage für die Akkreditiv-Eröffnung durch seine Bank bei der ausländischen Bank verwendet. Die endgültige Eingangsrechnung folgt später unabhängig von der Proforma-Eingangsrechnung nach und erfährt dann die normale Behandlung.

5. Entsprechend dem Umstand, ob ein Eigen- oder ein Kommissionsgeschäft der Ausstellung einer Eingangsrechnung zugrunde liegt, kann zwischen *Eigen- und Kommissions-Eingangsrechnungen* unterschieden werden. — Hat beispielsweise ein Kommissionär für Rechnung seines Kommittenten

Güter beschafft, so weicht die diesem zugesandte Eingangsrechnung dadurch von einer normalen ab, daß sie zusätzlich noch Angaben bezüglich Provisionen und Spesen für Einkauf, Empfang, Lagerung, Transport und Versicherung enthält.
Im allgemeinen kann man sagen, daß Kommissions-Eingangsrechnungen in industriellen Unternehmen nur beschränkt in Erscheinung treten.
6. Schließlich sei noch diese Aufteilungsmöglichkeit aufgezeigt: Man kann zwischen *echten Eingangsrechnungen*, das heißt Rechnungen, die auf einem tatsächlichen Geschäft basieren, *und fingierten Eingangsrechnungen*, denen kein solches vorausgegangen ist, sondern bei denen ein Geschäft fingiert wurde, unterscheiden. Auch die fingierte Eingangsrechnung ist fast ausschließlich im Kommissionsgeschäft zu Hause, dagegen in industriellen Unternehmen nur sehr selten zu finden. — Der Einkaufskommissionär pflegt auf Wunsch seinem Kommittenten von Zeit zu Zeit fingierte Eingangsrechnungen zukommen zu lassen, die den Kommissions-Eingangsrechnungen gleichen, aber einen entsprechenden Vermerk als fingierte Eingangsrechnung tragen. Mittels ihrer orientiert sich der Kommittent, ob und wo er zu einer bestimmten Zeit vorteilhaft einkaufen kann. Somit kann man der fingierten Eingangsrechnung, soweit sie in industriellen Unternehmen vorkommt, die Funktion eines schriftlichen Angebots zuerkennen. Es ist selbstverständlich, daß derartige Eingangsrechnungen sofort ausgesondert werden, um eine falsche Behandlung zu verhindern.
Um das im vorstehenden Dargelegte zu veranschaulichen, wurden die verschiedenen Aufteilungsmöglichkeiten für Eingangsrechnungen auf Seite 27, Abb. 1 schematisch dargestellt. — Einige Muster zu Eingangsrechnungen gelangen im Verlaufe der nächsten Ausführungen zur Darstellung.

V. Die Eingangsrechnung als Vordruck

1. MANGELHAFTE VORDRUCKGESTALTUNG

Aus der anfangs gegebenen Begriffsbestimmung geht bereits hervor, daß die *Schriftform zwingend* zum Wesen der Eingangsrechnung gehört. Die Entwicklung der Bürotechnik und damit auch des Vordruckwesens hat es mit sich gebracht, daß in jedem größeren — in aller Regel sogar in kleinen — Unternehmen für die Eingangsrechnung ein bestimmter Vordruck verwandt wird. Mit diesem Schritt dem Fortschritt entgegen haben sich aber viele Unternehmen begnügt und den Rechnungsvordruck ausschließlich so gestaltet, wie es für ihre eigenen Zwecke als Rechnungsaussteller ausreichend erschien, ohne Rücksicht darauf zu nehmen, daß schließlich auch

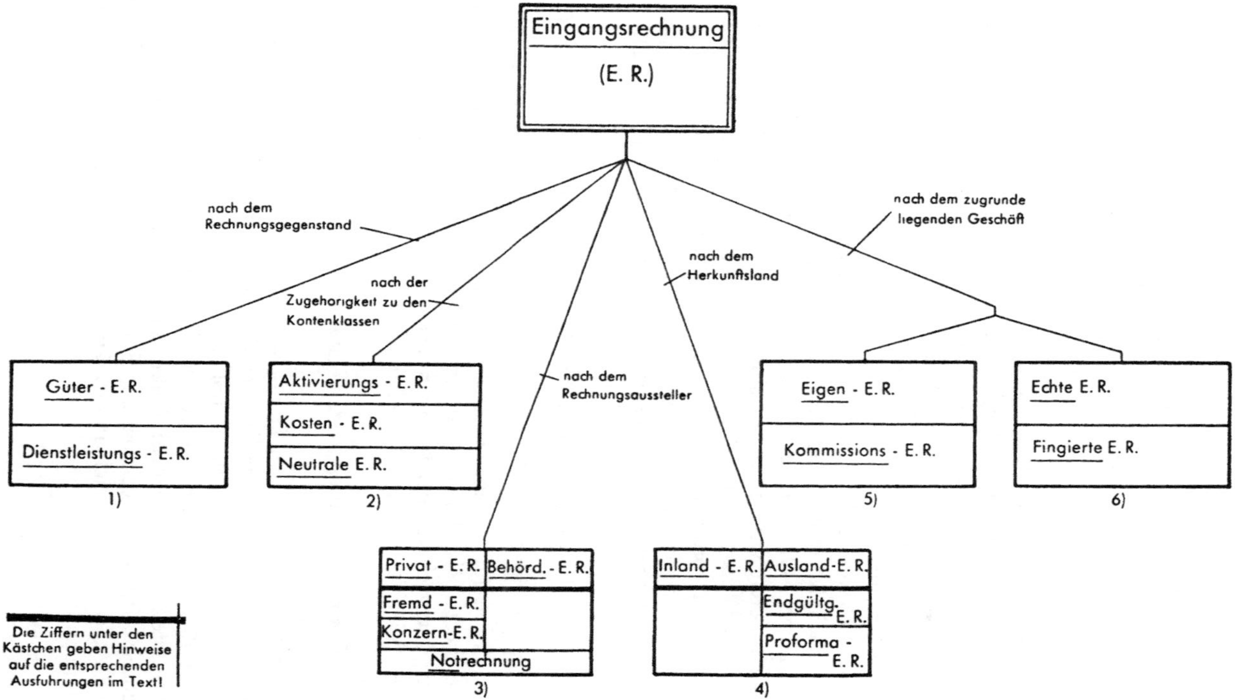

Eingangsrechnung
(E. R.)
nach dem Rechnungsgegenstand
nach der Zugehorigkeit zu den Kontenklassen
nach dem Rechnungsaussteller
nach dem Herkunftsland
nach dem zugrunde liegenden Geschäft
Güter - E. R.
Dienstleistungs - E. R.
1)
Aktivierungs - E. R.
Kosten - E. R.
Neutrale E. R.
2)
Privat - E. R.
Behörd. - E. R.
Fremd - E. R.
Konzern-E. R.
Notrechnung
3)
Inland - E. R.
Ausland-E. R.
Endgültg. E. R.
Proforma - E. R.
4)
Eigen - E. R.
Kommissions - E. R.
5)
Echte E. R.
Fingierte E. R.
6)
Die Ziffern unter den Kästchen geben Hinweise auf die entsprechenden Ausfuhrungen im Text!

Abb. 1

der Rechnungsempfänger sich noch mit der ihm zugegangenen Rechnung befassen muß. Ja, viele Unternehmen haben nicht einmal darauf geachtet und achten vielfach noch nicht darauf, daß der Rechnungsvordruck für die eigenen Zwecke so brauchbar wie möglich gestaltet und daß bei der Erstellung des Vordrucks der Unwirtschaftlichkeit mitunter Tür und Tor geöffnet wird.

Die Folgen dieser eigennützigen und zum Teil unwirtschaftlichen Vordruckgestaltung waren und sind leider noch immer diese: Unnötig hohe Druckkosten, Zeitvergeudung, bedingt durch langes Suchen nach einzelnen Rechnungsangaben und durch unregelmäßige Beschriftung bei der Ausstellung der Eingangsrechnungen, Unhandlichkeit infolge der verschiedenen Formate und so weiter. — Es liegt doch klar auf der Hand, daß ein Sachbearbeiter in einem Großunternehmen der Industrie, der Hunderte, ja Tausende von Eingangsrechnungen laufend zu bearbeiten hat, eine erhebliche Zeit mit Suchen nach Rechnungsangaben verbringen muß, wenn eben diese Angaben in einem Großteil der ihm vorgelegten Eingangsrechnungen jeweils an einer anderen Stelle zu finden sind. Ebenso wird jeder, der einmal damit zu tun gehabt hat, bestätigen, wie umständlich es ist, verschieden große Vordrucke zu sortieren oder gar zu registrieren. Schließlich kann auch nicht darum herumgegangen werden, daß die Verwendung derselben Klischees für mehrere Vordrucke eine erhebliche Kosteneinsparung bedeutet.

2. DER VORSCHRIFTSMÄSSIGE RECHNUNGSVORDRUCK

Die vom „*RKW*" erlassenen „*Richtlinien für Rechnungsvordrucke*"[7] stellen eine Reaktion auf den im vorstehenden ganz grob geschilderten Zustand dar. In diesen Richtlinien wird auf die dringliche Notwendigkeit praktischer und wirtschaftlicher Formatnormung und Beseitigung der unzweckmäßigen Vielfältigkeit der Druckanordnung mit allem Nachdruck hingewiesen.

Vier Anforderungen sind es in der Hauptsache, die an den Rechnungsvordruck zu stellen sind:

1. Er muß *zweckmäßig* sein *in Hinsicht auf die Ausnutzung des vorhandenen Raumes* unter Wahrung der Übersichtlichkeit und unter Beschränkung auf das Wesentliche. (Raum für Empfängervermerke darf nicht fehlen!)
2. Er muß *Einheitlichkeit* vorsehen: Sie erleichtert die Arbeit des Rechnungsausstellers in gleichem Maße wie die der Sachbearbeiter auf der Gegenseite. Einheitlichkeit hat zur Folge, daß es kein langes Suchen mehr gibt, da alle Angaben sich immer an derselben Stelle in den Eingangsrechnungen finden.

[7] Vgl. a. a. O.

3. Er muß *in bezug auf Format und Vordruckkopf Übereinstimmung mit dem Geschäftsbrief* aufweisen. Dadurch ergibt sich neben der Arbeitsbeschleunigung eine erhebliche Einsparung an Druckkosten infolge der Benutzung derselben Klischees für mehrere Vordrucke.
4. Sein Text muß in einem *sachlichen Stil* unter Fortlassung aller auf Höflichkeit abzielenden Redewendungen abgefaßt sein. Diese sollen zweckmäßigerweise bei Bedarf in einem separaten Begleitbrief zur Eingangsrechnung ihren Niederschlag finden. Dasselbe gilt für sonstige Mitteilungen. Für sie darf in der Eingangsrechnung kein Platz sein.

Wird ein Rechnungsvordruck diesen Anforderungen gerecht, so ist die Gewähr dafür gegeben, daß größtmögliche Beschleunigung und Sicherheit bei allen für eine Eingangsrechnung in Frage kommenden Arbeitsgängen erreicht und Fehlangaben tunlichst vermieden werden. Außerdem stellt sich für den Rechnungsaussteller eine spürbare Kostensenkung ein. Gerade auf letzteres kann nicht nachdrücklich genug hingewiesen werden.

Wie besonders wertvoll aber eine solche Gewähr für ein industrielles Unternehmen ist, das unter Umständen je nach Größe 500—5000 Eingangsrechnungen und mehr monatlich zu verarbeiten hat, leuchtet ohne weiteres ein.

Ein ungefähres Bild von den Kosteneinsparungen, die sich zwangsläufig aus der Verwendung von den aufgezeigten Anforderungen entsprechenden Rechnungsvordrucken ergeben, vermitteln folgende Zahlen:

In den USA, die als Vorkämpfer für die Vereinheitlichung des Rechnungsvordrucks gelten — 1928 wurden bereits einem offiziellen Bericht zufolge 75% aller Rechnungen auf Einheitsvordruck ausgestellt —, haben die Erfahrungen gelehrt, daß durch die Vereinheitlichung von Rechnungen, Anfrage- und Bestellungsvordrucken zusammen insgesamt etwa 15 Millionen Dollar jährlich eingespart wurden[8]. Selbst bei vorsichtiger Beurteilung dieser Zahl spricht sie doch eine deutliche Sprache und gibt Anlaß zu der Frage, welche Einsparungen wohl in Deutschland mit einem derartigen Fortschritt verbunden sein würden.

3. EINZELHEITEN ZU DEN „RICHTLINIEN FÜR RECHNUNGSVORDRUCKE"

Angestrebt wird ein gewisser Formatzwang: Für den Rechnungsvordruck sollen die *DIN-Normen der Reihe A* verwandt werden, und zwar als Hauptformat DIN A 4 und aus Ersparnisgründen bei Bedarf die kleinen Formate DIN A 5 als Halbrechnung und DIN A 6 als Postkarten-Rechnung. In Sonderfällen, zum Beispiel bei Verwendung von Spezial-

[8] Handbuch der Rationalisierung, herausgegeben vom Vorstand des RKW, 3. Auflage, Berlin 1932, S. 616 ff.

Buchungsmaschinen, kann für den Vordruck auch ein Großformat DIN A 3 in Anspruch genommen werden.

Die „Richtlinien" sehen folgenden Aufbau des Vordrucks vor: Rechnungskopf, Rechnungskern und Rechnungszusätze. In diese drei Teile ist der Rechnungsinhalt, wie er im vorstehenden — vgl. Seite 21 ff. — behandelt wurde, aufzunehmen.

Bezüglich der Druckanordnung des *Rechnungskopfes* sind die *Vorschriften für den Geschäftsbrief* nach DIN 376 (Geschäftsbrief), DIN 377 (Halbbrief) und DIN 379 (Postkarte) maßgebend mit einigen geringen Abweichungen. Es sollen also nach Möglichkeit für Geschäftsbrief und Rechnungsvordruck dieselben Klischees Verwendung finden, wozu allerdings Voraussetzung ist, daß sich die Unternehmen auch hinsichtlich der Geschäftsbrief-, Halbbrief- und Postkartenvordrucke nach den DIN-Vorschriften richten. — Im übrigen nimmt der Rechnungskopf die Anschrift des Rechnungsausstellers nebst den wichtigsten Geschäftsangaben, die Anschrift des Rechnungsempfängers und anderes auf. — Vgl. hierzu Muster eines Rechnungsvordruckes im DIN A 4-Format Abb. 2, Seite 33.

Der *Rechnungskern* ist in mehrere Spalten aufgeteilt, die jeweils mit einer entsprechenden Überschrift versehen sind. Vielfach finden sich aber im Rechnungskern auch gar keine Spalten oder Spalten ohne Überschrift. Beides ist, um keine Willkür bei der Ausstellung der Eingangsrechnungen aufkommen zu lassen, zu vermeiden. Die Anzahl der benötigten Spalten kann jedoch schwanken, ihre Reihenfolge soll aber immer gewahrt werden. — Vgl. auch hierzu das oben erwähnte Muster! — Der Inhalt des Rechnungskerns setzt sich aus Angaben, die die erfüllten Güterlieferungen oder Dienstleistungen angehen — vornehmlich dann, wenn mehrere Leistungen auf einem Vordruck berechnet werden, sonst finden sich diese Angaben teilweise im Rechnungskopf —, wie Bezeichnung der Verpackung, Waggon-Nummer, Liefertag, Bestellnummer und Kontierung des Rechnungsempfängers, ferner aus den Mengenangaben sowie der Bezeichnung des Leistungsgegenstandes und schließlich aus den Preisangaben zusammen.

Es ist nichts dagegen einzuwenden, daß in der Praxis ein Unternehmen, das laufend mit demselben Rechnungsgegenstand zu tun hat, dem Rechnungskern eine individuelle Note läßt, indem es beispielsweise den Spalten eine spezielle Breite oder Beschriftung gibt oder darüber hinaus bestimmte Bezeichnungen, die laufend wiederkehren, auf der Eingangsrechnung vordrucken läßt, wie dies zum Beispiel Spediteure und Frachtführer vielfach besorgen.

Zahlungs- und Lieferbedingungen, Angaben bezüglich Erfüllungsort, Gerichtsstand, Verpackung und andere machen schließlich noch die *Rechnungszusätze* aus. Von ihnen wird verlangt, daß sie sich deutlich voneinander und von dem übrigen Rechnungsinhalt abheben. Der Umfang der Zusätze kann schwanken, je nach Bedarf des Rechnungsausstellers, ist aber auf das Wesentlichste zu beschränken.

Zur Verwendung der *Rückseite der Eingangsrechnung oder besonderer Fortsetzungsblätter* (Allongen) zu dieser ist noch folgendes zu sagen: Für beide gelten hinsichtlich der Druckanordnung im Rechnungskopf die Vorschriften, die für diejenige auf der Rückseite von Geschäftsbriefen beziehungsweise auf den Fortsetzungsblättern zum Geschäftsbrief maßgebend sind. Rechnungskern auf Rechnungsoriginal und Fortsetzungsblatt einerseits und auf Vorder- und Rückseite der Eingangsrechnung andererseits müssen identisch sein.

Das im vorstehenden über die *„Richtlinien für Rechnungsvordrucke"* Ausgeführte läßt sich dahingehend zusammenfassen, daß man in ihnen gleichsam einen *Rahmen* sieht *für die Vordruckgestaltung im dargestellten Sinne*, der weitgehendst von all denen, die Rechnungen in Umlauf bringen, einzuhalten ist, ohne daß Sonderwünsche unberücksichtigt blieben. Im Gegenteil, innerhalb des gesteckten Rahmens können und sollen sie jederzeit erfüllt werden. *Die Erreichung des durch die „Richtlinien" angestrebten Zieles würde bedeuten, daß Rechnungsempfänger und -aussteller gemeinsam den Nutzen daraus zögen.*

Das Muster eines den „Richtlinien" entsprechenden Rechnungsvordruckes (im Hauptformat DIN A 4) sowie einige Muster spezieller Rechnungsvordrucke werden auf den folgenden Seiten 33—37, Abb. 2—11 zur Veranschaulichung eingefügt. Dabei ist zu bemerken, daß bei den Spezial-Rechnungsvordrucken größtenteils jeweils nur der Rechnungskern zur Darstellung gelangt, da sich an den übrigen Bestandteilen nichts zu ändern braucht und daher der Einfachheit halber darauf verzichtet werden kann. — Es sei noch darauf hingewiesen, daß die Muster für Spezial-Rechnungsvordrucke mit Ausnahme der Abb. 3 und 4 nicht den besagten „Richtlinien" entstammen.

VI. Der Rechnungsbeleg

1. DIE EINGANGSRECHNUNG ALS BUCHUNGSBELEG

a) Bedeutung

Die Definition des Begriffes „Buchungsbeleg" kann in Anlehnung an die von *Nicklisch*[9] gegebene Begriffsbestimmung so formuliert werden, daß

[9] *Heinrich Nicklisch*, Handwörterb. d. Betr. Wirtsch., Band II, Stuttgart 1926 S. 226.

darunter ein Schriftstück zu verstehen ist, das in einem Unternehmen die wirtschaftliche Wirkung eines geschäftlichen Vorganges zu beurkunden und als Grundlage für dessen Verbuchung zu dienen hat. Projiziert man diese Begriffsbestimmung auf die Eingangsrechnung als Buchungsbeleg, so tritt deren Bedeutung in ihrer Eigenschaft als solcher klar in Erscheinung.

Sie hat

1. *zu beurkunden, daß ein Beschaffungsakt stattgefunden hat,*

und sie hat ferner

2. *die Grundlage dafür zu bilden, daß dieser Beschaffungsakt,* worum es sich im einzelnen auch gehandelt haben mag, in allen erforderlichen Einzelheiten *in den Büchern seinen zahlenmäßigen Niederschlag findet.*

Die Eigenschaft, Buchungsbeleg zu sein, ist es gerade, die das Wesen der Eingangsrechnung ausmacht und ihr eine erhebliche Bedeutung zukommen läßt. Die folgenden Ausführungen mögen das noch unterstreichen.

Werden beispielsweise in einem industriellen Unternehmen Rohstoffe beschafft und gehen diese Güter ein, dann ist mit deren Eingang und ihrer Übernahme auf die in Frage kommenden Läger der konkrete Beschaffungsvorgang in der Gütersphäre abgeschlossen, nicht dagegen der abstrakte Vorgang in der Wert-(Geld-)Sphäre. Hier tritt jetzt die Eingangsrechnung in ihrer Eigenschaft als Buchungsbeleg in Erscheinung, indem durch sie einmal beurkundet wird, daß die Beschaffung stattgefunden hat, daß die Rohstoffe zur Verfügung stehen, und indem sie weiterhin als Unterlage für den Buchungsvorgang, den die Rohstoffbeschaffung ausgelöst hat, also für die Belastung des (der) Rohstoffkontos (en) und die Gutschrift auf dem betreffenden Kreditorenkonto, herangezogen wird, wobei unterstellt sei, daß es sich in dem Beispiel um einen Zielkauf gehandelt hat.

Wie in diesem einen Fall, so tritt die Eingangsrechnung in einem Unternehmen immer wieder dann, wenn ein Beschaffungsakt abgewickelt worden ist, als Buchungsbeleg in Erscheinung, *als abstraktes Gegenstück gleichsam zu dem, was durch den Beschaffungsakt in konkreter Form in das Unternehmen eingeströmt ist.* — Unabhängig davon, was von Fall zu Fall beschafft wurde, steht die Eingangsrechnung *immer am Anfang der Buchhaltung,* ist sie die Grundlage für den durch den Beschaffungsakt ausgelösten Buchungsvorfall und geht so in den Wertefluß ein.

Da *gemäß den Grundsätzen ordnungsmäßiger Buchführung keine Buchung ohne Beleg* erfolgen soll, müßte sich ein Unternehmen, das auf die Verwendung der Eingangsrechnung als Buchungsbeleg verzichten wollte, nach einem Ersatz umsehen, etwa in der Richtung, daß es selbst ähnliche Belege erstellt oder andere Schriftstücke (Versandanzeigen der Lieferanten, Wareneingangsmeldungen und andere) zu buchungsreifen Belegen umgestaltet. Derartige Methoden sind aber mit Rücksicht auf die mit ihnen verbundene

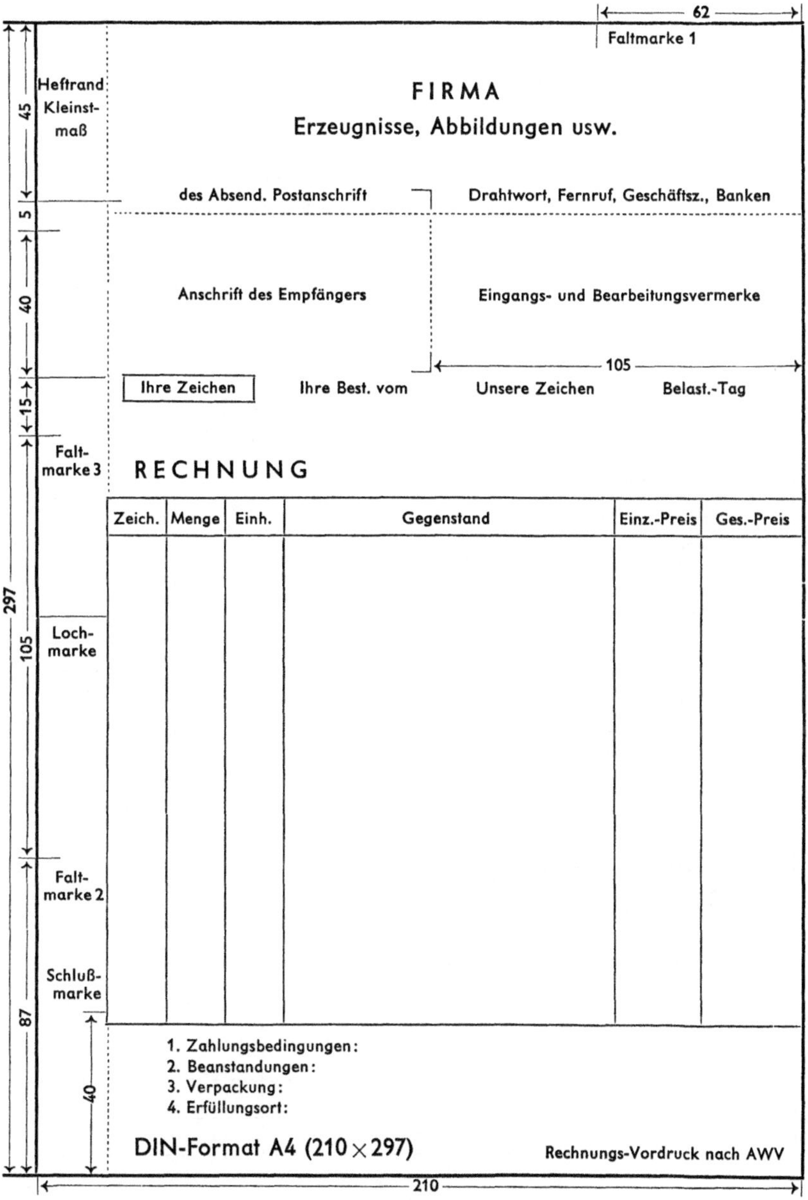
62
Faltmarke 1
Heftrand
Kleinst-
maß
FIRMA
Erzeugnisse, Abbildungen usw.
des Absend. Postanschrift
Drahtwort, Fernruf, Geschäftsz., Banken
Anschrift des Empfängers
Eingangs- und Bearbeitungsvermerke
105
Ihre Zeichen
Ihre Best. vom
Unsere Zeichen
Belast.-Tag
Falt-
marke 3
RECHNUNG
Zeich.
Menge
Einh.
Gegenstand
Einz.-Preis
Ges.-Preis
Loch-
marke
Falt-
marke 2
Schluß-
marke
1. Zahlungsbedingungen:
2. Beanstandungen:
3. Verpackung:
4. Erfüllungsort:
DIN-Format A4 (210 × 297)
Rechnungs-Vordruck nach AWV
45
5
40
15
297
105
87
40
210

Abb. 2

Rechnungskopf wie auf Abb. 2

Spezialvordruck für **Speditionsrechnung** mit besonderer Spaltenanordnung und vorgedruckten, weil immer wiederkehrenden Bezeichnungen

Gegenstand	Einz.-Preis	Gesamtpreis	
Fracht, Stempel, Avis			
Vorlageprovision			
Anfuhr / Abfuhr mtr. Möbelwagen			
Anfuhr / Abfuhr mtr. Beiladung			
Anfuhr / Abfuhr eines Wagg. qm Bodenfl. mit mtr. Ldg.			
Flügel Geldschrank kg.:			
Zollbehandlung			
Auslandszuschlag			
Packer gestellt Tage			
Abholen / Zuführen von Stück leeren Kisten			
Geliefertes Material			

Abb. 3

Rechnungskopf wie auf Abb. 2

Spezialvordruck für **Hotelrechnung**, mit besonderer Spaltenanordnung und vorgedruckten, weil immer wiederkehrenden Bezeichnungen

19____ Mon.____														
	DM	Pf	DM	Pf	DM	Pf	DM	Pf	DM	Pf	DM	Pf	DM	Pf
Zimmer__ Betten__ mit/ohne Privatbad														
Ein warmes Bad														
Frühst. im Restaur.														
dto. im Zimmer														
Eier, Eierspeisen														
Brot, Butter, Zucker														
Aufschn. ________														
Liköre														
Biere, Mineralw.														
Kaffee, Milch, Tee														
Schokol., Kakao														
Verschied. (s. ums.)														
Dienersch.-Verpfl.														
Tagessumme														
Übertrag														
Zusammen														
Trinkgeld														
Restaur.-Rng. lt. Anl.														

Sämtl. Trinkgeld. sind abgelöst **Bei Abreise gefl. Zimmerschlüssel abgeben**

Abb. 4

	Verbrauch. Stelle	Zähler-ablesung	Zählerstand		Ver-brauch in Kwh	Einzel-preis	Betrag	Verr.-Gebühr	Gesamt-betrag
			alt	neu					

Abb. 5. Strom-Rechnung

	Bezeichnung des Gases	Verbrauch in m^3	Preis °/ m^3	Betrag	Bem.

Abb. 6. Gas-Rechnung

	Liefer-Datum	Gelieferte Menge	Bezeichnung der Lieferung	Preis °/ to	Betrag

Abb. 7. Kohlen-Rechnung

	Werk.-No.	Stück-zahl	Grobblech-Material			Gewicht		Preis °/ to	Betrag
			Breite	Länge	Dicke	Kg	Kg		

Abb. 8. Walzmaterial-Rechnung

Abb. 5-8. Beispiele für besondere Spaltenanordnung und -bezeichnung im Rechnungskern

	Positionen laut Bestellung	Bezeichnung der geleisteten Arbeiten	m^3	Preis $°/m^3$	Betrag
		Mauerwerk Fundamente Decken Betonfußboden Treppen Wandputz u. a.			

Abb. 9. Bau-Rechnung

	Lfd. No	Firma	Datum	Auftr.-No	Police No	Gegenstand der Versicherung	Dauer der Vers.	Vers.-Wert	Prämie	Police-Gebühr	Steuer

Abb. 10. Versicherungs-Rechnung

	Tätigkeit	Erläuterung.	Gesamtbetrag
	Überprüfung einer ________________ am __________ Arbeitsstunden Überstunden Reisestunden Fahrgeld Tageszulage Ums.-Steuer u. a		

Abb. 11. Rechnung betr. Lohnarbeiten

Abb. 9-11. Beispiele für besondere Spaltenanordnung und -bezeichnung im Rechnungskern

Mehrarbeit, die ihnen anhaftenden Fehlerquellen und die sonstigen Nachteile sehr selten anzutreffen, zumal es doch naheliegt, einen Buchungsbeleg wie die Eingangsrechnung, die zwangsläufig anfällt, auch als solchen zu benutzen und sie nicht ihrer wesentlichen Funktion zu berauben.
Die Tatsache, daß im Regelfalle die Eingangsrechnung als Buchungsbeleg am Anfang der Buchhaltung steht, bedeutet aber nun nicht, daß auch in jedem Falle unmittelbar von ihr aus auf die Konten gebucht wird oder werden muß. Eine derartige Folgerung wäre fehl am Platze. — In großen Unternehmen, die naturgemäß einen erheblichen Rechnungsanfall zu verzeichnen haben, ist man mitunter zu besonderen Buchungsmethoden übergegangen, die eine weitgehende Arbeitsteilung ermöglichen: Man bedient sich, um einige Beispiele bereits an dieser Stelle aufzuzeigen, der hollerithmäßigen Verbuchung der Eingangsrechnungen, der Verbuchung anhand von Schuppenbelegen oder Rechnungs-Duplikaten und anderer. Alle diese Methoden, auf die später noch näher einzugehen sein wird, bauen aber auf der Eingangsrechnung als Buchungsbeleg auf. Diese stellt sozusagen den *Ur-Buchungsbeleg* dar. Eben aus dieser Tatsache leitet sich ihre große Bedeutung ab, die ihr kaum jemals streitig gemacht werden kann.
Schließlich sei hier noch auf die *Möglichkeit* hingewiesen, *die Eingangsrechnung als Buchungsbeleg im Sinne einer Belegbuchhaltung zu verwenden*, in der beispielsweise statt eines Rechnungseingangsbuches, auch Einkaufsbuch genannt, die chronologische Ablage der Eingangsrechnungen als solches in Lose-Blatt-Buch-Form erfolgen und in der ferner an die Stelle eines Kontokorrent-Buches die firmenweise Ablage der Duplikat-Rechnungen als solches in Lose-Blatt-Buch-Form treten kann.

b) Anforderungen

Mit Rücksicht auf die große Bedeutung der Eingangsrechnung als Buchungsbeleg kann man die an sie zu stellenden Anforderungen *in materieller und formeller Hinsicht* nicht hoch genug ansetzen. Im großen und ganzen kann hier an das bereits über den Rechnungsinhalt und -vordruck Ausgeführte angeknüpft werden.
Eine Eingangsrechnung kann erst dann für buchungsreif erklärt werden, wenn ihr Inhalt vollständig und richtig ist.
Die Forderung nach Vollständigkeit bedeutet, daß die Eingangsrechnung den ihr zugrunde liegenden Geschäftsvorfall insoweit darstellen muß, als er für die Verbuchung von Interesse ist. — Hier gilt es, ein besonderes Augenmerk auf die Kontierung zu richten. Es muß unter allen Umständen vermieden werden, daß Rechnungswerte in falsche Kanäle geleitet werden. Auf diesen Punkt haben alle, die mit der Eingangsrechnung zu tun haben, insbesondere aber die mit der Prüfung der Eingangsrechnung beauftrag-

te(n) Stelle(n), zu achten. — Die Kontierungsfrage wird im übrigen später nochmals angeschnitten werden müssen.
Die Richtigkeit der Eingangsrechnung in sachlicher, preislicher und rechnerischer Hinsicht als zweite Voraussetzung für ihre Buchungsreife ist mindestens genau so wichtig wie die erste. Für die Richtigkeit zeichnen unter Umständen zugleich mehrere Stellen in einem industriellen Unternehmen verantwortlich, vielfach aber auch nur eine zentrale Stelle, wie noch zu zeigen sein wird. Dieser(n) Stelle(n) liegt eine große Verantwortung ob. Festgestellte Unrichtigkeiten müssen entweder auf der Eingangsrechnung selbst vermerkt werden oder in separaten Buchungsbelegen ihren Niederschlag finden. Der Regelfall ist der, daß nur einwandfrei und endgültig geprüfte Eingangsrechnungen zur Verbuchung freigegeben werden. Auf besonders gelagerte Ausnahmefälle wird an anderer Stelle noch näher einzugehen sein. — Auf jeden Fall sollte vermieden werden, daß falsche Rechnungsangaben unleserlich gemacht werden. Darüber hinaus sollten nach Möglichkeit auch Korrekturen auf den Eingangsrechnungen selbst tunlichst umgangen werden, um deren Übersichtlichkeit und Lesbarkeit nicht zu beeinträchtigen.
Auch in formeller Hinsicht werden an die Eingangsrechnung als Buchungsbeleg gewisse Anforderungen gestellt, namentlich die bereits erwähnten bezügl. *einheitlichem Format und einheitlicher Druckanordnung* — einschließlich dessen, daß auf der Eingangsrechnung ein entsprechender *Raum für interne Vermerke* des Rechnungsempfängers vorgesehen sein muß. — Jedoch kann einer Eingangsrechnung, die nicht den formellen Anforderungen entspricht, nicht ohne weiteres die Buchungsreife abgesprochen werden, sonst müßte fürwahr ein Großteil aller in einem Unternehmen eingehenden Rechnungen unverbucht bleiben.
Besonders hervorzuheben ist die Wichtigkeit der Kennzeichnung der Eingangsrechnung einmal durch eine laufende Belegnummer, die in alle Bücher und Konten bei ihrer Verbuchung übernommen wird, und zum anderen durch Vermerk der betreffenden Seite des oder der Grundbuches (-bücher) sowie der Bezeichnung der in Frage kommenden Konten, in die und auf die die Eingangsrechnung verbucht worden ist. Durch diese Kennzeichnung wird bezweckt, daß jederzeit eine Eingangsrechnung bis in den letzten Buchungsgang hinein verfolgt werden und umgekehrt jede zusammengefaßte Darstellung in ihre Buchungsbelege, auf Grund deren sie zustande gekommen ist, aufgelöst werden kann.
Darauf hinzuweisen ist schließlich noch, daß jede Eingangsrechnung, die den vorgesehenen Buchungsgang durchlaufen hat, durch einen entsprechenden Stempelaufdruck oder durch Handzeichen als solche zu kennzeichnen ist, um auf alle Fälle Doppelbuchungen zu vermeiden.

2. DIE EINGANGSRECHNUNG ALS ZAHLUNGSBELEG

a) Bedeutung

Auch als Unterlage für die als Gegenleistung für die empfangenen Güter oder Dienstleistungen zu bewirkenden Zahlungen ist die Eingangsrechnung in fast allen industriellen Unternehmen von ganz erheblicher Bedeutung, und zwar ohne Rücksicht darauf, ob das zugrunde liegende Geschäft ein Bar- oder Kreditgeschäft ist. Letzteres überwiegt allerdings meist.
Es hieße ja auch hier für ein Unternehmen, den einfachsten und zudem richtigsten Weg außer acht lassen und einen Umweg beschreiten, wenn es, statt die Eingangsrechnung als Zahlungsunterlage zu benutzen, die Regulierung auf Grund besonderer Zahlungsanweisungen vornehmen wollte. Letzteren Weg beschreiten Unternehmen zuweilen in besonders gelagerten Fällen, beispielsweise bei Geschäften auf der Basis von Raten- oder Abschlagszahlungen oder wenn die Zahlung bereits fällig, die Eingangsrechnung aber infolge einer Verzögerung bei der Prüfung oder Verbuchung noch nicht verfügbar ist, oder schließlich dann, wenn im Hinblick auf eine Skonto-Ausnutzung die Zahlung bereits erfolgen soll, ohne daß die Eingangsrechnung endgültig geprüft ist, die Prüfung aber auch durch vorübergehende Herausnahme aus dem Prüfungsgang nicht hinausgezögert werden soll. In den beiden letzteren Ausnahmefällen wird sich ein Unternehmen aber den Zahlungsempfänger genau ansehen, bevor die Regulierung der ungeprüften Eingangsrechnung vorgenommen wird, und unter Umständen eher einen Skontoverlust oder Verzugszinsen in Kauf nehmen, als sich später vielleicht als notwendig erweisende Reklamationen durchfechten zu müssen.
Eine Schwierigkeit tritt allerdings gelegentlich der Verwendung der Eingangsrechnung als Zahlungsbeleg auf. Sie liegt darin begründet, daß die Eingangsrechnung zugleich auch als Buchungsbeleg in den Buchungsgang eingeht. Das hat zur Folge, daß ein und derselbe Beleg zugleich von mehreren Stellen, mitunter zu derselben Zeit, benötigt wird. Die Erfahrung lehrt aber, daß diese Schwierigkeit durch eine genau aufeinander eingespielte Arbeitsteilung und durch eine planvolle Zusammenarbeit aller beteiligten Stellen gemeistert werden kann. Hierauf wird im 2. Hauptteil bei der Darstellung der „Behandlung der Eingangsrechnung" noch näher einzugehen sein. — Es sei hier nur noch angedeutet, daß obiger Schwierigkeit auch notfalls durch Einschaltung von Hilfsbelegen begegnet werden kann.

b) Anforderungen

Auch an dieser Stelle ist das zu wiederholen, was bereits bezüglich der an die Eingangsrechnung als Buchungsbeleg zu stellenden Anforderungen ausgeführt wurde, jedoch mit allem *Nachdruck auf die inhaltliche Richtigkeit.*

Als Zahlungsbeleg muß die Eingangsrechnung alle Punkte enthalten, die für die Regulierungsstelle der Buchhaltung von Bedeutung sind, um die Gegenleistung reibungslos bewirken zu können. Inhaltliche Vollständigkeit und eine den Anforderungen gerecht werdende Formatwahl und Druckanordnung vermeiden Zeitverlust, Rückfragen und eventuelle Fehlleitungen.

Die Notwendigkeit der inhaltlichen Richtigkeit der Eingangsrechnung nach jeder Richtung hin kann trotz ihrer Selbstverständlichkeit nicht deutlich genug unterstrichen werden, soll sie doch als Unterlage für eine Vermögensveränderung, bei der es sich größtenteils um ganz erhebliche Beträge handelt, dienen. Jede Eingangsrechnung, die zur Regulierung vorgelegt wird, muß einmal die Zeichen der mit ihrer Prüfung beauftragten Personen tragen. Der zu regulierende Betrag einer Rechnung muß unzweideutig erkennbar sein. Haben sich im Zuge ihrer Prüfung Berichtigungen als erforderlich herausgestellt, so sind diese entweder deutlich auf der Eingangsrechnung kenntlich zu machen oder, was empfehlenswerter ist, über die Korrekturbeträge separate Belastungs- oder Gutschriftsanzeigen auszustellen und den betreffenden Eingangsrechnungen beizufügen. Diese müssen außerdem einen entsprechenden Hinweis auf die Berichtigungsbelege tragen. — Gerade dieser Punkt wird aber noch Gegenstand genauerer Betrachtung an anderer Stelle sein. — Eingangsrechnungen, auf die bereits Raten- oder Abschlagszahlungen geleistet wurden, müssen selbstverständlich mit darauf hinweisenden Vermerken versehen sein.

Auf keinen Fall darf eine Eingangsrechnung Anlaß zu Irrtümern bezüglich des zu regulierenden Betrages geben!

Jede Eingangsrechnung muß, bevor sie zur Regulierung vorgelegt wird, von einer dafür zuständigen Person zur Zahlung angewiesen werden. Rechnungen ohne einen Anweisungsvermerk — in der Regel Stempelaufdruck mit Unterschrift — müssen von der Regulierungsstelle unverzüglich zurückgewiesen werden.

Abschließend sei noch klar hervorgehoben — ohne einer späteren ausführlichen Darstellung vorzugreifen —, daß die Eingangsrechnung nach der Regulierung als erledigter Zahlungsbeleg zweckmäßig durch Lochstempel zu kennzeichnen ist, um einer ohne weiteres möglichen Doppelregulierung vorzubeugen.

VII. Die Eingangsrechnung im Wertefluß des industriellen Unternehmens

Anknüpfend an das, was bereits im vorstehenden über die Aufteilung der Eingangsrechnungen entsprechend ihrer Zugehörigkeit zu den Kontenklassen des Kontenrahmens — vgl. S. 24 unter 2. — und über die Bedeutung der Eingangsrechnung als Buchungsbeleg — vgl. S. 31 ff. unter *a)* — ausgeführt wurde, soll nunmehr anhand eines Beispiels darzustellen versucht werden, wohin sich der Wertestrom der in einer Periode, beispielsweise im Verlauf eines Monats, in einem industriellen Unternehmen eingehenden Rechnungen in Parallele zu den konkreten Vorgängen in der Gütersphäre ergießt. Fragen, die die Behandlung der Eingangsrechnungen, insbesondere ihre Verbuchung, betreffen und vielleicht in diesem Zusammenhang auftauchen mögen, sollen hier unberücksichtigt bleiben, da sie später im 2. Hauptteil eingehend zu beantworten sind. — Hier geht es lediglich um die Frage: *Wo sind die Werte der Eingangsrechnungen, die im Verlaufe einer Periode eingeströmt sind, am Ende derselben wiederzufinden?*
In jedem industriellen Unternehmen vollzieht sich laufend derselbe *Kreislauf:* Ausgabe — Beschaffung — Erzeugung (Gewinnung, Veredelung, Verarbeitung) — Absatz — Einnahme. — Vgl. dazu die schematische Darstellung Abbildung 12 unten[10]!

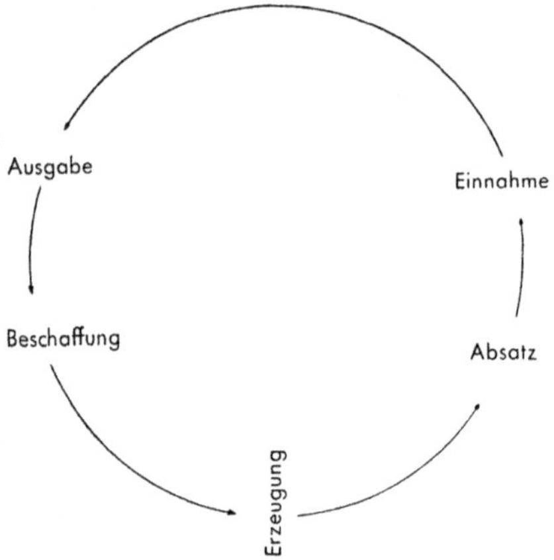

Abb. 12

Dieser Turnus spielt sich, wie gesagt, einmal in der konkreten Sphäre der Güter und Dienstleistungen einerseits und des Geldes im weitesten Sinne

[10] Vgl. *Konrad Mellerowicz*, Allgem. Betr. Wirtsch. Lehre, Bd. II, Berlin 1948, S. 8.

andererseits und zum anderen in der abstrakten Wertsphäre des Rechnungswesens ab. In der letzteren kreisen nun die Werte der Eingangsrechnungen mit. *Ihr Kreislauf beginnt mit ihrer Einschleusung im Zuge der Verbuchung.*
Laufend ergießt sich ein Strom von Eingangsrechnungen in das Unternehmen, Rechnungen über die verschiedensten Leistungen, jeweils immer wertmäßig das verkörpernd, was auch immer Gegenstand der einzelnen Beschaffungsakte gewesen sein mag. Die Eingangsrechnungen werden vorschriftsmäßig geprüft und dann verbucht. Damit beginnt, wie oben erwähnt, eigentlich ihr Kreislauf, wenn man nur den Fluß der Rechnungswerte, nicht den der Eingangsrechnungen selbst, im Auge hat. Die in Frage kommenden Lieferanten werden im Kontokorrent erkannt, die der Art und Bestimmung der berechneten Güter und Dienstleistungen entsprechenden Gegenkonten belastet.
Würde man am Schluß der Periode sich der Mühe unterziehen und festzustellen versuchen, wo die einzelnen Rechnungswerte geblieben sind, so käme man etwa zu folgendem Ergebnis:
1. *Die Werte der Eingangsrechnungen, die sich auf Gegenstände des Anlagevermögens beziehen,* die also aus dem Kauf von Maschinen, Gebäuden, Geschäftsausstattungen, Fahrzeugen sowie aus von fremden Unternehmen ausgeführten und zu aktivierenden Reparaturen herrühren, *finden sich als Zugänge auf den Anlagekonten der Klasse 0* wieder, unter Umständen auch zunächst, sofern in Frage kommend, auf einem Zwischenkonto „Im Bau befindliche Anlagen".
Soweit auf diese Werte (Neuzugänge) *bereits abgeschrieben wurde,* sind sie ganz oder teilweise auf eines der folgenden Konten weitergeflossen:

> *Als Sondereinzelkosten* über die Konten der Klassen 2 und 4 auf die Konten der Halb- und Fertigfabrikate sowie der zu aktivierenden innerbetrieblichen Leistungen (sämtlich Klasse 7), von hier aus, falls in Frage kommend, oder unter Umgehung der Konten der Klasse 7 auf die Verkaufskonten der Klasse 8 (Umsatzherstellkosten und Vertriebskosten),
> *als Gemeinkosten in Form der verrechneten Zuschläge* über die Konten der Klassen 2 und 4 und über den Betriebsabrechnungsbogen sowie die Konten der Klasse 5, im übrigen wie vorstehend,
> *als Gemeinkosten* über die Konten der Klassen 2 und 4 sowie über den Betriebsabrechnungsbogen und die Konten der Klasse 5 *in Form der Kostenstellenumwertung* (Kostenunterdeckung) auf Gewinn- und Verlustkonto der Klasse 9,
> *als neutraler Aufwand* über die Konten der Klasse 2 auf das Gewinn- und Verlust-Konto der Klasse 9.

2. *Rechnungswerte, die die Beschaffung von Vorratsmaterialien repräsentieren,* hinter denen also die Beschaffung von Roh-, Hilfs-, Betriebsstoffen, ferner

Fabrikationszubehörteilen usw. steht, *finden ihren Niederschlag auf den Vorrätekonten der Klasse 3.*

Hat in der Beschaffungsperiode bereits *ein Verbrauch* an beschafften Materialien *stattgefunden*, so sind auch die Werte der Eingangsrechnungen gänzlich oder teilweise über die Materialentnahmescheine, Stücklisten und andere Unterlagen bereits weitergeflossen, und zwar

als Einzelkosten oder Sondereinzelkosten über die Konten der Klasse 4 auf die Konten der Halb- und Fertigerzeugnisse sowie der zu aktivierenden innerbetrieblichen Leistungen, von hier aus, soweit zutreffend oder unter Umgehung der zuletzt genannten Konten der Klasse 7, auf die Verkaufskonten der Klasse 8 (Umsatzherstell- und Vertriebskosten),

als Gemeinkosten in Form der verrechneten Zuschläge genau, wie vorstehend dargestellt, nur unter Einschaltung des Betriebsabrechnungsbogens und demzufolge der Konten der Klasse 5,

als Gemeinkosten über die Konten der Klasse 4 und den Betriebsabrechnungsbogen, über die Konten der Klasse 5 bei Kostenunterdeckung *in Form der Kostenstellenumwertung* auf das Gewinn- und Verlust-Konto der Klasse 9,

als neutraler Aufwand über die Konten der Klasse 2 auf das Gewinn- und Verlustkonto der Klasse 9.

3. Schließlich verbleibt noch *der große Strom von Rechnungswerten, der unmittelbar in die Kostenrechnung einmündet oder neutralen Aufwand darstellt.* Dabei handelt es sich um die Eingangsrechnungen, die direkt zu Lasten von Kostenstellen und -trägern oder als neutraler Aufwand verbucht worden sind, man kann sagen, vorzugsweise um Eingangsrechnungen über verschiedene Hilfs- und Betriebsstoffe (zum Beispiel Fremdstrom und -gas), Kleinwerkzeuge, Fremd-Reparaturleistungen, bestimmte Versicherungsprämien, Fernsprechgebühren und andere.

Versucht man, auch diesen Strom zu verfolgen, so sieht man ihn in die gleichen Kanäle münden, auf denselben Konten möglicherweise landen, wie dies unter 1. und 2. hinsichtlich des Weiterflusses der Rechnungswerte von den Konten der Klassen 0 und 3 aus aufgezeigt wurde. Ergänzend ist zu dem Strom der Rechnungswerte mit neutralem Charakter zu bemerken, daß unter Umständen ein Teil von ihnen nicht auf dem Gewinn- und Verlustkonto der Klasse 9, sondern letztlich auf einem Transitorischen Konto der Klasse 0 endet. Das trifft für die Rechnungswerte zu, hinter denen Vorleistungen stehen, die vorübergehend im Interesse einer richtigen Periodisierung aktiviert werden.

Die Verfolgung des Werteflusses hätte noch über die Halb- und Fertigfabrikatekonten, die Konten der innerbetrieblichen Leistungen, die Verkaufskonten und so weiter hinaus bis in die Bilanz hinein ausgedehnt werden können. Darauf soll aber hier bewußt verzichtet werden.

Durch diese Untersuchung, zwangsläufig mit etwas schematischem Charakter, sollte versucht werden, annähernd ein Bild davon zu vermitteln, *in welch verästeltes System von Kanälen sich der Wertestrom der Eingangsrechnungen in einem industriellen Unternehmen ergießt.* Würde man in Parallele zu dieser Untersuchung den konkreten Güter- und Leistungsstrom, der hinter jeder Eingangsrechnung steht, verfolgen, so käme man zwingend zu demselben Ergebnis: Auch hier würde man beispielsweise feststellen, daß eine vom Lieferanten angelieferte Schraube entweder zunächst auf dem Lager verbleibt oder aber noch in derselben Periode ihres Eingangs in ein halbfertiges oder verkaufsfertiges Produkt eingeht oder gar schon mit dem Produkt, in dem sie aufgegangen ist, das Unternehmen wieder verlassen hat.
Gewiß hat die Eingangsrechnung selbst, als Vordruck, als Beleg, zunächst nach ihrer Verbuchung und Regulierung, unter Umständen auch schon früher, ihren Zweck erfüllt, sofern man nicht später im Zuge der Kostenauswertung oder aus sonstigen Gründen noch einmal auf sie zurückgreift. *Ihre Werte aber fließen weiter, unter Umständen noch mehrere Perioden hindurch.*

VIII. Die Sonderstellung der Eingangsrechnung im industriellen Unternehmen

Es wäre verfehlt und würde eine gewisse Unsystematik bedeuten, bereits an dieser Stelle in ausführlicher Form auf die Sonderstellung der Eingangsrechnung im industriellen Unternehmen einzugehen, da das in den zweiten Hauptteil dieser Arbeit, in dem „Die Behandlung der Eingangsrechnung" dargestellt wird, gehört. Es soll daher hier nur kurz diese Sonderstellung begründet und gezeigt werden, worin sie überhaupt besteht.
Drei Gründe sind es in der Hauptsache, aus denen heraus der Eingangsrechnung im industriellen Unternehmen eine Sonderstellung zukommt. Es sind dies die folgenden:
1. Zunächst spricht die *Höhe des Wertes, der in den Eingangsrechnungen,* zum mindesten in einem Großteil von ihnen, *seinen Niederschlag findet* und einmal mit ihnen und durch sie als Buchungsbeleg seinen Fluß durch das Unternehmen nimmt und zum anderen unter ihrer Zugrundelegung als Zahlungsbeleg im Zuge der Regulierung das Unternehmen wieder verläßt, dafür, daß die Eingangsrechnung im industriellen Unternehmen eine Sonderstellung genießt. Hierbei ist zu beachten, daß in einem industriellen Unternehmen Eingangsrechnungen, die über in die Tausende Deutsche Mark gehende Beträge lauten, keineswegs die Ausnahme bilden und daß ferner ein monatlicher Rechnungsanfall, wertmäßig gesehen, in Höhe von 10 Millionen DM für ein industrielles Großunternehmen keine Seltenheit ist.

Aus diesem Grunde allein schon kann ein industrielles Unternehmen nicht umhin, den Eingangsrechnungen seine besondere Aufmerksamkeit zu schenken. In welche Richtung diese zu lenken ist, sei hier bereits kurz angedeutet: Ihr Schwergewicht muß auf die Prüfung der Eingangsrechnungen gelegt werden. In welcher Form das zu geschehen hat, wird an anderer Stelle ausführlich darzustellen sein.

2. Als weiterer Grund ist die *Größe des Rechnungsanfalles* zu nennen. Die Anzahl der in einem industriellen Unternehmen im Laufe einer Periode eingehenden Rechnungen ist infolge der umfangreichen Bezüge an Gütern und Dienstleistungen, deren das Unternehmen zwecks Erfüllung der sich gestellten Aufgabe bedarf und die in der Regel an Individualität nichts zu wünschen übrig lassen, naturgemäß sehr groß. Sie schwankt, wie in Unternehmen verschiedener Art und Größe angestellte Untersuchungen erkennen lassen, zwischen 500 und 6000 Eingangsrechnungen im Monat, jedoch bildet die letzte Zahl keineswegs die Obergrenze oder nur die Ausnahme. Diese Tatsache muß den Organisator ansprechen. Für ihn ergibt sich zwangsläufig ein reiches Betätigungsfeld. Ein derartiger Rechnungsanfall will in den 25 verbleibenden Arbeitstagen eines Monats verarbeitet sein. Soll die Sicherheit nicht vernachlässigt werden, soll auf der anderen Seite aber auch nicht der Unwirtschaftlichkeit Tür und Tor geöffnet werden, etwa in der Form, daß ein überzüchteter Sachbearbeiterstab gehalten wird, dann kann die Bewältigung eines derartigen Rechnungsanfalles, wie er in der Vielzahl der industriellen Unternehmen zu Hause ist, nur unter Anwendung rationeller Arbeitsverfahren bewältigt werden.

3. *Die vielseitige Beanspruchung der Eingangsrechnungen* ist schließlich als dritter Grund dafür, daß die Eingangsrechnung in einem industriellen Unternehmen eine Sonderstellung genießt, anzuführen. Es ist eine unumstößliche Tatsache, daß die Eingangsrechnungen hier im Regelfalle mehrfach in Anspruch genommen werden müssen, und zwar gelegentlich ihrer Prüfung, ihrer Anweisung zur Zahlung, ihrer kontokorrentmäßigen und betriebsbuchhalterischen Auswertung und letztlich ihrer Regulierung. Diese vielfache Inanspruchnahme hat zudem regelmäßig durch mehrere Stellen, mitunter gleichzeitig und vor allem unter Einhaltung kurzfristiger Termine zu erfolgen. Daß sich hier Reibungen ergeben können, leuchtet ohne weiteres ein. Daß sie nicht auftreten, das zu erreichen, muß Ziel des Organisators in einem industriellen Unternehmen sein. Er findet auch nach dieser Richtung hin wichtige Aufgaben vor. Hier soll ebenfalls wiederum nur ein Stichwort gegeben werden: Es muß dafür gesorgt werden, daß die Eingangsrechnungen den schnellst- und kürzestmöglichen Durchlaufweg durch das Unternehmen nehmen. Wird dieser Forderung entsprochen, dann ist bereits einem Gutteil möglicher Schwierigkeiten der Boden entzogen. — Ausführlich soll hierzu im zweiten Hauptteil der Arbeit Stellung genommen werden.

Die dargelegte Argumentation zur Sonderstellung der Eingangsrechnung läßt klar erkennen, welche Konsequenzen sich aus ihr für ein industrielles Unternehmen ergeben. Sie gipfeln sämtlich in der *Forderung nach Sicherheit und rationeller Behandlung der Eingangsrechnungen :* Auf diese Forderung gilt es daher, ihre Prüfung, Verbuchung, Regulierung, Ablage und überhaupt ihren Durchlauf durch das Unternehmen abzustellen. Im 2. Hauptteil wird aufzuzeigen sein, wie man in dieser Richtung zweckmäßig verfahren kann, um darauf wesentliche Erkenntnisse aufzubauen.
Bevor aber zum nächsten Hauptteil übergegangen wird, soll, um die Systematik zu wahren, erst noch die juristische Bedeutung der Eingangsrechnung behandelt werden.
Der Vollständigkeit halber sei an dieser Stelle noch einmal darauf hingewiesen, daß eine Herausstellung der Sonderstellung der Eingangsrechnung in Unternehmen verschiedener Industriezweige mit Rücksicht darauf, daß eine solche als nicht existent anzusehen ist, bewußt übergangen werden kann. — Vgl. die Ausführungen S. 13 ff. (Einleitung)!

B. DIE EINGANGSRECHNUNG IN JURISTISCHER SCHAU

In Anbetracht der im vorstehenden herausgestellten Sonderstellung, die die Eingangsrechnung im Wertefluß eines industriellen Unternehmens einnimmt, und in Anbetracht der Unklarheiten, die erfahrungsgemäß über die juristische Seite der Eingangsrechnung in der Praxis vielfach bestehen, erscheint es gerechtfertigt, und hat sich der Verfasser geradezu dazu verpflichtet gefühlt, hier eine kurze Untersuchung der juristischen Bedeutung der Eingangsrechnung einzufügen. Dabei muß jedoch eine Beschränkung auf das Wesentliche Platz greifen, da es über den Rahmen dieser Arbeit hinausgehen würde, den umfangreichen und sicherlich interessanten Fragenkomplex erschöpfend zu behandeln.

I. Begriff und Wesen

Die Eingangsrechnung wird allgemein juristisch dahingehend definiert, daß in ihr eine Urkunde gesehen wird, in der eine Ware oder eine Dienstleistung als Gegenstand eines zwischen Rechnungsaussteller und -empfänger auf eine solche Leistung gerichteten Rechtsgeschäftes sowie deren Preisberechnung bezeichnet werden[11]. Zu ihrem Inhalt gehören ferner noch Datum der Ausstellung und Adresse. Hinzutreten können vielfach noch andere Vermerke. *Somit präsentiert sich die Eingangsrechnung ihrem eigentlichen Wesen nach zunächst als eine kaufmännische Korrespondenz wie jede andere*, sich davon unterscheidend lediglich durch ihren Inhalt und den Anlaß ihrer Ausstellung. In einer Abhandlung von *Anders* „Die Faktura"[12] wird die Eingangsrechnung als Urkunde des Erfüllungsgeschäftes unter Herausstellung ihrer Funktion als dessen Bestätigungsschreiben bezeichnet, wobei

[11] Vgl. *Franz Meußdoerffer*, Die rechtliche Bedeutung der Fakturaklauseln, Dissertation, Erlangen 1908, S. 1.

[12] Vgl. Juristische Rundschau, 10. Jahrg., 1934, S. 90.

der Verfasser nachdrücklichst darauf hinweist, daß einerseits eine funktionelle Ähnlichkeit zwischen ihr und dem Bestätigungsschreiben im Sinne des Verpflichtungsgeschäftes, andererseits aber auch ein grundsätzlicher Unterschied zwischen beiden gesehen werden muß.

Die *herrschende Ansicht* ist die, daß die Eingangsrechnung im geschäftlichen Verkehr nur zur Angabe der bewirkten Leistungen und der vom Empfänger dafür geschuldeten Beträge, nicht dagegen zur Aufnahme anderer rechtsverbindlicher Mitteilungen bestimmt ist[13].

II. Übersicht über die Funktionen der Eingangsrechnung

Von der im vorstehenden gegebenen allgemeinen Begriffsbestimmung für die Eingangsrechnung ausgehend, sind nun die Funktionen aufzuzeigen, die sie *in bezug auf den obligatorischen Vertrag* (zum Beispiel Kauf-, Werk-, Werklieferungsvertrag) *und auf das abstrakte Erfüllungsgeschäft* (Einigung und Übergabe = Eigentumsübertragung), in deren beider Rahmen jeweils die Eingangsrechnung ausgestellt wird, möglicherweise erfüllen kann.

Je nach der gegebenen Rechtssituation, aus der heraus die Ausstellung der Eingangsrechnung erfolgt, *sind die folgenden Funktionen zu unterscheiden:*

1. Wird die Eingangsrechnung *im Verfolg eines bereits gültig abgeschlossenen obligatorischen Vertrages* ausgestellt, so *erfüllt sie* entsprechend der ihr vorstehend beigelegten Begriffsbestimmung im großen und ganzen *lediglich den Zweck, dem Rechnungsempfänger von der Bewirkung der vereinbarten Leistung* seitens des Rechnungsausstellers *und* weiterhin *von der* an diesen *geschuldeten Gegenleistung Kenntnis zu geben.* Diese Funktion — und nur diese — fällt ihr in den weitaus häufigsten Fällen des Geschäftslebens zu.
2. Falls der Eingangsrechnung seitens des Rechnungsausstellers *im Falle eines vorhergegangenen bloßen mündlichen Vertragsabschlusses* ausdrücklich der *Charakter eines Bestätigungsschreibens* beigelegt wird, übernimmt sie auch die Funktion eines solchen.
3. Bringt der Rechnungsaussteller, *ohne daß vorher ein Vertrag zustande gekommen war*, in der Rechnung zum Ausdruck, daß er hiermit (mit der Eingangsrechnung) einen Vertragsantrag des Rechnungsempfängers annehme, so übt die Eingangsrechnung die *Funktion einer Annahmeerklärung* aus. Der obligatorische Vertrag soll in diesem Falle erst durch sie zustande kommen.
4. Die Eingangsrechnung kann ferner dem *Zwecke* dienen, einen *Vertragsantrag zu repräsentieren*, dann, *wenn der Rechnungsaussteller dem -empfänger*,

[13] Vgl. Juristische Wochenschrift, 51. Jahrg., 2. Halbjahresband, 1922, S. 1717.

ohne daß dieser zuvor eine *Bestellung* aufgegeben hat, *Ware zustellt und ihm gleichzeitig darüber eine Rechnung vorlegt.* In letzterer kann dann ein Vertragsantrag gesehen werden.

5. Die Eingangsrechnung kann *in bestimmten*, später noch näher darzustellenden *Rechtssituationen* im Rahmen des abstrakten Erfüllungsgeschäftes die *Funktion des Antrags zum Einigungsvertrag* bei der Eigentumsübertragung seitens des Rechnungsausstellers ausüben.

6. Schließlich dient die Eingangsrechnung noch dem *Zweck, Beweisurkunde in Hinsicht auf das Erfüllungsgeschäft zu sein.*

Aus der Perspektive dieser möglichen Funktionen soll nunmehr die rechtliche Bedeutung der Eingangsrechnung im einzelnen dargelegt werden.

III. Die Eingangsrechnung im Verfolg eines bereits gültig abgeschlossenen obligatorischen Vertrages unter besonderer Berücksichtigung eventuell in sie aufgenommener Rechnungsvermerke

Der nun folgenden Darstellung sei mit Rücksicht auf die Bedeutung der zu behandelnden Fragen für den Geschäftsverkehr ein etwas breiterer Raum zugestanden.

1. ALLGEMEINE RECHTLICHE BEDEUTUNG DER EINGANGSRECHNUNG

In der Vielzahl aller Fälle des Geschäftsverkehrs ist die Rechtssituation die, daß der Ausstellung der Eingangsrechnung bereits ein gültig, meist bis in alle Einzelheiten abgeschlossener obligatorischer Vertrag, zum Beispiel Kauf-, Werk-, Werklieferungsvertrag, zugrunde liegt. Unter diesen Voraussetzungen hat dann die Eingangsrechnung, wie bereits ausgeführt, lediglich den Zweck, dem Käufer davon Kenntnis zu geben, daß beispielsweise eine Ware geliefert sei oder zu seiner Verfügung bereit liege und was er als Gegenleistung zu bewirken habe. — In solcher Mitteilung kann man geradezu die *Grundfunktion einer Eingangsrechnung* sehen.

Entsprechend dieser Funktion kann sich auch der Inhalt der Eingangsrechnung auf das für ihre Erfüllung Notwendige beschränken. Jedoch bleibt es dem Rechnungsaussteller überlassen, den Inhalt auf zusätzliche Vermerke auszudehnen. Solange sich diese zusätzlichen Rechnungsvermerke im Rahmen der im Vertrag vereinbarten Bedingungen bewegen, letztere also lediglich in der Eingangsrechnung ihre Wiederholung finden, werfen sie keine besonderen Fragen auf. Dagegen bleibt zu klären, welche rechtliche

Bedeutung einmal Vermerken auf Eingangsrechnungen, die den vereinbarten Vertragsbedingungen zuwiderlaufen, und zum anderen bestimmten, den abgeschlossenen Vertrag ergänzenden Rechnungsvermerken zukommt.
Dabei ist zu berücksichten, daß bei Vertragsschluß nicht nur die ausdrücklich vereinbarten Bedingungen Inhalt des Vertrages geworden sind, sondern auch die mangels besonderer Festlegung ergänzend eintretenden gesetzlichen Bestimmungen. Diese gelten also an Stelle der nicht ausdrücklich vereinbarten Bedingungen ebenfalls als vereinbart[14]. — Wenn im folgenden von den vereinbarten Vertragsbedingungen die Rede ist, so sind diese in dem dargelegten weiteren Sinne aufzufassen.

2. EINSEITIGE VERMERKE IN EINGANGSRECHNUNGEN

a) Grundsätzliches

In einer Eingangsrechnung, die sich nicht mit den vereinbarten Vertragsbedingungen deckende Vermerke enthält, ist — so die herrschende Meinung[15] — ein neuer Antrag auf Abänderung des ursprünglichen Vertrages zu sehen. Ob diese Vermerke an Stelle der bisherigen Vertragsbedingungen rechtswirksam werden, hängt von der Annahme des besagten Antrags (Eingangsrechnung) seitens des Rechnungsempfängers ab. Erklärt dieser seine Zustimmung ausdrücklich, beispielsweise durch Anerkennungsschreiben, ist die Rechtswirksamkeit der Rechnungsvermerke ohne Bedenken zu bejahen. Die ausdrückliche Annahme kann sich auch nur auf einen Teil der fraglichen Änderungen beziehen. Entsprechend ergibt sich in solchem Falle Teilwirksamkeit. Eine schlüssige Handlung an Stelle der ausdrücklichen Annahmeerklärung zeitigt dieselben für den Verkäufer positiven Rechtsfolgen.
Fraglich erscheint es jedoch, ob auch das Schweigen des Rechnungsempfängers bei Vorliegen einer Eingangsrechnung mit den vereinbarten Vertragsbedingungen zuwiderlaufenden Vermerken als Annahme des durch den Rechnungsaussteller gestellten Vertragsantrages auf Abänderung der ursprünglichen Bedingungen zu werten ist. — Bloßes Schweigen ist an und für sich als ein Nichtstun ohne rechtliche Bedeutung. Aber es ist von Bedeutung, wenn den Umständen nach ein Nichtstun nach Treu und Glauben und mit Rücksicht auf die Verkehrssitte wie ein Tun wirkt. Schweigen kann wie Zustimmung oder Ablehnung wirken. Man darf insbesondere

[14] Vgl. Kommentar zum HGB, herausgegeben von Mitgliedern des Reichsgerichts, Band III, Berlin 1940, zu § 372, S. 596 — *Staub*, Kommentar zum HGB, Band III, 14. Aufl., Berlin und Leipzig, 1933, zu § 372, S. 569.
[15] Vgl. *Könige*, Handausgabe des HGB, 4. Aufl., Berlin 1936, Anhang zu § 346.

nicht schweigen, wenn man weiß, daß das Schweigen als Zustimmung aufgefaßt wird und vernünftigerweise aufgefaßt werden kann, diese aber gar nicht erklären will[16].

Der Rechnungsempfänger, der also dem neuen Vertragsantrag nicht stattgeben will, darf nicht schweigen, wenn der Aussteller daraus die Vertragsannahme entnehmen kann. Analog darf er schweigen, wenn das Umgekehrte der Fall ist.

In Anlehnung hieran hat sich die heutige Rechtsprechung[17] auf den Standpunkt gestellt, daß der Empfänger einer einseitige Vermerke beinhaltenden Rechnung grundsätzlich schweigen kann, ohne daß ihm ein Nachteil rechtlicher Art daraus erwächst. Er braucht also keinen Widerspruch zu erheben. Denn, so wird ausgeführt, besorgen die Rechnungsvermerke eine Verschlechterung der Rechtslage des Rechnungsempfängers, so kann der Rechnungsaussteller keine Zustimmung erwarten und daher das Schweigen nicht als eine solche deuten[18]. Die Wirksamkeit der ursprünglichen Vertragsbedingungen bleibt unberührt. Sind dagegen die Rechnungsvermerke dazu angetan, den Käufer in eine günstigere Position zu versetzen, kann der Verkäufer dessen Schweigen als Zustimmung auslegen, was die Wirksamkeit des neuen Vertrages auf Abänderung des alten und mithin für den Käufer Vorteile zur Folge hat. — *Es ist also der Grundsatz festzuhalten, daß das Schweigen des Rechnungsempfängers auf einseitige vertragswidrige Rechnungsvermerke nicht ohne weiteres als Zustimmung (Vertragsannahme) zu deuten ist.*

Auch die wiederholte Aufnahme derartiger einseitiger Rechnungsvermerke während der Dauer der Geschäftbeziehungen ändert an dem Ausgeführten nichts. So die herrschende Ansicht[19].

Im Gegensatz dazu ist das Schweigen auf Vermerke, die nur bei früheren Geschäften übliche Bestimmungen wiedergeben, zu sehen[20].

Im Sinne dieser Ausführungen muß die rechtliche Bedeutung der häufig in Eingangsrechnungen zu findenden Vermerke bezüglich Erfüllungsort, Gerichtsstand, Reklamationsfrist, Eigentumsvorbehalt, um nur einige zu nennen, im einzelnen gesehen werden.

Von den einseitigen Vermerken in Eingangsrechnungen, die also den vereinbarten Vertragsbedingungen zuwiderlaufen, sind scharf zu trennen solche Rechnungsvermerke, die zum Zwecke der Ergänzung des geschlossenen

[16] Vgl. *Carl Ritter*, Kommentar zum HGB, 2. Auflage, München und Berlin 1932, zu § 346, S. 423/10 — Reichsgerichtsentscheidung 91/346.

[17] Vgl. Entscheidungen des Reichs-Oberhandelsgerichtes 5/35 und 22/144 — Reichsgerichtsentscheidung. 7/275 und 52/133.

[18] Vgl. Reichsgerichtsentscheidung in: Juristische Wochenschrift 98/482.

[19] Vgl. Reichsgerichtsentscheidungen 59/351 und 52/135.

[20] Vgl. Recht, Jahrgang 1906, S. 1192.

Vertrages, sei es in Hinsicht auf den Preis, die Verpackungskosten, die Verpackungsbedingungen, vom Rechnungsaussteller in die Rechnung aufgenommen werden, und ferner diejenigen Vermerke, die eine die Erledigung des zugrunde liegenden Geschäfts betreffende Mitteilung an den Rechnungsempfänger darstellen. In diesen Fällen kann, wie noch zu zeigen sein wird, der Rechnungsempfänger nicht ohne weiteres schweigen, ohne daß ihm unter Umständen daraus ein rechtlicher Nachteil erwächst.
Zusammenfassend kann gesagt werden, daß der Rechnungsempfänger es sich nicht zur Regel machen kann, Rechnungsvermerke überhaupt unbeachtet zu lassen, da sein Schweigen oder deren Nichtbeachtung nicht in jedem Falle angebracht und ohne rechtliche Nachteile für ihn ist.

b) Die wichtigsten Rechnungsvermerke im einzelnen

Auf die wichtigsten und im Geschäftsverkehr am häufigsten vorkommenden einseitigen Rechnungsvermerke sei nun im folgenden kurz eingegangen:
Enthält die Eingangsrechnung die Bestimmung eines Erfüllungsortes, der von dem vertraglich vereinbarten oder, soweit keiner vereinbart war, von dem gesetzlichen Erfüllungsort abweicht, so kann der Rechnungsempfänger schweigen, ohne daß ihm daraus ein Nachteil erwächst. Denn falls der neue Erfüllungsort laut Eingangsrechnung ihn günstiger stellt, gilt sein Schweigen als Annahme des neuen Vertragsantrages auf Abänderung des ursprünglich vereinbarten Erfüllungsortes mit der rechtlichen Folge, daß der neue Erfüllungsort maßgebend ist[21], während im umgekehrten Falle der Rechnungsaussteller keine Zustimmung erwarten kann, weshalb also der ursprünglich vereinbarte oder gesetzliche Erfüllungsort nach wie vor Gültigkeit hat. — Durch die vorbehaltlose Annahme der Eingangsrechnung vergibt sich also der Rechnungsempfänger nichts[22].
Das, was bezüglich des Erfüllungsortes oben ausgeführt wurde, ist analog auch auf einseitige, den Gerichtsstand betreffende Rechnungsvermerke anzuwenden. Auch hier ist das Schweigen des Rechnungsempfängers ohne rechtlichen Nachteil für ihn[23].
Dem einseitigen Vermerk des Eigentumsvorbehalts kommt in der Regel keine rechtliche Bedeutung zu. Er würde ja, falls der Rechnungsempfänger ihm zustimmte, diesem gegenüber von Nachteil sein. Infolgedessen kann sein Schweigen auch nicht als Annahme des neuen Vertragsantrages auf

[21] Vgl. Kommentar zum HGB, herausgegeben von Mitgliedern des Reichsgerichts, a. a. O. (S. 51) — *Staub*, Kommentar zum HGB, a. a. O. (S. 51) — *Könige*, Handausgabe des HGB, a. a. O. (S. 51).
[22] Vgl. Reichsgerichtsentscheidungen 65/330, 52/133 — Entscheidung des Reichs-Oberhandelsgerichtes 22/144.
[23] Vgl. Reichsgerichtsentscheidung 65/331.

Änderung der bisherigen Bedingungen vom Rechnungsaussteller gedeutet werden. — In besonders gelagerten Fällen kann jedoch ein derartiger Vermerk eine Hinderung des Eigentumsüberganges infolge Willenmangels bei der Einigung bewirken, woraus sich dann nachteilige Folgen für den Rechnungsaussteller ergeben. Hierauf wird aber an anderer Stelle noch näher einzugehen sein. In den weitaus häufigsten Fällen des Versendungskaufs ist, wenn die Eingangsrechnung der Leistungserstellung folgt, ein einseitiger Eigentumsvorbehaltsvermerk für die Eigentumsübertragung ohne rechtliche Wirkung[24], denn die dazu erforderliche Einigung hat dann schon bei der Absendung der Waren stattgefunden.

Nimmt der Rechnungsaussteller in der Eingangsrechnung eine Bestimmung der Mängelrügebefugnisse, insbesondere der Reklamationsfrist, vor, die den ausdrücklich vereinbarten oder statt ihrer den gesetzlichen zuwiderlaufen, so gilt auch hier im Falle der Verschlechterung der Lage des Käufers sein Schweigen als Ablehnung, im umgekehrten Falle als Vertragsannahme. Das bedeutet einmal, daß der Rechnungsaussteller die Befugnisse des -empfängers nicht willkürlich beschränken, und zum anderen, daß dieser im für ihn günstigen Falle den Verkäufer beim Wort nehmen kann[25].

Werden in einer Eingangsrechnung seitens des Rechnungsausstellers andere als die vereinbarten Zahlungsbedingungen wiedergegeben, so kommt es auch hier darauf an, nach welcher Seite sich die Rechtslage des Rechnungsempfängers wandeln würde, wenn die betreffenden Änderungen zum Zuge kämen. So bedeutet zum Beispiel dessen Schweigen auf die nachträgliche Einräumung eines Skontos Zustimmung. Der Rechnungsaussteller ist an den Vertragsantrag auf Abänderung der ursprünglichen Bedingungen gebunden[26]. — Er müßte andererseits mit einer Ablehnung rechnen, wenn er die Zahlungsbedingungen nachträglich für den Käufer ungünstiger gestaltet hätte.

Bei den im vorstehenden behandelten Rechnungsvermerken handelt es sich um solche, die den vereinbarten Vertragsbedingungen zuwiderliefen und die der Rechnungsempfänger unbeachtet lassen konnte, ohne daß durch sein Schweigen seine Rechtslage verschlechtert worden wäre. *Im Gegensatz dazu* gilt es nun, auf Rechnungsvermerke einzugehen, denen der Charakter einer Ergänzung des bereits geschlossenen Vertrages oder einer Mitteilung des Rechnungsausstellers an seinen Partner beizulegen ist und die vom Rechnungsempfänger unbedingt beachtet werden müssen.

[24] Vgl. Juristische Wochenschrift, Jahrg. 1930, S. 2238.
[25] Vgl. Entscheidung des Reichs-Oberhandelsgerichts 1/88 — *Staub*, Kommentar zum HGB, a. a. O., Band IV, zu § 377. S. 132.
[26] Vgl. Reichsgerichtsentscheidung 95/120 — *Staub*, Kommentar zum HGB, a. a. O., Band III, zu § 372, S. 583 — *Ritter*, Kommentar zum HGB, a. a. O.

Vielfach hat der Rechnungsaussteller Vermerke in die Rechnung aufgenommen, die mehr den Zweck von Mitteilungen im Zuge der Geschäftsabwicklung an den Rechnungsempfänger zu erfüllen haben. Hierhin gehören zum Beispiel die in Eingangsrechnungen häufig zu findenden Bestimmungen über *Inkassobeschränkung der Reisenden* oder *Mitteilungen darüber, auf welche Konten bei welchen Banken fällige Rechnungsbeträge zu überweisen sind.* Derartige Vermerke erschweren die Rechtslage des Rechnungsempfängers nicht. Nach der Anschauung des Handelstandes *müssen* sie von jenem *beachtet werden*[27]. Klauseln in Eingangsrechnungen, die sich zum Beispiel auf die Inkassobeschränkung von Reisenden beziehen, sind durchaus in der Lage, die vom Gesetzgeber an derartige Mitteilungen geknüpften Rechtsfolgen hervorzurufen. Der Erklärungswille des Rechnungsausstellers muß aber klar und zweifellos zum Ausdruck kommen[28]. Eine Nichtbeachtung derartiger Rechnungsvermerke kann unter Umständen nachteilige Rechtsfolgen für den Rechnungsempfänger nach sich ziehen.
Ebenfalls an dieser Stelle zu behandeln ist der Fall, in dem der *Verkäufer in der Eingangsrechnung den Preis einseitig festgesetzt* hat. Diese Möglichkeit hat er immer dann, wenn bei Abschluß des Vertrages über die Preishöhe nichts vereinbart wurde. Die Rechtssituation ist also die, daß bei Vertragsschluß lediglich ein fiktiver Preis, der gewöhnliche Preis, Marktpreis, handelsübliche, wertentsprechende und gangbare Preis vereinbart wurde und es dem Verkäufer obliegen soll, den Preis im einzelnen Falle festzulegen[29]. An den in der Eingangsrechnung aufgegebenen Preis ist der Verkäufer dann gebunden. — Die Rechtsvorschriften über die Irrtumsanfechtung bleiben natürlich unberührt. — Ein derartiger Preisvermerk bedeutet für den Käufer, daß er *lediglich eine Ergänzung des bereits geschlossenen Vertrages* seitens des Verkäufers gemäß dem diesem zustehenden Recht darstellt. Aus dem längeren Schweigen des Rechnungsempfängers muß der -aussteller nach Handelsbrauch vernünftigerweise die Vermutung herleiten, daß jener den aufgegebenen Preis stillschweigend genehmigt hat. Nach Treu und Glauben wäre er sonst verpflichtet gewesen, seine Ablehnung kundzutun[30]. — Auch aus einem bestimmten anderen Verhalten des Käufers kann dessen Genehmigungswillen hervorgehen. So kann beispielsweise der Verkäufer, wenn irgendwelche Qualitäts- oder Quantitätsmängel vom Käufer

[27] Vgl. Kommentar zum HGB, herausgegeben von Mitgliedern des Reichsgerichts, a. a. O., Band III, zu § 372, S. 627.

[28] Vgl. *Staub*, Kommentar zum HGB, a. a. O., Band I (1932 erschienen), zu § 55, S. 330 — Derselbe, Band III, zu § 372, S. 598 — Reichsgerichtsentscheidung in Strafsachen 47/428.

[29] Vgl. Entscheidungen des Reichs-Oberhandelsgerichts 5/421 und 13/75 — Reichsgerichtsentscheidung vom 21. 4. 1888 in Bolze IV, N/550, S. 108.

[30] Vgl. Entscheidungen des Reichs-Oberhandelsgerichtes 3/113 und 1/85.

gerügt werden, dagegen der mit der Rechnung aufgegebene Preis nicht, annehmen, daß dieser genehmigt ist[31]. — Hervorzuheben ist noch, daß die Tatsache, daß der Rechnungsempfänger mit dem vom Verkäufer mit der Eingangsrechnung aufgegebenen Preis nicht einig geht, ihm nicht ohne weiteres das Recht an die Hand gibt, die Annahme der berechneten Leistungen zu verweigern. Darin würde vielmehr eine Verletzung seiner Pflichten als Käufer zu sehen sein[32]. *Es gilt hier festzuhalten, daß der vorstehend besprochene Preisvermerk in jedem Falle die besondere Beachtung des Rechnungsempfängers verdient und daß im Ablehnungsfalle sein Widerspruch erfolgen muß.*

Schließlich ist noch auf die häufig in Eingangsrechnungen anzutreffende *Emballageklausel*, den Verpackungsvermerk, kurz einzugehen. Diesem Vermerk kann eine *unterschiedliche rechtliche Bedeutung* zukommen:

In einer Reihe von Gewerbezweigen bestehen gewisse Handelsbräuche auch in bezug auf die Verpackung, und zwar hinsichtlich der Überlassungsbedingungen, wie anzusetzenden Verpackungskosten, Leihgebüren und so weiter. In der Regel wird in diesen Fällen, da also Handelsbräuche existieren, im Vertrag nichts bezüglich der Verpackung vereinbart. Vielmehr entspricht es einer kaufmännischen Übung, daß die Bestimmungen hinsichtlich der Verpackung durch den Rechnungsaussteller in die Eingangsrechnung jeweils aufgenommen werden[33]. Die Emballageklausel stellt dann den Vertragsantrag zu einem Nebenvertrag auf Ergänzung des Hauptvertrages in Hinsicht auf die Verpackung dar. Mit Rücksicht auf die erwähnten Handelsbräuche — einmal in bezug auf die Überlassungsbedingungen und zum anderen bezüglich der Aufnahme der Klausel in die Eingangsrechnungen — kann das Schweigen des Rechnungsempfängers als Annahme des Ergänzungsantrages ausgelegt werden, wodurch der Nebenvertrag zustande gekommen und damit der Rechnungsvermerk rechtswirksam geworden ist. Die nun folgende Behandlung der Emballageklausel unter zwei anderen rechtlichen Voraussetzungen hätte, streng genommen, in den Rahmen derjenigen Rechnungsvermerke gehört, die vom Rechnungsempfänger unbeachtet bleiben können, ohne daß ihm daraus ein Nachteil erwächst (vgl. weiter oben!) Um aber die „Rechnungsvermerke bezüglich der Verpackung" in geschlossener Form darstellen zu können, wurde diese Unsystematik in Kauf genommen.

Eine andere rechtliche Situation ergibt sich dann, wenn in Gewerbezweigen keine Handelsbräuche obiger Art gegeben oder wenn ungeachtet deren die Bestimmungen bezüglich der Verpackung in den Hauptvertrag hineinge-

[31] Vgl. Entscheidungen des Reichs-Oberhandelsgerichtes 3/48 und 5/265 — Reichsgerichtsentscheidung 18/55.

[32] Vgl. Entscheidung des Reichs-Oberhandelsgerichtes 6/166.

[33] Vgl. Entscheidung des Reichs-Oberhandelsgerichtes 1/122.

[34] Vgl. Entscheidungen des Reichs-Oberhandelsgerichtes 1/127, 4/167 und 9/208.

nommen worden sind. — Eine von den vereinbarten Bestimmungen abweichende Emballageklausel in der Eingangsrechnung würde in Anlehnung an die bereits früher gemachten Ausführungen einen Vertragsantrag auf Abänderung der ursprünglichen Bedingungen darstellen. Schweigen hierauf seitens des Rechnungsempfängers wird, je nachdem, ob dessen Rechtslage verbessert oder verschlechtert wird, als Zustimmung oder Ablehnung auszulegen sein. *Schweigen auf eine vertragswidrige Verpackungsklausel schadet also nichts*[35]. Im ablehnenden Falle bleiben die Verpackungsbestimmungen, wie ursprünglich vereinbart, wirksam.

Ähnlich gelagert ist die rechtliche Bedeutung der Emballageklausel in der Eingangsrechnung dann, wenn weder Handelsbräuche in bezug auf die Verpackung üblich sind, noch besondere diesbezügliche Bestimmungen zum Gegenstand des Hauptvertrages gemacht wurden. Dann sind eben an Stelle der fehlenden ausdrücklich vereinbarten Verpackungsbedingungen die gesetzlichen Vorschriften maßgebend, wonach gemäß § 448 BGB die Kosten der Versendung der Rechnungsempfänger zu tragen hat. Demzufolge hat er auch den Wert der Verpackung zu ersetzen, falls er sie zurückbehält[36]. Der in die Eingangsrechnung aufgenommene, den vereinbarten (gesetzlichen) Bestimmungen über die Verpackung zuwiderlaufende Verpackungsvermerk wird ebenfalls als Vertragsantrag auf Abänderung der ursprünglichen Vertragsbedingungen aufzufassen sein. Entsprechend gelten auch in diesem Falle die im vorstehenden gemachten Ausführungen hinsichtlich Genehmigung beziehungsweise Ablehnung des Antrages. Jedenfalls wird ihm Schweigen nicht schaden.

Aus dem Blickwinkel dieser in bezug auf die rechtliche Bedeutung der Emballageklausel gegebenen Möglichkeiten, wie sie oben aufgezeigt wurden, sind *auch die Preisansätze für Verpackung, was ihre Angemessenheit anbelangt*, in Eingangsrechnungen zu sehen[37].

IV. Die Eingangsrechnung als Bestätigungsschreiben

Es entspricht kaufmännischen Gepflogenheiten, daß mündlich oder fernmündlich abgeschlossene Verträge in einem Bestätigungsschreiben festgelegt werden[38]. In einem solchen Schreiben sollen einmal der Inhalt des

[35] Vgl. Reichsgerichtsentscheidung vom 23. 11. 1893 in Bolze, 17, N, 468, S. 261.

[36] Vgl. *Staub*, Kommentar zum HGB, a. a. O., Band IV, zu § 382, S. 476.

[37] Vgl. Kommentar zum HGB, herausgegeben von Mitgliedern des Reichsgerichts, a. a. O., Band III, zu § 372, S. 596.

[38] Vgl. Reichsgerichtsentscheidung in Juristische Wochenschrift 26/2532 — *Staub*, Kommentar zum HGB, a. a. O., Band III, zu § 372, S. 572 ff.

mündlichen Vertrages und, soweit dieser sich nur auf die wesentlichsten Punkte beschränkt hat, auch die Nebenpunkte erschöpfend ihren Niederschlag finden.
Die Eingangsrechnung kann nun die Funktion eines solchen Bestätigungsschreibens ausüben, und zwar dann, wenn der Rechnungsaussteller *ausdrücklich* — entweder unter Verwendung eines entsprechenden Begleitschreibens oder durch Hinweis in der Eingangsrechnung selbst, etwa in der Weise, daß vermerkt wird: „Rechnung und Auftragsbestätigung" — den Rechnungsempfänger darauf aufmerksam macht.
Das, was bezüglich des Bestätigungsschreibens allgemein gilt, daß nämlich die widerspruchslose Annahme eines solchen durch den Käufer zur Folge hat, daß sein Inhalt als vereinbart gilt, selbst wenn er Abweichungen vom ursprünglichen mündlichen Vertrag enthält[39], ist auch für die Eingangsrechnung, die vom Rechnungsaussteller ausdrücklich als Bestätigungsschreiben bestimmt wird, maßgebend. Die stillschweigende Hinnahme der Rechnung ist so auszulegen, daß der Rechnungsempfänger sich in allen Punkten mit ihrem Inhalt und somit mit dem Vertragsinhalt einverstanden erklärt. Das bedeutet also, daß auch den ursprünglich mündlich vereinbarten Vertragsbedingungen widersprechende Rechnungsvermerke genehmigt und Vertragsinhalt geworden sind[40]. Treu und Glauben hätten im Ablehnungsfalle vom Rechnungsempfänger Widerspruch gefordert.
Daher ist es unumgänglich, daß Eingangsrechnungen dieser Art eine entsprechende Beachtung finden. Entschuldigungen dergestalt, daß der Charakter der Rechnung verkannt worden sei, bleiben ohne Wirkung, es sei denn, daß der Rechnungsaussteller seinerseits die Vorschriften hinsichtlich Treu und Glauben außer acht gelassen hat, indem er beispielsweise Vermerke an unauffälligen und ungebräuchlichen Stellen der Eingangsrechnung erscheinen läßt[41].

V. Die Eingangsrechnung als Annahmeerklärung

Bringt ein Verkäufer erst in der Eingangsrechnung zum Ausdruck, daß er einen an ihn gerichteten Vertragsantrag des Käufers annehme, so vertritt die Eingangsrechnung die Stelle einer anderweitigen Annahmeerklärung[42].

[39] Vgl. Reichsgerichtsentscheidungen vom 15. 4. 1885 in Bolze, I, N, 654, S. 141, ferner in Juristische Wochenschrift 97/88[34].
[40] Vgl. Reichsgerichtsentscheidungen 57/409, ferner vom 25. 6. 1900 in Warneyers Jahrbuch, I, S. 38, No. 6.
[41] Vgl. Entscheidung des Reichs-Oberhandelsgerichtes 19/5.
[42] Vgl. *Franz Meußdoerffer*, Die rechtliche Bedeutung der Fakturaklauseln, a. a. O., S. 2.

Liefert der Rechnungsaussteller beispielsweise auf Grund einer ihm zugegangenen Bestellung, so ist in der Lieferung die Vertragsannahme zu sehen (Annahme durch schlüssige Handlung), die er zudem noch in der dem Käufer zugesandten Rechnung zum Ausdruck bringen kann. Der Vertragsschluß ist allein aber schon mit der Lieferung zustande gekommen, so daß der Eingangsrechnung in diesem Falle nur eine rein formelle, deklaratorische Bedeutung als Annahmeerklärung zuzusprechen ist.
Von besonderer rechtlicher Bedeutung wird die Eingangsrechnung jedoch dann, wenn sie inhaltlich von der Bestellung (Vertragsantrag) und damit von dem durch die inzwischen erfolgte Lieferung zustande gekommenen Vertrag abweicht, etwa dergestalt, daß in die Rechnung den Vertragsbedingungen widersprechende oder diese ergänzende Vermerke aufgenommen worden sind. In einer derartigen Eingangsrechnung ist dann wiederum ein Antrag auf nachträgliche Änderung oder Ergänzung des ursprünglichen Vertrages (Bestellung/Lieferung) zu sehen[43], und das über Rechnungsvermerke oben unter III. Ausgeführte kommt hier sinngemäß zum Zuge.

VI. Die Eingangsrechnung als Vertragsantrag

In den seltensten Fällen des Geschäftsverkehrs wird einer Eingangsrechnung die Funktion eines Vertragsantrages zufallen. Immerhin sei auch dieser mögliche Fall der Vollständigkeit halber hier erwähnt. Die Eingangsrechnung stellt dann einen Vertragsantrag dar, wenn der Rechnungsaussteller dem -empfänger, ohne daß ihm eine Bestellung vorliegt, beispielsweise Waren zusendet und ihm über die betreffende Sendung und mit ihr eine Rechnung zustellt. Die Eingangsrechnung soll dann erst als Grundlage für den zu schließenden Vertrag dienen[44].
Ob ein Vertrag zustande kommt, hängt davon ab, ob der Rechnungsempfänger ausdrücklich oder durch schlüssige Handlung (im Sinne des § 151 BGB) den Vertragsantrag annimmt. Erfolgt die Annahme, so sind für den abgeschlossenen Vertrag die in der Eingangsrechnung niedergelegten Bedingungen in vollem Umfange maßgebend. Die Antragsannahme steht aber ganz im Belieben des Rechnungsempfängers[45]. *Sein Schweigen gilt nicht ohne weiteres als Annahme.*

[43] Vgl. *Franz Meußdoerffer*, Die rechtliche Bedeutung der Fakturaklauseln, a. a. O., S. 21.
[44] Vgl. *Franz Meußdoerffer*, Die rechtliche Bedeutung der Fakturaklauseln, a. a. O., S. 2.
[45] Vgl. *Franz Meußdoerffer*, Die rechtliche Bedeutung der Fakturaklauseln, a. a. O., S. 55 ff.

Von rechtserheblicher Bedeutung kann jedoch die Tatsache werden, daß derartige Vertragsanträge in Form der Eingangsrechnung bei dauernder Geschäftsverbindung regelmäßig positiv auf seiten des Rechnungsempfängers behandelt worden sind. In diesem Falle kann unter Umständen der Rechnungsaussteller aus dem Schweigen des -empfängers die Vertragsannahme entnehmen, wie andererseits neuen, von den üblichen Vermerken sich unterscheidenden Rechnungsvermerken unter den gekennzeichneten Umständen nicht dieselbe rechtliche Bedeutung beizulegen ist wie denen, die bislang den Inhalt der betreffenden Eingangsrechnungen ausgemacht haben.

VII. Die Eingangsrechnung als Antrag zum Einigungsvertrag[46]

In bestimmten Rechtssituationen kann man der Eingangsrechnung im Rahmen des abstrakten Erfüllungsgeschäftes *konstitutive Bedeutung* beilegen, und zwar einmal dann, wenn sich die berechnete Ware bereits im Besitze des Rechnungsempfängers befindet, sei es auf Grund eines Leih-, Miet- oder Pachtvertrages oder aber zur Ansicht, und zum anderen in den Fällen, in denen die Eingangsrechnung der Lieferung jeweils beigefügt worden ist. — Unter diesen Voraussetzungen kann man in der Eingangsrechnung die Willenserklärung des Rechnungsausstellers zum Erfüllungsgeschäft, kann man in ihr seinen Einigungswillen sehen, der zur Eigentumsübertragung erforderlich ist. Die rechtliche Bedeutung der Eingangsrechnung in bezug auf das Erfüllungsgeschäft liegt dann in dem Übereignungsangebot an den Rechnungsempfänger.

In den üblichen Fällen des Geschäftsverkehrs, in denen der Rechnungsaussteller die Ware nach Vertragsschluß absendet und die Rechnung folgen läßt, wird der Einigungswillen, als bei der Absendung vorhanden, stillschweigend vorausgesetzt beziehungsweise in der schlüssigen Handlung gesehen.

Kommt der Eingangsrechnung aber diese in bezug auf das Erfüllungsgeschäft konstitutive Wirkung in bestimmten Fällen zu, so rückt auch eine etwa in ihr enthaltene *Eigentumsvorbehaltsklausel in ein besonderes Licht*: Ist der obligatorische Vertrag ohne diesen Vorbehalt abgeschlossen worden, so wird der Eigentumsvorbehalt auch nicht durch einen entsprechenden Vermerk in der Rechnung nachträglich Gegenstand des Vertrages. Rechtlich bedeutend ist jedoch, daß durch den Eigentumsvorbehaltsvermerk in der Eingangsrechnung, die ja unter den unterstellten Voraussetzungen

[46] Vgl. *Anders*, Die Faktura, in: Juristische Wochenschr., 10. Jahrgang, 1934, S. 90.

den Einigungswillen des Rechnungsausstellers repräsentiert, die Eigentumsübertragung mangelhaft wird. Der Verkäufer will ja erst übereignen, wenn der volle Kaufpreis gezahlt ist. Die rechtlichen Folgen sind dann die: Falls der Rechnungsempfänger die Lieferung unter Eigentumsvorbehalt ablehnt und der -aussteller auf ihr besteht, kann letzterer, da er seinen Verpflichtungen aus dem obligatorischen Vertrag nicht nachgekommen ist, in Verzug gesetzt werden und behält andererseits aber nach wie vor den Eigentumsanspruch an der betreffenden Lieferung.

VIII. Die Eingangsrechnung als Beweisurkunde[47]

Durch die Eingangsrechnung werden Einigung und Übergabe, die beiden — letztere allerdings nicht immer — zur Eigentumsübertragung erforderlichen Rechtsakte, bestätigt, durch sie werden bereits geschehene Rechtsvorgänge bezeugt.

Einmal wird durch die Eingangsrechnung bezeugt, *daß das Eigentum übergegangen* ist. Der Rechnungsaussteller hat gegebenenfalls das Gegenteil zu beweisen. Somit kann man die Eingangsrechnung als Gegenstück zur Quittung über den Rechnungsbetrag in der Hand des Rechnungsausstellers sehen.

Zum anderen werden *Art, Umfang und sonstige Einzelheiten bezüglich der erfolgten Lieferung oder Leistung bezeugt:* In dieser Hinsicht kann die Eingangsrechnung unter Umständen ein wichtiger Beweis in der Hand des Rechnungsausstellers dafür sein, daß der Rechnungsempfänger im Falle einer rügelosen Annahme der Rechnung den berechneten Gegenstand oder die berechnete Leistung so als Erfüllung in Empfang genommen hat, wie es die Rechnung vorsieht, vor allem bei Identität von Rechnungsinhalt und Inhalt des Bestätigungsschreibens des obligatorischen Vertrages.

Falls in Verträgen die zu bewirkenden *Leistungen nur der Gattung nach bestimmt* waren, *fällt* diese *Beweisfunktion der Eingangsrechnung ganz besonders ins Gewicht:* Sie zeigt dann an, daß die Gattungsschuld getilgt ist. Vom Tage der Rechnungsausstellung an werden regelmäßig Beanstandungen auf den konkreten Berechnungsgegenstand zu beziehen sein (vgl. § 243, Abs. II BGB).

Ähnliche Bedeutung kommt der Eingangsrechnung im Rahmen von Werk- und Werklieferungsverträgen zu: Auch hier bezeugt sie die Leistungsbestimmung durch einen der Vertragsschließenden im Sinne des § 315 BGB.

[47] Vgl. *Anders*, Die Faktura, a. a. O.

IX. Eingangsrechnung und Mängelrüge

Gemäß §§ 377/378 HGB sind Mängel quantitativer und qualitativer Art unverzüglich durch den Käufer nach Ablieferung anzuzeigen, und es erhebt sich die Frage, ob bereits die Vorlage einer Rechnung beim Empfänger der Ablieferung gleichkommt und damit die Unverzüglichkeitsfrist in Lauf setzt. Dies ist zweifellos eine für die Praxis *sehr wesentliche Problemstellung*.

Grundsätzlich ist festzustellen, daß die Ablieferung vollendet sein muß, so beispielsweise beim Platzgeschäft durch Aushändigung der Ware an den Käufer, beim Versendungskauf durch Eintreffen der Ware beim Käufer, eventuell schon durch Übergabe an den Spediteur oder Frachtführer, wenn diese vom Käufer zur Abnahme ermächtigt sind[48].

Allgemein braucht daher der Käufer auf Grund der vor Leistungserstellung zugegangenen Eingangsrechnung noch nicht zu rügen, sondern er kann jene abwarten. Ausnahmen hierzu sind jedoch dann gegeben, wenn besondere Umstände hinzukommen, die im Zusammenhang mit der widerspruchslosen Annahme der Rechnung keinen Zweifel über das Einverständnis des Rechnungsempfängers mit einer eventuell mangelhaften Lieferung oder Dienstleistung aufkommen lassen[49]. Regelmäßig braucht also der Empfänger einer Rechnung, aus der er ersieht, daß die berechneten Objekte der Menge, Art, Qualität nach von dem, was vereinbart wurde, abweichen, nicht eher zu rügen, als die Ablieferung stattgefunden hat. *Der Käufer soll Gelegenheit haben, die bewirkten Leistungen zu untersuchen:* Das gilt vor allen Dingen für die Fälle, in denen aus der Eingangsrechnung Qualitätsmängel hervorgehen, weil die Entscheidung des Käufers von der Erheblichkeit der Mängel abhängt[50]. — Ob im Einzelfall in der Genehmigung der die Fehler aufzeigenden Rechnung auch eine Genehmigung der mangelhaften Leistungen zu erblicken ist, hängt von dem nach Treu und Glauben zu beurteilenden Gesamtverhalten des Rechnungsempfängers ab[51].

So bedeutet beispielsweise stillschweigende Annahme der Eingangsrechnung vor Ablieferung der Ware und Erstattung der Mängelrüge, wenn sich aus der Rechnung eine Gewichtsüberschreitung ergibt, Genehmigung der Lieferung, wenn auf Zusendung der Rechnung hin die Konnossements einzulösen sind. Darin ist dann einer der erwähnten Begleitumstände zu

[48] Vgl. *Adolf Baumbach*, HGB, in: Becksche Kurzkommentare, Band IX, München und Berlin 1951, zu § 377, S. 665.

[49] Vgl. Juristische Wochenschrift, 1923, S. 48, 1902, S. 134, 1904, S. 341.

[50] Vgl. Kommentar zum HGB, herausgegeben von Mitgliedern des Reichsgerichts, a.a. O., Band IV (Berlin *1943*), zu § 377, S. 214.

[51] Vgl. *Staub*, Kommentar zum HGB, a. a. O., Band IV, zu § 378, S. 208.

sehen[52]. Auf der anderen Seite kann in der Zahlung des Kaufpreises eine Genehmigung der Ware nur dann gesehen werden, wenn der Käufer vor der Zahlung Gelegenheit hatte, die Ware ordnungsmäßig zu prüfen[53].

X. Eingangsrechnung und Mahnung

Grundsätzlich ist festzustellen, daß in der *Zusendung einer Rechnung* allein *keine Mahnung* als Voraussetzung für den Schuldnerverzug (wenigstens im Regelfalle) im Sinne des § 284/Abs. I BGB zu sehen ist[54]. Denn die Mahnung muß nach Form und Inhalt dem Schuldner Gewißheit über den Zeitpunkt verschaffen können, mit dem die Nichtleistung pflichtwidrig wird. Die Eingangsrechnung soll aber regelmäßig den Schuldner nur über den Schuldbetrag unterrichten[55]. Zudem muß eine Mahnung gemäß § 284/Abs. I BGB nach dem Eintritt der Fälligkeit erfolgen, während die Rechnung in den meisten Fällen des Geschäftsverkehrs bereits vor der Fälligkeit dem Käufer zugestellt wird.

In den folgenden Fällen jedoch kann eine Eingangsrechnung als Mahnung wirken, nämlich dann,

1. wenn eine Eingangsrechnung dem Empfänger vorgelegt wird mit der Bitte, das Weitere wegen der Zahlung zu veranlassen[56],
2. wenn eine quittierte Eingangsrechnung präsentiert wird[57] und
3. wenn einem Schuldner wiederholt eine Rechnung zugestellt wird[58].

[52] Vgl. *Staub*, Kommentar zum HGB, a. a. O., Band IV, zu § 378, S. 208.

[53] Vgl. Kommentar zum HGB, herausgegeben von Mitgliedern des Reichsgerichtes, a. a. O., Band IV, zu § 377, S. 214.

[54] Vgl. *Staub*, Kommentar zum HGB, a. a. O., Band III, zu § 374, S. 757 — Das BGB mit besonderer Berücksichtigung der Rechtsprechung des Reichsgerichts (Kommentar von Reichsgerichtsräten), Band I, 9. Auflage, Berlin 1939, zu § 284, S. 591 — Reichsgerichtsentscheidung 118/354.

[55] Vgl. *E. Strohal*, Plancks Kommentar zum BGB, Band II, 4. Auflage, Berlin 1914, zu § 284, S. 262.

[56] Vgl. *Staub*, Kommentar zum HGB, a. a. O., Band III, zu § 374, S. 757.

[57] Vgl. *Staub*, Kommentar zum HGB, a. a. O., Band III, zu § 374, S. 757 — Plancks Kommentar zum BGB, a. a. O., Band II, zu § 284, S. 262.

[58] Vgl. Reichsgerichtsentscheidung 50/255 — Plancks Kommentar zum BGB, a. a. O., Band II, zu § 284, S. 262.

XI. Eingangsrechnung und gesetzliche Aufbewahrungspflicht

Die in § 44 HGB für Kaufleute vorgeschriebene *Aufbewahrungspflicht erstreckt sich nicht auf Belege und somit auch nicht auf Eingangsrechnungen*[59]. Diese erstaunliche und durchaus nicht zu bejahende Lücke im Gesetz ist wohl darauf zurückzuführen, daß die Autoren des HGB auf dem Standpunkt standen, daß es mit Rücksicht darauf, daß von den Belegen aus in die Bücher gebucht wird, genügt, die Aufbewahrungspflicht lediglich auf diese zu erstrecken. In allen Fällen aber, in denen in Unternehmen teilweise oder gänzlich auf das Führen von Grundbüchern verzichtet wird, in denen man sich vielmehr der Methode der Belegbuchhaltung bedient, dürfte der erwähnte § 44 HGB sich auch unter anderem auf Eingangsrechnungen erstrecken, da diese ja dann Grundbücher in Lose-Blatt-Form darstellen und als Handelsbücher somit der Aufbewahrungspflicht unterliegen.
Ungeachtet des Fehlens einer grundsätzlichen gesetzlichen Verpflichtung *dürfte es aber im Interesse jedes Unternehmens selbst liegen, Urkunden wie die Eingangsrechnungen*, als Beweisurkunde gleich wichtig wie als Buchungs- und Zahlungsbeleg, nicht zuletzt von Bedeutung als Nachschlagewerk, *sorgfältig aufzubewahren*, um jederzeit bei Bedarf darauf zurückgreifen zu können. Man geht nicht zu weit, wenn man auch in diesem Sinne von den Gepflogenheiten eines ordentlichen Kaufmannes spricht.
Bezüglich der Pflicht zur Aufbewahrung der Eingangsrechnung *für steuerliche Belange* sei auf die entsprechenden Vorschriften der Steuergesetzgebung (Abgabenordnung u. a.) verwiesen. — Ihre eingehende Behandlung soll hier aus räumlichen Gründen unterbleiben.

XII. Die Pflicht zur Rechnungsausstellung[60]

Man kann sogar von einer Verpflichtung des Verkäufers sprechen, innerhalb eines angemessenen Zeitraums dem Käufer eine Rechnung zukommen zu lassen. Es handelt sich dabei nur um eine sogenannte *Nebenverpflichtung gemäß Treu und Glauben* (§§ 157 und 242 BGB), eventuell sogar um eine Hauptverpflichtung: Der Käufer kann unter Umständen ein großes Interesse daran haben, daß ihm der Preis rechtzeitig bekannt gemacht wird, beispielsweise in den Fällen, in denen es dem Rechnungsaussteller obliegt, den Preis festzusetzen.

[59] Vgl. *Staub*, Kommentar zum HGB, a. a. O., Band I, zu § 44, S. 295 — *Baumbach*, HGB, a. a. O., zu § 44, S. 176.
[60] Vgl. *Anders*, Die Faktura, a. a. O., S. 90.

ZWEITER HAUPTTEIL

DIE BEHANDLUNG DER EINGANGSRECHNUNG

A. DIE STADIEN DER BEHANDLUNG IN DER EINZELBETRACHTUNG

Im kaufmännischen Geschäftsverkehr findet kaum ein Schriftstück eine derartig vielseitige Beanspruchung und Behandlung wie die Eingangsrechnung. Von ihrem Eingang an durchläuft sie die Stadien ihrer Prüfung, Zahlungsanweisung, Verbuchung und Regulierung, um ihren Durchlauf schließlich in der Ablage zu beenden. — Was zu der Behandlung der Eingangsrechnung in diesen Stadien zu sagen ist, das darzustellen, soll Aufgabe des folgenden Kapitels A. der Arbeit sein.

I. Die Prüfung der Eingangsrechnung

1. GRUNDSÄTZLICHES

a) Begriff und Wesen

Die Prüfung der Eingangsrechnung stellt begrifflich einen *Vergleichsakt in zweifacher Hinsicht* dar: Einmal ist in ihr ein Vergleich des Rechnungsinhaltes mit den zwischen Rechnungsaussteller und -empfänger gemäß den vorliegenden Bestellunterlagen getroffenen Vereinbarungen zu sehen, zum anderen stellt sie einen Vergleich dar zwischen Rechnungsinhalt und den tatsächlich durch den Rechnungsaussteller bewirkten Leistungen in Form von Gütern oder Dienstleistungen zum Zwecke der Feststellung der Übereinstimmung beider oder von Abweichungen.
Das eigentliche Wesen der Prüfung der Eingangsrechnung ist eben in dieser *Feststellung der Übereinstimmung oder der Abweichungen* zwischen Rechnungsinhalt einerseits und den der Rechnungsausstellung zugrunde liegenden Vereinbarungen sowie den tatsächlich durch den Rechnungsaussteller bewirkten Leistungen andererseits zu sehen. — Worauf es bei der Prüfung letztlich ankommt, ist, daß Fehler, die der Eingangsrechnung inhaltlich

anhaften, mögen sie auf egoistischem Interesse des Rechnungsausstellers oder auf Geistesfehlern, wie Vergeßlichkeit, Unaufmerksamkeit, Unkenntnis und so weiter, seitens des Lieferanten oder dessen Personals beruhen, aufgedeckt werden, damit der Rechnungsempfänger gegebenenfalls daraus die Konsequenzen ziehen kann.

b) Prüfungsumfang

Was den Umfang der Prüfung anbelangt, so kann man *seine Grenzen grundsätzlich mit den folgenden Fragen abstecken*, zu denen im Verlaufe der Prüfung jeweils im einzelnen Stellung zu nehmen ist:

1. Hat überhaupt ein Leistungseingang stattgefunden, der im Zusammenhang mit der vorliegenden Eingangsrechnung steht?
2. Hat über denselben Leistungseingang bereits eine Eingangsrechnung vorgelegen? — Es geht hier um die Frage der Doppelberechnung.
3. Decken sich die tatsächlich bewirkten Leistungen (Güterlieferungen oder Dienstleistungen) mengen- und gütemäßig mit den berechneten einerseits und den vereinbarten andererseits?
4. Entsprechen die in der Eingangsrechnung gemachten Angaben bezüglich Preisansatz, Preisstellung, Preiserrechnung und sonstige in sie aufgenommene Bestimmungen dem Vereinbarten gemäß den Bestellunterlagen?
5. Enthält die Eingangsrechnung alle Angaben, die für ihre weitere Behandlung als Beleg von Bedeutung sind, wie beispielsweise Kontierungs- und Regulierungsvermerke?

In Anlehnung an diesen Fragenkomplex, mit dem der Umfang der Prüfung bestimmt sein möge, läßt sich diese, *als ganzes gesehen*, im Hinblick auf das, was im einzelnen an der Eingangsrechnung zu prüfen ist, wie folgt untergliedern:

1. In die *sachliche Prüfung* (Frage 1. und 3.),
2. in die *preisliche Prüfung* (Frage 4. soweit zutreffend) und
3. in die *sonstige Prüfung* (Frage 2. 4. soweit zutreffend, und 5.).

Auf diese Gliederung, deren man sich auch in der Praxis regelmäßig bedient, wird im folgenden bei der Darstellung des Prüfungsvorganges noch zurückzukommen sein.

c) Prüfungszweck

Als oberster Zweck dieser Prüfung ist die Gewährleistung der Buchungs- und Zahlungsreife der eingegangenen Rechnungen zu nennen!

Wenn sich in der Praxis allgemein der *Grundsatz* herausgebildet hat, daß keine Eingangsrechnung ungeprüft verbucht und bezahlt werden soll, so kommt darin zum Ausdruck, für wie notwendig man die Prüfung erachtet. Durch sie soll in der Haupsache verhindert werden, daß falsche Werte in den Buchungsfluß eingehen und damit sich auf den Konten niederschlagen und daß ferner ungewollte Vermögensdispositionen getroffen werden. Die Prüfung der Eingangsrechnung soll die Gewähr dafür geben, daß nur inhaltlich richtige, den realen Leistungsbewegungen und getroffenen Vereinbarungen entsprechende Eingangsrechnungen als Buchungs- und Zahlungsbelege in einem Unternehmen ausgewertet werden, daß dagegen solche, die den an sie zu stellenden Anforderungen nicht genügen, je nach Lage des Falles, gesperrt werden oder aber entsprechende Korrekturen, sei es auf direktem Wege, sei es über besondere Berichtigungsbelege, erfahren.

Es bedeutet jedoch keineswegs einen Verstoß gegenüber dem oben angeführten Grundsatz, wenn *ausnahmsweise* industrielle Großunternehmen, die naturgemäß einen erheblichen Anfall an Eingangsrechnungen zu verzeichnen haben, deren *Prüfung* aus organisatorischen Gründen *erst nach erfolgter Verbuchung* durchführen, vorausgesetzt, daß die Prüfung auch nachträglich noch gründlich und vorschriftsmäßig vorgenommen wird und erforderlichenfalls Berichtigungsbuchungen konsequent Platz greifen. Denn im Endeffekt ist dann der Grundsatz gewahrt, ist per Saldo der richtige Wert verbucht und damit der Zweck des besagten Grundsatzes erfüllt worden.

Ähnlich ist es hinsichtlich der *Regulierung ungeprüfter Eingangsrechnungen*, die vereinzelt in Unternehmen anzutreffen ist. Auch dabei handelt es sich lediglich um Ausnahmefälle, und gegen eine derartige Handhabe ist nichts einzuwenden, wenn sie nicht zur Regel, wenn die ordnungsgemäße Prüfung nachgeholt wird und wenn zudem die Gewißheit besteht, daß gegebenenfalls die Regulierung korrigiert werden kann, ohne daß sich dabei Schwierigkeiten ergeben, die etwa in der Person des Rechnungsausstellers begründet liegen.

d) Unbedingte Prüfungsnotwendigkeit

Macht man sich einmal die Mühe und untersucht die in einem industriellen Unternehmen eingehenden Rechnungen in bezug auf ihren Inhalt (einschließlich dessen Richtigkeit), ihre Anzahl und die Höhe der durch sie belegten Werte näher, so wird man feststellen, daß hier der Rechnungsanfall naturgemäß ganz erheblich ist, daß ein Großteil der Eingangsrechnungen über beachtliche Beträge lautet und, was Vielgestaltigkeit, Kompliziertheit und Korrekturbedürftigkeit des Rechnungsinhaltes anbelangt, keinen Zweifel offen läßt. Schon diese Tatsachen allein drängen den Schluß auf: Die Prüfung der Eingangsrechnungen stellt eine *zwingende Notwendigkeit*

dar. Dieser Schluß wird dann noch bekräftigt, wenn man überlegt, zu welchen Vermögensdispositionen die Eingangsrechnungen Anlaß geben, in welche Kanäle sich die Rechnungswerte in einem industriellen Unternehmen ergießen und daß die Eingangsrechnungen als Belege einen nicht geringen Teil des Fundaments ausmachen, auf dem sich das komplizierte Gebäude des industriellen Rechnungswesens erhebt.
Hier ist es mit dem Vertrauen auf die Redlichkeit und Zuverlässigkeit des Rechnungsausstellers, so hoch diese auch immer einzuschätzen sind, allein nicht getan. Die Prüfung der Eingangsrechnung stellt eine unabänderliche Forderung dar.
Die nachfolgenden Zahlen, die auf einer in einem industriellen Großunternehmen durchgeführten Untersuchung fußen, mögen das im vorstehenden bezüglich der unbedingten Prüfungsnotwendigkeit Ausgeführte noch verdeutlichen.
Zu diesen Zahlen ist erläuternd vorab zu sagen, daß sie in folgendem Rahmen zu sehen sind: Im Verlauf eines Geschäftsjahres wurden von der mit 7 Rechnungsprüfern und etwa 10 Hilfspersonen besetzten Abteilung „Rechnungsprüfung" des Unternehmens unter Mitwirkung einer Warenannahmestelle etwa 48 000 Eingangsrechnungen, die insgesamt über ca. 42 000 000 Deutsche Mark lauteten, geprüft. Auf Grund der einzelnen Prüfungsergebnisse mußten Belastungen der Lieferanten und Dritter in folgender Höhe vorgenommen werden:

Gründe	DM
Falscher Preisansatz, Zugrundelegung falscher Verkaufsbedingungen Rechenfehler	610 000.—
Mangelhafte Lieferung	360 000.—
Von Dritten zu tragen	230 000.—
Insgesamt	1 200 000.—

Diese Zahlen lassen klar erkennen, welche Verwirrungen, Unsicherheit und Verluste die Vernachlässigung oder gar Unterlassung der Prüfung der Eingangsrechnung nach sich ziehen würde.
Bei der Kenntnisnahme obiger Zahlenangaben drängt sich gleichsam ein Vergleich der durch die Prüfung der Rechnungen erzielten und zahlenmäßig feststellbaren Erfolge mit den durch den Prüfungsapparat bedingten

Kosten auf. Soweit letzterer in jeder Hinsicht den Geboten der Wirtschaftlichkeit und Zweckmäßigkeit entspricht, dürfte ein derartiger Vergleich in jedem Falle zu der Erkenntnis führen, daß sich die Prüfung der Eingangsrechnungen unbedingt auch lohnt, ungeachtet des Grundsatzes, daß sie, wie mehrfach erwähnt, überhaupt eine absolute Notwendigkeit darstellt.

Die Notwendigkeit der Prüfung der Eingangsrechnung verneinen, würde bedeuten, die Unzuverlässigkeit des Menschen außer acht lassen, die Bedeutung der Eingangsrechnung für ein Unternehmen verkennen und der Unsicherheit in großem Stile Tür und Tor öffnen. Würde man sich der Mühe unterziehen und statistische Erhebungen darüber anstellen, wieviele Eingangsrechnungen des Rechnungsanfalls eines Monats zum Beispiel für sich in Anspruch nehmen können, bei ihrem Eingang in allen Punkten als richtig befunden zu werden, so würde das Ergebnis nur zu deutlich das Ausgeführte unterstreichen.

Schließlich ist es für ein Unternehmen überhaupt höchst unkaufmännisch, um diesen Ausdruck zu gebrauchen, und auf die Dauer untragbar, seine Buchführung durch die Verwendung fragwürdiger oder gar falscher Belege zu untergraben und Vermögensänderungen herbeizuführen, denen ebensolche Zahlungsunterlagen zugrunde liegen.

e) Prüfungsanforderungen

In der Hauptsache sind es *zwei Anforderungen*, denen bei der Prüfung der Eingangsrechnung entsprochen werden muß: *Einmal muß das Gebot der Wirtschaftlichkeit beachtet werden, und zum anderen muß die Prüfung die Gewähr dafür bieten, daß ihr Zweck erfüllt wird.*

Der Forderung nach Wirtschaftlichkeit bei der Prüfung wird am ehesten dadurch entsprochen, daß eine Überzüchtung des Prüfungsapparates, ganz gleich, in welcher Form dieser aufgezogen ist oder wird, vermieden wird. Nur das notwendigste Personal ist einzusetzen, auf die Durchführung jeglicher überflüssiger Arbeiten ist zu verzichten, die Verwendung von Vordrucken und maschinellen Einrichtungen ist auf das erforderliche Mindestmaß zu beschränken, und schließlich hat die rationellste Art der Prüfungsabwicklung Platz zu greifen.

Nur bei Beachtung dieser Punkte läßt sich eine Prüfung der Eingangsrechnung bei geringstmöglichen Kosten erreichen.

Der Prüfung der Eingangsrechnung muß ferner das Moment der Sicherheit innewohnen, der Sicherheit dafür, daß ihr Zweck, die Erreichung der Buchungs- und Zahlungsreife der Eingangsrechnung, auch erfüllt wird. Ob die Prüfung aber diese Gewähr bietet, hängt in hohem Maße davon ab, welche Stelle(n) in einem Unternehmen mit ihr beauftragt wird (werden),

wie der Prüfungsablauf arbeits- und vordrucktechnisch organisiert ist und ob bei der Auswahl des Prüfungspersonals die erforderliche Sorgfalt walten gelassen worden ist.
In welcher Form diesen Anforderungen am zweckmäßigsten Genüge getan wird, wird im folgenden noch aufzuzeigen sein.

2. ÜBERBLICK ÜBER DIE MÖGLICHKEITEN DER PRÜFUNGSABWICKLUNG

Was die Abwicklung der Prüfung der Eingangsrechnung angeht, so ist hierfür eine Vielzahl von Möglichkeiten gegeben, die sich voneinander dadurch unterscheiden, daß die Prüfung jeweils von anderen Stellen eines Unternehmens durchgeführt wird, daß die Arbeitsteilung bei der Prüfung in verschiedenem Maße Anwendung findet und daß eine verschiedenartige Prüfungstechnik zum Zuge kommt.
Eine bis ins einzelne gehende Darstellung aller möglichen Prüfungsmethoden würde einen zu breiten Raum einnehmen. Daher soll hier zunächst nur als Ausgangspunkt für die weitere Betrachtung ein kurzer Überblick über die verschiedenen Möglichkeiten gegeben werden:
1. Der Literatur und in der Praxis gemachten Erfahrungen zufolge und schon rein sachlich bedingt, kann die Prüfung der Eingangsrechnungen *von folgenden Stellen eines Unternehmens durchgeführt* werden: Von der Geschäftsbuchhaltung, der Einkaufsabteilung, der Lagerverwaltung, von den jeweiligen Empfangsstellen, für die die berechneten Leistungen bestimmt sind, und schließlich von einer besonderen, ausschließlich für die Prüfung der Eingangsrechnung eingerichteten Dienststelle, die entweder als selbständige oder an eine andere Dienststelle angegliederte Organisationseinheit tätig sein kann. — Es braucht nicht besonders bemerkt zu werden, daß natürlich grundsätzlich jede Stelle eines Unternehmens die Prüfung vornehmen kann. Aus naheliegenden Gründen, insbesondere Zweckmäßigkeitsgründen, kommen dafür aber nur bestimmte Stellen des Unternehmens in Frage, die im vorstehenden beispielhaft aufgeführt wurden.
2. Jede dieser vorgenannten Stellen eines Unternehmens kann ihrerseits die Prüfung der Eingangsrechnung geschlossen, also in sachlicher, preislicher und sonstiger Hinsicht, durchführen. Es kann ihr aber auch nur ein bestimmter Teil der Prüfung, beispielsweise die sachliche Prüfung, übertragen werden, während für die übrigen Prüfungsabschnitte eine andere Stelle oder deren mehrere zuständig ist (sind). — Es ist ferner die Möglichkeit gegeben, daß die Prüfung wohl an einer Stelle geschlossen abgewickelt wird, daß aber anderen Stellen des Unternehmens gewisse Vorarbeiten, beispielsweise in bezug auf die sachliche Prüfung, übertragen werden. So kann

also die Prüfung der Eingangsrechnung, vom Standpunkt des Unternehmens aus gesehen, *funktionell geschlossen oder in mehr oder weniger weit getriebener Arbeitsteilung durchgeführt* werden.

3. Darüber hinaus kann auch so vorgegangen werden, daß der gesamte Rechnungsanfall zentral von einer Stelle oder, nach sachlichen Gesichtspunkten aufgeteilt, dezentralisiert von mehreren Stellen des Unternehmens geprüft wird. Somit ist also auch *in sachlicher Hinsicht*, wiederum vom Standpunkt des Unternehmens aus gesehen, die Möglichkeit der *Prüfungsabwicklung in geschlossener oder arbeitsteiliger Form* gegeben. Es bedarf keiner besonderen Erörterung, daß sich die dargestellten Möglichkeiten der Prüfungsabwicklung in geschlossener und sachlich- oder funktionell-arbeitsteiliger Form nicht gegenseitig ausschließen. Das gilt auch in Hinsicht auf die im folgenden noch darzustellenden Möglichkeiten. — *Kombinationen sind vielmehr sehr häufig anzutreffen.*

4. Auch *innerhalb einer oder mehrerer Prüfungsstelle(n)* eines Unternehmens kann schließlich eine *sachliche oder funktionelle Arbeitsteilung* Platz greifen: So können beispielsweise die zu prüfenden Eingangsrechnungen firmenweise, nach Empfangsstellen, für die die berechneten Leistungen bestimmt sind, oder nach den berechneten Leistungen selbst auf die Sachbearbeiter zur Prüfung aufgeteilt werden. Diese prüfen dann die Rechnungen geschlossen soweit, wie es der Zuständigkeit der betreffenden Prüfstelle entspricht. Statt dessen oder daneben kann aber auch eine Arbeitsteilung in der Form Anwendung finden, daß jeder Sachbearbeiter nur in bestimmte Prüfabschnitte eintritt und insoweit sämtliche oder aber nur einen Teil der Eingangsrechnungen prüft.

5. *Ungemein vielgestaltig sind auch die Möglichkeiten*, die bei der Prüfungsabwicklung *in bezug auf die Verwendung von Hilfsmitteln* (Stempeln, Vordrucken), *die Heranziehung von Prüfungsunterlagen* (Bestellunterlagen der Einkaufsabteilung, Preislisten u. a.) *und die Prüfungstechnik* (Vornahme von Berichtigungen an beanstandeten Rechnungen, Prüfungsvermerke) gegeben sind. *Es ist nun keineswegs so, als ob die in dem vorstehenden Überblick angedeuteten Möglichkeiten lediglich theoretisch denkbar sind.* Nein, ein Einblick in die Praxis zeigt, daß hier ausgiebig von ihnen Gebrauch gemacht wird, ohne daß man sich in den meisten Fällen Gedanken darüber macht, ob die zu wählenden oder bereits gewählten Prüfungsmethoden zweckmäßig sind, ob die durchgeführte Arbeitsteilung sinnvoll ist, ob ein unnötiges Umlaufen der Eingangsrechnungen vermieden wird, ob die Schnelligkeit der Prüfung, ohne deren Gründlichkeit ungünstig zu beeinflussen, gewährleistet ist und ob schließlich der Umfang des Prüfungsapparates eventuell der Wirtschaftlichkeit hohnspricht. — Diese Momente sind es aber gerade, die der freien Auswahl bezüglich der Prüfungsmethoden Grenzen setzen und die Vielzahl von Möglichkeiten zusammenschrumpfen lassen.

3. AUSGEWÄHLTE BEISPIELE ZUR RECHNUNGSPRÜFUNG

Um ganz klar herauszustellen und zu verdeutlichen, wie unterschiedlich bei der Durchführung der Prüfung der Eingangsrechnung in einem industriellen Unternehmen vorgegangen werden kann und auch vorgegangen wird, hat der Verfasser aus dem unter 2. umrissenen Sortiment von Möglichkeiten fünf Prüfungsmethoden, die sich in wesentlichen Punkten voneinander abheben, ausgewählt. Diese sollen im folgenden nun dargestellt werden.

Vorab bleibt aber noch der Ordnung halber zu den nachstehenden Prüfungsverfahren unter *a)* bis *c)* zu sagen, daß ihre Darstellung nicht gänzlich derjenigen der benannten Autoren entspricht. Der Verfasser hat vielmehr aus Zweckmäßigkeitsgründen die eine oder andere Änderung oder Ergänzung vorgenommen. Das gilt auch im Hinblick auf die eingefügten Vordruckmuster. — Die den einzelnen Verfahren innewohnende Grundrichtung aber geht auf die jeweils angezogenen Autoren zurück, und darauf kommt es hier letztlich an.

a) Prüfung der Eingangsrechnung durch die Einkaufsabteilung

aa) Prüfung durch den „Einkauf" ohne Einschaltung anderer Stellen

Als eine *sehr einfache, aber zugleich auch sehr lückenhafte Prüfungsmethode* ist die von *v. d. Daele*[61] vorgeschlagene zu bezeichnen: Die Prüfung sämtlicher Eingangsrechnungen wird von den zuständigen Sachbearbeitern der Einkaufsabteilung vorgenommen, und zwar in der Form, daß jeder Einkäufer alle eingegangenen Rechnungen über die Güterlieferungen und Dienstleistungen, die er selbst bei fremden Unternehmen bestellt hat, in sachlicher, preislicher und sonstiger Hinsicht prüft.

Es wird bei dieser Methode möglichst auf jede Arbeitsteilung, mit Ausnahme derjenigen in sachlicher Hinsicht, innerhalb der Einkaufsabteilung verzichtet.

Die Prüfung wird im einzelnen so abgewickelt, daß sämtliche eingehenden Rechnungen dem „Einkauf" zugeleitet, dort unter fortlaufender Numerierung in ein Rechnungskontrollbuch — vgl. Abb. 13 — eingetragen und anschließend an die zuständigen Einkäufer verteilt werden.

Sobald die berechneten Leistungen (Güter oder Dienstleistungen) eingegangen beziehungsweise erstellt sind, werden die Sachbearbeiter der Einkaufsabteilung von den jeweiligen Empfangsstellen davon in Kenntnis

[61] Vgl. *Wilhelm van den Daele*, Der moderne Geschäftsbetrieb und seine Organisation, Stuttgart 1904, S. 55 und 109.

RECHNUNGSKONTROLLBUCH 19____							
Seite ____				Monat ________			
lfd. No.	Rng.-Dat.	R. No. d. Ausst.	Firma	Gegenstd.	Eing.-Dat.	Lager-Verw.	Buch-haltg.

Abb. 13

gesetzt und führen nun an Ort und Stelle des Eingangs zunächst die sachliche Prüfung der Eingangsrechnungen durch. Zu diesem Zweck hat vorher jede Eingangsrechnung einen Stempelaufdruck folgenden Inhalts erhalten:

PRÜF-STEMPEL

Eingang der Ware ....

Befund ....

Befund der Rechnung ....

Lagerkartei-No. ....

Journal-Folio ....

Abb. 14

Statt des Stempels kann auch ein sogenannter Prüfzettel ähnlichen Inhalts Verwendung finden.
Nach Prüfung, ob die erstellten Leistungen sich mengen- und gütemäßig mit den berechneten decken, werden die entsprechenden Spalten des Prüf-Stempels oder -Zettels durch die Einkäufer ausgefüllt und wird auf den Eingangsrechnungen der Empfang der Leistungen durch die jeweilige Empfangsstelle quittiert.
An diesen Prüfungsabschnitt schließen sich die Fortsetzung der sachlichen Prüfung, die preisliche und sonstige Prüfung unter Heranziehung der entsprechenden Unterlagen, wie Bestellakte, Bestellkartei, Preislisten, Abschlußunterlagen und so weiter, ebenfalls wiederum durch die zuständigen Einkäufer an. Mängel in quantitativer und qualitativer Hinsicht, die

sich im Verlaufe der Prüfung herausgestellt haben, werden auf den Eingangsrechnungen vermerkt, diese, soweit das bereits möglich ist, so zum Beispiel im Falle von Minderlieferungen, entsprechend berichtigt und die Beanstandungen dem Rechnungsaussteller mitgeteilt. In besonders gelagerten Fällen werden beanstandete Eingangsrechnungen in der Einkaufsabteilung bis zur restlosen Klärung der aufgedeckten Differenzen zurückbehalten.

Gegebenenfalls überwachen die Einkäufer auch die Rücksendung mitgelieferter Verpackung und veranlassen, soweit in Frage kommend, entsprechende Belastungen der Lieferanten für zurückgesandte Verpackung durch die Buchhaltung.

Nach endgültiger Prüfung übergeben die Einkäufer die Eingangsrechnungen bei gleichzeitiger Austragung im Rechnungskontrollbuch an die Buchhaltung zur Verbuchung, Regulierung und anschließenden Ablage. — Vorher sind die Eingangsrechnungen über auf Lager zu nehmende Materialien zwecks Verbuchung in der Lagerkartei der Lagerverwaltung vorgelegt worden.

Zu diesem Prüfungsverfahren nach *von der Daele* ist *kritisch folgendes zu bemerken:*

Grundsätzlich ist es nicht zu begrüßen, daß die Prüfung der Eingangsrechnung in den „Einkauf" verlagert wird, weil sich keine Stelle selbst kontrollieren soll. Der Bestechung der Einkäufer wäre damit Tür und Tor geöffnet. Zudem belastet die Prüfung, wenn sie gründlich durchgeführt wird, die Einkaufsabteilung zusätzlich in hohem Maße, was sich unter Umständen sehr nachteilig auf die Erledigung ihrer Hauptaufgaben auswirkt, wie auch umgekehrt die Gründlichkeit der Prüfung unter der Bevorzugung der Hauptaufgaben leiden muß.

Darüber hinaus ist es auf Grund fehlender Sachkenntnis und Prüfeinrichtungen den Einkäufern in vielen Fällen gar nicht möglich, den Befund erstellter und berechneter Leistungen feststellen zu können. Es sei hier nur an Baurechnungen, Rechnungen über Maschinen und Materialien, die einer intensiven Qualitätsprüfung unterzogen werden müssen, und andere erinnert. Selbst wenn es sich bei den Leistungen, deren Befund es festzustellen gilt, jeweils nur um solche handelt, deren Prüfung ohne besondere Schwierigkeit durchgeführt werden kann, dürfte immer noch die Zeitfrage eine Rolle spielen. Man muß sich nur vor Augen halten, einen wie großen Teil seiner verfügbaren Arbeitszeit ein Einkäufer mit Messen, Zählen, Wiegen und anderem verbringen muß, um den ihm gestellten Aufgaben gerecht zu werden.

Diese Prüfungsmethode könnte, ungeachtet ihrer Nachteile, bestenfalls dann in einem Unternehmen Anwendung finden, wenn nur ein geringer Rechnungsanfall zu verzeichnen ist. Die geäußerten Bedenken bleiben jedoch bestehen. *So bestechend einfach dieses Verfahren auf den ersten Blick auch anmutet, so angreifbar ist es auch.*

bb) Prüfung durch den „Einkauf“ in Zusammenarbeit mit Warenannahmestelle und Empfangsstellen

Eine *Vervollkommnung, wenn auch nicht bis ins letzte gehend,* der im vorstehenden dargestellten Prüfungsmethode ist in der von *Grull*[62] behandelten zu sehen. Auch sie sieht die vollständige Prüfung der Eingangsrechnung durch die zuständigen Einkäufer vor. Diese arbeiten jedoch aufs engste mit einer Warenannahmestelle, die sämtliche eingehenden Güter in Empfang zu nehmen und nach Prüfung an die in Frage kommenden Stellen weiterzuleiten hat, sowie den Empfangsstellen in folgender Weise zusammen:

Von jeder Bestellung, die von der Einkaufsabteilung aufgegeben wird, erhalten einmal die Warenannahmestelle und zum anderen die Stellen, für die die bestellten Leistungen bestimmt sind, je zwei Durchschläge — vgl. Abb. 15, Seite 78 —, jedoch ohne irgendwelche Mengen- und Preisangaben. Diese werden deswegen den besagten Stellen nicht mitgeteilt, um die Gewähr zu haben, daß die Eingänge auch gewissenhaft ermittelt werden. Aus demselben Grund unterläßt man es auch, obigen Stellen Fracht- und Begleitpapiere an die Hand zu geben, die sich auf die Wareneingänge beziehen.

Die Warenannahmestelle verwendet jeweils die ihr zweifach zugegangenen Bestellkopien bei Eingang der bestellten Güter als Wareneingangsmeldungen: Sie stellt den mengen- und, soweit ihr das möglich ist, den gütemäßigen Befund fest und nimmt auf den Bestellkopien entsprechende Eintragungen vor, um diese daran anschließend dann der Einkaufsabteilung zuzuleiten. — Bei Teillieferungen finden zusätzliche Wareneingangsmeldungen in Form besonderer Vordrucke für die der ersten Lieferung jeweils folgenden Anwendung — vgl. Abb. 16, Seite 79 —. Damit hat die Warenannahmestelle bereits Vorarbeiten zur sachlichen Prüfung der Eingangsrechnung geleistet.

In dem gleichen Sinne treten die Empfangsstellen in Funktion: Einmal stellen sie den Befund bewirkter Dienstleistungen fest, die ja die Warenannahmestelle nichts angehen, und melden sie in derselben Weise wie diese bei den Gütereingängen. Zum anderen werden sie von der Einkaufsabteilung, nachdem dieser die Wareneingangsmeldungen der Warenannahmestelle zugegangen sind, mittels besonderen Vordrucks — vgl. Abb. 17

[62] Vgl. *Werner Grull*, Die Organisation von Fabrikbetrieben, 2. Auflage, Leipzig 1920, S. 68 ff.

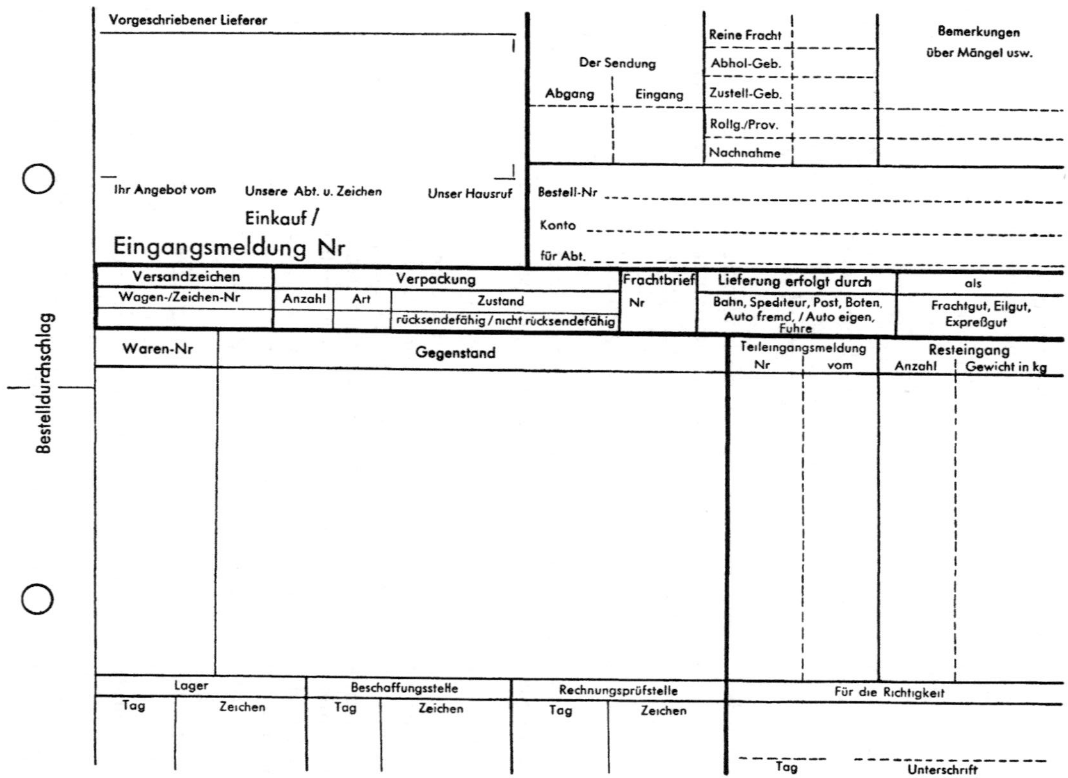
Vorgeschriebener Lieferer

Ihr Angebot vom | Unsere Abt. u. Zeichen | Unser Hausruf

Einkauf /
Eingangsmeldung Nr

Der Sendung: Abgang | Eingang

Reine Fracht
Abhol-Geb.
Zustell-Geb.
Rollg./Prov.
Nachnahme

Bemerkungen über Mängel usw.

Bestell-Nr
Konto
für Abt.

Versandzeichen	Verpackung			Frachtbrief	Lieferung erfolgt durch	als
Wagen-/Zeichen-Nr	Anzahl	Art	Zustand rücksendefähig / nicht rücksendefähig	Nr	Bahn, Spediteur, Post, Boten, Auto fremd, / Auto eigen, Fuhre	Frachtgut, Eilgut, Expreßgut

Waren-Nr	Gegenstand	Teileingangsmeldung		Resteingang	
		Nr	vom	Anzahl	Gewicht in kg

Lager		Beschaffungsstelle		Rechnungsprüfstelle		Für die Richtigkeit
Tag	Zeichen	Tag	Zeichen	Tag	Zeichen	Tag / Unterschrift

Bestelldurchschlag

Abb. 15

Teil/Rest -Eingangsmeldung.

Bestell-Nr | Konto | Meldung-Nr.

Empfangsstelle ......

Lieferer ......

Lieferung erfolgt durch ...... Bahn, Spediteur, Post, Boten, Auto fremd, / Auto eigen, Fuhre als ...... Frachtgut, Eilgut, Expreßgut

Versandzeichen	Verpackung		Gewichte (kg)			Abgang der Sendung am	Eingang der Sendung am
Wagen-/Zeichen-Nr	Anzahl	Art	lt. Frachtbrief od. Lieferschein	Ermittelt Brutto	Ermittelt Netto	Reine Fracht	Bemerkungen über Mängel usw.
						Abhol-Geb.	
						Zustell-Geb.	
						Rollg./Prov.	
Zustand der Verpackung rücksendefähig/nicht rücksendefähig			Frachtbrief Nr.			Nachnahme-Geb.	

Menge	Einheit	Gegenstand	Waren-Nr.

Lager		Beschaffungsstelle		Rechnungsprüfstelle		Für die Richtigkeit
Tag	Zeichen	Tag	Zeichen	Tag	Zeichen	(Tag) (Unterschrift)

Abb. 16

unten — ersucht, den gütemäßigen Befund der eingegangenen Güter zu ermitteln und an sie zu melden, und zwar unabhängig davon, daß die Warenannahmestelle dies im Einzelfalle bereits besorgt hat. Dazu bedienen sich die Empfangsstellen entweder eigenen Personals oder anderer Stellen des Unternehmens oder gar auswärtiger Prüfungsinstitutionen.

BITTE AN EINKAUF ZURÜCK

Zur Prüfung an ....

Wareneing.-Meldg.-No. .... **Rng.-No.** ....

Prüfungsergebnis ....

....

....

Datum .... **Unterschrift** ....

Abb. 17

Den Einkäufern stehen somit zur Prüfung der eingegangenen Rechnungen als Prüfungsunterlagen zur Verfügung: die Wareneingangsmeldungen der Warenannahmestelle und Empfangsstellen in Form der Bestellkopien oder besonderer Vordrucke (bei Teillieferungen), die Befundberichte der Empfangsstellen und schließlich die sich bei ihnen befindenden Bestellunterlagen, Preislisten und so weiter.
Vor ihrer Prüfung wird jede Eingangsrechnung unter fortlaufender Numerierung in ein Kontrollbuch eingetragen und erhält einen Prüfzettel — vgl. Abb. 18, Seite 81.
Anhand der erwähnten Prüfungsunterlagen kann nunmehr die sachliche, preisliche und sonstige Prüfung der Eingangsrechnungen vorgenommen werden. Das jeweilige Prüfungsergebnis wird in die entsprechenden Spalten des Prüfzettels eingetragen. Nach endgültiger Prüfung und Klärung eventueller Differenzen mit dem Rechnungsaussteller, gegebenenfalls unter Heranziehung der Empfangsstellen, gibt die Einkaufsabteilung die Eingangsrechnungen zur Verbuchung und Regulierung weiter.
Auch an dieser Prüfungsmethode ist unter Hinweis auf die bereits im Zuge der Darstellung der Prüfungsmethode unter aa) vorgebrachten Gründe *zu beanstanden*, daß die Prüfung der Eingangsrechnung durch die Einkaufsabteilung vorgenommen wird. — Weiterhin erscheint die vorgeschlagene Einholung der Befundberichte durch die Einkaufsabteilung (bei den Empfangsstellen), getrennt von und neben der Berichterstattung durch die Warenannahmestelle, zu kompliziert und zeitraubend. — *Zu begrüßen* sind dagegen an dieser Prüfungsmethode einmal die Einschaltung der Waren-

Rechng. Nr. ....

R.-Betrag

Berichtig.

netto

Skonto

Zur Zahlung angew. ....

Reguliert durch ....

Abzulegen

Rechnung Nr. .... vom .... Eingegangen ....

Lieferant .... Betrifft ....

Kontrolle		Bemerkg.	Berichtigung	Unterschrift
Lieferfr.		Mahn-spesen		
Fracht				
Verpackg.		Rück-vergütung		
Menge				
Qualität				
Preis				
Rechner.				
Zusammen				—

R.-Betrag

Berichtig.

netto

Skonto

Zu verbuchen auf ....

Verbucht Fol. Nr. ....

Abb. 18

annahmestelle und die Mitarbeit der Empfangsstellen im Rahmen der sachlichen Prüfung der Eingangsrechnung und zum anderen die sehr zweckmäßige Verwendung der Bestellkopien als Wareneingangsmeldungen.

b) Prüfung der Eingangsrechnung durch die Materialverwaltung[63]

Hauptmerkmal dieses Prüfungsverfahrens ist, daß die Prüfung der Eingangsrechnung durch die Materialverwaltung unter Mitwirkung der Empfangsstellen sowie erforderlichenfalls besonderer Prüfstellen abgewickelt wird.

Sämtliche Eingangsrechnungen werden nach ihrem Eingang der Materialverwaltung vorgelegt, wo sie von speziell dafür vorgesehenen Sachbearbeitern in funktioneller Arbeitsteilung einmal sachlich und zum anderen preislich und in sonstiger Hinsicht geprüft werden. Der Prüfung werden folgende Unterlagen zugrunde gelegt: Die Warenbegleitpapiere (Lieferscheine, Versandanzeigen und andere), Wareneingangsbuch (Kopie) und Bestellkopien der Einkaufsabteilung.

Lieferscheine, Versandanzeigen und so weiter werden unmittelbar nach ihrem Eintreffen und nach Verbuchung im Wareneingangsbuch durch die Wareneingangsstelle, die der Materialverwaltung angegliedert ist, den Empfangsstellen zugeleitet, die nach Eingang der betreffenden Güter deren Beschaffenheit prüfen oder prüfen lassen, den Befund auf den Warenbegleitpapieren vermerken, die Eingänge auf ihnen quittieren und die Papiere wieder an die Materialverwaltung zurückgehen lassen.

Anhand eines Durchschlages des Wareneingangsbuches — vgl. Abb. 20, Seite 84 —, das in Lose-Blatt-Form geführt wird, überprüft die Wareneingangsstelle, ob die tatsächlichen Eingänge sich mit denen laut Warenbegleitpapieren und damit laut Wareneingangsbuch decken. Abweichungen werden im letzteren vermerkt.

Der „Einkauf“ läßt der Materialverwaltung laufend jeweils bei Aufgabe einer Bestellung einen Durchschlag des Bestellschreibens mit allen Angaben, die auch die Originalbestellung enthält, zugehen. Vor Inangriffnahme der Prüfung der Eingangsrechnung vergleicht die Materialverwaltung die Bestellkopien mit den im Einkauf befindlichen Bestellunterlagen zwecks Berichtigung oder Ergänzung der ihr zugegangenen Bestellkopien, um zu verhindern, daß falsche oder lückenhafte Prüfungsunterlagen Verwendung finden.

[63] Vgl. *H. Thielen*, Einkauf und Materialverwaltung in der Maschinenindustrie unter besonderer Berücksichtigung der Jahresinventur, 2. Auflage, Berlin und Wien 1940, S. 32 ff. — Ähnlich auch: *Lilienthal-Müller*, Fabrikorganisation, Fabrikbuchhaltung und Selbstkostenrechnung der Ludwig-Löwe u. Co. A. G., Berlin, 3. Auflage, Berlin 1925, S. 22.

Die Prüfung der Eingangsrechnung wird dann so vollzogen, daß ein Teil der Sachbearbeiter — in kleineren Unternehmen auch nur ein Sachbearbeiter — die Angaben der Warenbegleitpapiere sowie des Wareneingangsbuches in bezug auf mengen- und gütemäßige Identität mit dem Rech-

Prüf-Stempel

Preise revidiert ....

Lieferschein verglichen ....

Nachgerechnet ....

Gegen Zahlung ist
nichts einzuwenden ....

Per Betriebs-Kto. ....

Per Konto ....

Per Konto ....

Monat ....195....

Datum .... Unterschrift ....

Abb. 19

nungsinhalt vergleicht und die eingegangenen Güter persönlich in Augenschein nimmt, während der andere Teil der Rechnungsprüfer den Vergleich der Eingangsrechnungen mit den Bestellkopien ebenfalls zwecks Feststellung von Abweichungen vornimmt. Das Prüfungsergebnis wird jeweils in einem Prüf-Stempel — vgl. Abbildung 19 oben — oder auf einem besonderen Prüfzettel gleichen Inhalts festgehalten und durch Unterschriftsleistung des oder der Rechnungsprüfer(s) bestätigt. Falls sich auf

Wareneingangsbuch

Absender	Wohnort	Verpackung			Inhalt		Gewicht		Best-Nr.	Kontierg		Eing. Anzeige	Frachtbrief bzw. Sendung		Beförderungsart	Fracht			Bemerkungen
		Anzahl	Art	Waggon-Nr.	Stück	Gegenstand	Br	Ne		Kto.	Werk Nr.		Eingegang.	Abgeliefert					

Abb. 20

Grund der Prüfung Differenzen ergeben, übernimmt die Materialverwaltung auch die Ausstellung entsprechender Gut- oder Lastschriftsbelege, wie sie sich auch die Überwachung der Verpackungsrücksendung angelegen sein läßt und die durch sie notwendig gewordenen Buchungen veranlaßt. Auch der im Falle von Beanstandungen erforderliche Schriftwechsel mit den Rechnungsausstellern wird, der Darstellung dieses Verfahrens in dem erwähnten Buch von *Thielen* folgend, von der Materialverwaltung geführt.

Auch diese Art der Prüfungsmethode hält nicht in jeder Hinsicht der *Kritik* stand: Mit der Verlagerung der Prüfung der Eingangsrechnung in die Materialverwaltung ist keineswegs die Gewähr dafür gegeben, daß sie objektiv durchgeführt wird. Man braucht sich nur vorzustellen, wie leicht es unter den dargestellten Umständen ist, eine Rechnung zur Verbuchung und Regulierung weiterzugeben, hinter der überhaupt oder aber kein entsprechender Leistungseingang steht.

Die Verwendung der Lieferscheine, Versandanzeigen und so weiter als Prüfungsunterlagen in der beschriebenen Form ist als wenig zweckmäßig zu bezeichnen in Anbetracht der Tatsache, daß diese Unterlagen vielfach überhaupt nicht oder aber mit Verspätung eintreffen, wodurch der Prüfungsablauf unnötig hinausgezögert wird. Mitunter steht die Materialverwaltung dann vor der Wahl, die fehlenden Papiere anzumahnen oder für entsprechenden Ersatz zu sorgen. Die Verwendung der Warenbegleitpapiere als Prüfungsunterlagen empfiehlt sich auch deswegen nicht, weil dadurch die Gründlichkeit der Prüfung in Frage gestellt ist. — Ferner sei bereits in diesem Zusammenhang erwähnt, daß die Zugrundelegung der Bestellkopien allein, die die vereinbarten Bedingungen repräsentieren sollen, aus Sicherheitsgründen nicht empfehlenswert erscheint, selbst dann nicht, wenn vor der Prüfung ein Vergleich mit den Unterlagen der Einkaufsabteilung stattgefunden hat. Zu leicht können dabei unter Umständen wichtige, nachträglich vereinbarte und aus dem Bestelldurchschlag nicht ersichtliche Punkte übersehen werden. Zudem bedeutet das laufende Vergleichen auf Seiten sowohl der Materialverwaltung als auch der Einkaufsabteilung eine erhebliche Mehrarbeit. — Schließlich wird bei der Darstellung dieses Prüfungsverfahrens nicht darauf eingegangen, wie die Prüfung der Eingangsrechnungen über Dienstleistungen abzuwickeln ist, zum Beispiel der Reparatur- und Bauleistungs-Rechnungen. Gerade diese Frage ist aber keineswegs von untergeordneter Bedeutung und bedarf daher ebenfalls der Erörterung, sind doch in jedem industriellen Unternehmen nicht nur Güter Gegenstand der Berechnung.

c) Dezentralisierte Prüfung der Eingangsrechnung

Von den unter *a)* und *b)* dargestellten Prüfungsverfahren hebt sich das von *Sachsenberg*[64] aufgezeichnete in wesentlichen Punkten ab: Der gesamte Rechnungsanfall wird von drei Stellen des Unternehmens, also dezentralisiert, geprüft. Die sachliche Prüfung wird in mengenmäßiger Hinsicht von einer Mengenkontrollstelle und, soweit sie sich auf die Beschaffenheit der eingegangenen Leistungen erstreckt, von den zuständigen Empfangsstellen vorgenommen, während die preisliche und sonstige Prüfung der Eingangsrechnung durch die Einkaufsabteilung erfolgt.

Die Mengenkontrollstelle erhält von jeder aufgegebenen Bestellung von der Einkaufsabteilung einen Bestelldurchschlag und wird von dieser darüber hinaus laufend von etwaigen sich nachträglich ergebenden Änderungen der ursprünglich vereinbarten Bedingungen in Kenntnis gesetzt. Außerdem stellt die Warenannahmestelle der Mengenkontrollstelle jeweils nach Eingang der Leistungen Durchschriften der Versandanzeigen, Lieferscheine und so weiter oder, falls diese fehlen, Wareneingangsmeldungen zur Verfügung.

Auch den Empfangsstellen werden vom „Einkauf" laufend Bestellkopien zugestellt, und es wird ihnen ebenfalls Kenntnis von etwaigen nachträglichen Änderungen gegeben.

Der Prüfungsablauf ist nun der, daß die eingegangenen Rechnungen zunächst in der Einkaufsabteilung in ein Rechnungskontrollbuch eingetragen, mit einem Prüf-Stempel versehen und anschließend sofort der Mengenkontrollstelle zugeleitet werden. — Die Sachbearbeiter dieser Stelle kontrollieren die eingegangenen Mengen an Ort und Stelle eigenhändig durch Messen, Zählen, anhand von Wiegekarten und so weiter unter Heranziehung der Versandanzeigen, Lieferscheine, Wareneingangsmeldungen und Bestellkopien nach. Der Prüfungsbefund wird auf der Rechnung in dem erwähnten Stempel vermerkt.

Die Mengenkontrollstelle leitet die mengenmäßig geprüften Eingangsrechnungen über die Einkaufsabteilung, die anhand des Rechnungskontrollbuches den Nachweis über den Verbleib jeder Rechnung führt, an die jeweiligen Empfangsstellen weiter. Diese nehmen nun die sachliche Prüfung in gütemäßiger Hinsicht ebenfalls unter Benutzung der Bestelldurchschläge durch geeignete, zuverlässige Prüfer vor. Das Prüfungsergebnis wird auf den Eingangsrechnungen fixiert. — Erforderlichenfalls schalten die Empfangsstellen noch andere Stellen des Unternehmens oder außenstehende Prüfungsinstitutionen ein.

[64] Vgl. *Ewald Sachsenberg*, Grundlagen der Fabrikorganisation, 3. Auflage, Berlin 1922, S. 121.

Sobald die sachlich geprüften Eingangsrechnungen der Einkaufsabteilung wieder vorliegen, übernimmt diese die Schlußprüfung in preislicher und sonstiger Hinsicht unter Heranziehung der kompletten Bestellunterlagen und vermerkt das Ergebnis ebenfalls jeweils auf der Rechnung. — Jede Rechnung, die zur Verbuchung und Regulierung vorgelegt wird, muß also die drei besagten Prüfungsvermerke tragen. Eingangsrechnungen, die Anlaß zu Beanstandungen geben, müssen entweder in besonders gelagerten Fällen gesperrt oder in einfacheren Fällen sofort berichtigt werden, was zweckmäßig von der Einkaufsabteilung, als der zuletzt prüfenden Stelle, möglichst in zusammengefaßter und übersichtlicher Form besorgt wird.

Zu dieser Prüfungsmethode ließe sich manches *kritisch* anführen, was auch bereits im Verlaufe der Darstellung der übrigen Verfahren dargetan wurde. Als besonders *unzweckmäßig* ist aber an ihr herauszustellen, daß die Eingangsrechnungen während des Prüfungsprozesses durch das Unternehmen laufen, wenn auch über den Umlauf ein Nachweis geführt wird, und zwar aus folgenden Gründen: Einmal verzögert sich der Prüfungsablauf häufig dadurch, daß Eingangsrechnungen entweder falsch laufen oder aber bei der einen oder anderen Stelle zu lange festgehalten werden. Zum anderen besteht die große Gefahr, daß Rechnungen in Verlust geraten oder stark beschädigt werden, was vornehmlich anläßlich ihrer sachlichen Prüfung durch Betriebsstellen zu befürchten ist. — *Positiv zu bewerten* ist dagegen an diesem Verfahren der Versuch, der Gefahr, daß im Verlaufe der Prüfung der Eingangsrechnung Veruntreuungen seitens der Prüfenden Platz greifen, dadurch begegnet wird, daß jede Rechnung die Prüfungsvermerke dreier Stellen tragen muß, die ihre Tätigkeit unabhängig voneinander ausüben.

d) Prüfung der Eingangsrechnung durch eine besondere Rechnungsprüfstelle in Zusammenarbeit mit anderen Stellen

Kernstück dieser Prüfungsmethode, die verschiedentlich in der Literatur[65], allerdings in weniger ausführlicher Form, behandelt wird und in der Praxis sehr häufig anzutreffen ist, ist die Tatsache, daß sämtliche Eingangsrechnungen von einer Rechnungsprüfstelle, auch vielfach Abteilung „Rechnungsprüfung" genannt, einer Dienststelle mit zentralem und organisatorisch-selbständigem Charakter, geprüft werden. Besagte Stelle wickelt die Prüfung der Eingangsrechnung in eigener Regie und in geschlossener Form, also in sachlicher, preislicher und sonstiger Hinsicht, ab, wobei sie aufs engste mit anderen Stellen des Unternehmens zusammenarbeitet, und zwar in der Form, daß die Stellen, namentlich was die sachliche Prüfung

[65] Vgl. *Walter Le Coutre*, Organisations-Lexikon, Berlin 1930, S. 406 — *H. Bogumil* und *G. Messarius*, Das Grundwissen des Industriekaufmanns, Leipzig 1943, S. 36.

angeht, gewisse Vorarbeiten leisten und der Rechnungsprüfstelle bestimmte Unterlagen zur Verfügung stellen, auf die letztere die Prüfung aufbaut.
Da *dieses Prüfungsverfahren*, das im vorstehenden übrigens nur ganz grob umrissen wurde, nach den in der Praxis gemachten Erfahrungen als sehr zweckmäßig und als ein solches angesehen werden kann, dem die Mängel, die an den anderen aufgezeigten Verfahren festgestellt wurden, nicht anhaften, *soll* es *im folgenden der Gegenstand einer besonderen und ausführlichen Untersuchung werden.* Im Verlauf dieser Darstellung soll auch auf Einzelheiten bezüglich des Prüfungsablaufs, insbesondere die Prüfungstechnik betreffend, die bislang bewußt nicht näher behandelt wurden, um Raum zu sparen und Wiederholungen zu vermeiden, eingegangen werden.
Natürlich kann der fraglichen Prüfungsmethode mit allen Einzelheiten nicht der Charakter einer Schablone beigelegt werden. Sie gibt aber zum mindesten die Richtung an, die bei der Prüfung der Eingangsrechnung eingeschlagen werden sollte, und in diesem Sinne sind die folgenden Ausführungen aufzufassen.

4. EINZELHEITEN ZUR PRÜFUNGSABWICKLUNG BEI EINSCHALTUNG EINER RECHNUNGSPRÜFSTELLE

Die nun folgende Darstellung baut in der Hauptsache auf Erfahrungsmaterial auf, das der Verfasser im Verlauf einer Reihe von Untersuchungen, die in industriellen Unternehmen verschiedener Art und Größe durchgeführt wurden, gesammelt hat.

a) Die Rechnungsprüfstelle

aa) Wesentliche Züge

Hauptsächlich sind es *drei Wesenszüge*, die der Rechnungsprüfstelle ihr Gepräge geben und zugleich auch der abzuhandelnden Prüfungsmethode ihren Stempel aufdrücken:
1. Die Rechnungsprüfstelle stellt innerhalb der Dienststellengliederung eines industriellen Unternehmens eine *selbständige Dienststelle* dar, selbständig in dem Sinne, daß sie in bezug auf ihre Tätigkeit nicht von anderen Stellen des Unternehmens beeinflußt werden kann und ihre Anweisungen ausschließlich von der Leitung des Unternehmens oder einer von dieser besonders beauftragten Persönlichkeit empfängt. In kleineren Unternehmen untersteht die Rechnungsprüfstelle meist unmittelbar der Unternehmungsleitung, während sie in Großunternehmen vielfach dem Leiter des Rechnungswesens unterstellt wird. *Wesentlich ist stets, daß die*

Objektivität der Rechnungsprüfstelle durch keine personellen Bindungen an andere Dienststellen in Frage gestellt ist.

2. Die Rechnungsprüfstelle trägt *zentralen Charakter:* Sie ist die einzige Stelle des Unternehmens, der es obliegt, die eingegangenen Rechnungen zu prüfen. Bei ihr strömen die Eingangsrechnungen ohne Rücksicht darauf, was im einzelnen Gegenstand der Berechnung sein mag und über welche Beträge die Rechnungen auch lauten mögen, zusammen.

3. Die Rechnungsprüfstelle vollzieht die *Prüfung der Eingangsrechnung in geschlossener Form.* Sie prüft in sachlicher, preislicher und sonstiger Hinsicht und wird in ihrer Tätigkeit durch andere Stellen innerhalb und außerhalb des Unternehmens unterstützt, und zwar dergestalt, daß diese der Rechnungsprüfstelle die für die Prüfung erforderlichen Unterlagen zur Verfügung stellen. Dadurch wird vermieden, daß die Eingangsrechnungen zum Zwecke der Prüfung umlaufen müssen. — Die Rechnungsprüfstelle ist so mit einem Sammelbecken zu vergleichen, in das einmal sämtliche Eingangsrechnungen und zum anderen die zu ihrer Prüfung erforderlichen Unterlagen einströmen und dem sie nach erfolgter Prüfung wieder entströmen.

bb) Personelle Besetzung

Umfang und Bedeutung der der Rechnungsprüfstelle übertragenen oder bei Neueinrichtung zu übertragenden Aufgaben machen es erforderlich, daß diese in quantitativer und qualitativer Hinsicht so mit Personal besetzt wird, daß die Prüfung der Eingangsrechnungen reibungslos und schnell, zweckmäßig und sicher durchgeführt werden kann.

Die Stärke der Besetzung der Rechnungsprüfstelle richtet sich zwangsläufig nach der Größe des Rechnungsanfalls und der Art der eingehenden Rechnungen. — Die angestellten Untersuchungen haben ergeben, daß die Zahl der in der „Rechnungsprüfung" beschäftigten Personen zwischen zwei (in kleineren Unternehmen) und zwanzig (in Großunternehmen) bei einem ebenso unterschiedlichen Rechnungsanfall von monatlich 500 bis 5000 und mehr Eingangsrechnungen schwanken kann. — Die Rechnungsprüfstellen zweier Unternehmen, die zahlenmäßig denselben Rechnungsanfall zu verzeichnen haben, brauchen nicht notwendig auch über die gleiche Anzahl von Rechnungsprüfern zu verfügen. Eine Stelle kann sehr wohl stärker besetzt sein, weil die Art der bei ihr eingehenden Rechnungen oder eines Teils derselben die Prüfer längere Zeit in Anspruch nimmt, als das bei der Rechnungsprüfstelle des anderen Unternehmens der Fall ist. Vielleicht liegt der Grund auch darin, daß hier die Prüfung der Eingangsrechnungen durch die Prüfer einschließlich aller Nebenarbeiten durchgeführt wird, während letztere dort auf Hilfskräfte abgewälzt werden, so daß die Prüfer sich ausschließlich der Prüfung, ihrer eigentlichen Aufgabe, widmen

können. Es gilt also herauszustellen, daß sich, was die Stärke der Besetzung der Rechnungsprüfstelle angeht, *keine Norm* aufstellen läßt.
Was *die qualitative Seite der Besetzung der Rechnungsprüfstelle* anbelangt, so ist zu sagen, daß das mit der Prüfung der Eingangsrechnung beauftragte Personal Zuverlässigkeit, Gewissenhaftigkeit und Fachkenntnisse in hohem Maße in sich vereinigen muß. Es wäre absolut falsch, in der Rechnungsprüfstelle ein Abstellgleis für sonstwie nicht mehr verwendungsfähige Angestellte zu sehen. Ganz im Gegenteil gilt es hier, bei der Besetzung eine vor- und umsichtige Auswahl zu treffen, und zwar nicht nur in bezug auf die offiziellen Rechnungsprüfer, sondern auch auf die erforderlichen Hilfspersonen. Von beiden hängt es nämlich ab, ob und wie das der Rechnungsprüfstelle gesteckte Ziel erreicht wird.
Das Personal der Rechnungsprüfstelle setzt sich zusammen aus

1. den Rechnungsprüfern,
2. den Hilfspersonen und
3. den Schreibkräften.

Während die *Rechnungsprüfer* die eigentliche Prüfung der Eingangsrechnung durchführen und für deren Richtigkeit verantwortlich zeichnen, übernehmen die *Hilfspersonen* die anfallenden Nebenarbeiten, auf die später noch näher eingegangen wird. Die *Schreibkräfte* schließlich stehen zur Erledigung der Korrespondenz und anderer Schreibarbeiten zur Verfügung.
Vielfach steht der Rechnungsprüfstelle ein Abteilungsleiter vor, der als Rechnungsprüfer mit tätig, darüber hinaus aber für den gesamten Tätigkeitsbereich der Dienststelle verantwortlich ist, was unter anderem darin zum Ausdruck kommt, daß er alle geprüften Eingangsrechnungen mit unterzeichnet und auch die ausgehende Korrespondenz abzeichnet. Der Leiter der Rechnungsprüfstelle erhält seine Anweisung entweder von der Unternehmensleitung direkt oder von einer von dieser beauftragten Persönlichkeit. — Die letztere Regelung ist namentlich in Großunternehmen anzutreffen. — Statt dessen kann aber auch so vorgegangen werden, daß jeder Rechnungsprüfer für seine Tätigkeit und die der ihm zugeteilten Hilfspersonen und Schreibkräfte der Leitung des Unternehmens persönlich und unmittelbar verantwortlich ist. Von dieser Möglichkeit wird vor allem in kleineren und mittleren Unternehmen Gebrauch gemacht.

cc) Arbeitsteilung

Die Prüfung der Eingangsrechnung hat sich unter Anwendung einer *sinnvollen* Arbeitsteilung zu vollziehen! — Dieser Forderung wird am ehesten entsprochen, wenn
1. eine *Trennung* erfolgt *zwischen der eigentlichen Prüfung* der Eingangsrechnung einerseits *und anfallenden Vor- und Nebenarbeiten sowie Schreibarbeiten*

andererseits und erstere ausschließlich Aufgabe der Rechnungsprüfer ist, letztere, soweit das möglich und zweckmäßig ist, Hilfs- und Schreibkräften übertragen werden, ferner

2. der *Rechnungsanfall* zur Prüfung auf die Rechnungsprüfer *nach Maßgabe der Art der berechneten Leistungen aufgeteilt* wird.

Zu Punkt 1. ist zu bemerken, daß es ein Gebot der Zweckmäßigkeit und Wirtschaftlichkeit ist, daß die Rechnungsprüfer als qualifizierte Sachbearbeiter sich ausschließlich der Prüfung der Eingangsrechnung i. e. S. widmen. Nebenarbeiten, wie Komplettieren und Registrieren der Prüfungsunterlagen, Abstempeln der Eingangsrechnungen, Aufkleben von Anhängezetteln, Beschaffung der Prüfungsunterlagen und andere, können und sollen regelmäßig von Hilfspersonen ausgeführt werden und die Rechnungsprüfer nicht belasten, ebenso wie diese einen Teil ihrer Zeit nicht damit verbringen sollten, hinter der Schreibmaschine zu sitzen. Durch die Anwendung einer derartigen Arbeitsteilung werden die Konzentration der Prüfer auf ihre eigentliche Aufgabe, die Schnelligkeit der Prüfung und nicht zuletzt deren Gründlichkeit ermöglicht. Außerdem zieht sie zwangsläufig eine Kostenersparnis nach sich, insofern nämlich, als nur wenige qualifizierte und gut bezahlte Rechnungsprüfer und daneben eine Anzahl geringer entlohnter Hilfspersonen den Rechnungsanfall bewältigen.

Zu Punkt 2.: Die Aufteilung der eingegangenen Rechnungen zur Prüfung auf die Rechnungsprüfer entsprechend der Art der berechneten Güter und Dienstleistungen ist deswegen als zweckmäßig zu bezeichnen, weil dadurch die Möglichkeit gegeben ist, die Prüfer gemäß ihren speziellen Fachkenntnissen anzusetzen und daß sie diese im Laufe ihrer Tätigkeit noch vertiefen. — Bei der Kompliziertheit, die einem Großteil der Eingangsrechnungen eigen ist, kann, ohne die Vorteile, die mit einer anderen Arbeitsteilung und der von dieser geforderten Vielseitigkeit der Sachbearbeiter verbunden sind, verkennen zu wollen, nicht darauf verzichtet werden, daß die Rechnungsprüfer sich auf einem ihnen bis ins letzte vertrauten Gebiet bewegen.

dd) Prüfungsunterlagen

Um die Prüfung der Eingangsrechnung zentral und geschlossen, also nach allen Seiten hin, durchführen zu können, bedarf die Rechnungsprüfstelle einer Anzahl von Unterlagen, deren Herkunft und Zustandekommen im folgenden noch gesondert zu behandeln sein werden. An dieser Stelle seien diese Unterlagen zunächst nur einmal der Übersicht halber zusammengestellt. — Vgl. hierzu Abbildung 21, Seite 93! — Im einzelnen handelt es sich *neben der Eingangsrechnung selbst* um folgende:

1. *Die kompletten Bestellunterlagen* der Einkaufsabteilung, alle Schriftstücke umfassend, die anläßlich des jeweiligen Beschaffungsvorganges angefallen sind,
2. *die Leistungsnachweise*, wozu
die Wareneingangsmeldungen der Warenannahmestelle als Nachweis über erfolgte Gütereingänge,
die Befundberichte (zum Beispiel Analysenzettel) als Qualitätsnachweis, verfaßt in besonders gelagerten Fällen von unternehmungseigenen oder fremden Prüfstellen,
die Stundennachweise als Bescheinigungen über durchgeführte Unternehmerarbeiten im Tagelohn, ausgefertigt von den Stellen des Unternehmens, für die die Leistungen jeweils bestimmt sind,
die Aufmaßlisten fremder Bauunternehmen als Nachweis über von diesen erstellte Bauleistungen, ausgestellt von der unternehmenseigenen Bauabteilung, dem technischen Büro oder einer sonstigen zuständigen Stelle, in der Regel in Zusammenarbeit mit den betreffenden Bauunternehmen,
die Fahraufträge als Bescheinigungen der Versandabteilung über von fremden Frachtführern bewirkte Transportleistungen,
die Probeexemplare von Zeitschriften als Nachweis über das Erscheinen und die Ausführung aufgegebener Inserate, und andere gehören,
3. *Preislisten und Abschlußunterlagen*, die zum dauernden Handwerkszeug der Rechnungsprüfstelle zu rechnen sind, und
4. *Unterlagen, die zur Überprüfung und Ergänzung der Kontierungsangaben in der Eingangsrechnung erforderlich sind*, wie Kontenpläne, Kostenarten- und -stellenverzeichnisse, Warenschlüsselnummernverzeichnisse und andere. Auch diese Unterlagen sind als ständiges Handwerkzeug der Rechnungsprüfstelle zu bezeichnen.

ee) Sonderaufgaben

Neben ihrer eigentlichen Aufgabe, die Prüfung der Eingangsrechnung zu vollziehen, werden der Rechnungsprüfstelle zweckmäßig noch folgende Sonderaufgaben übertragen:
An erster Stelle ist hier die Überwachung der Einkaufsgebarung zu nennen: Infolge ihres neutralen Charakters und mit Rücksicht auf die Tatsache, daß der Rechnungsprüfstelle ohnehin die kompletten Bestellunterlagen der Einkaufsabteilung zur Prüfung der Eingangsrechnung ausgehändigt werden, erscheint es als sehr angebracht und zweckmäßig, daß die genannte Stelle es im Rahmen ihrer Prüfungstätigkeit auch übernimmt, die Arbeitsweise des „Einkaufs“ zu überwachen. So können die Rechnungsprüfer beispielsweise anhand der jeweils vorliegenden Bestellunterlagen feststellen, ob die Aufgabe der Bestellung unter Heranziehung eines angemessenen

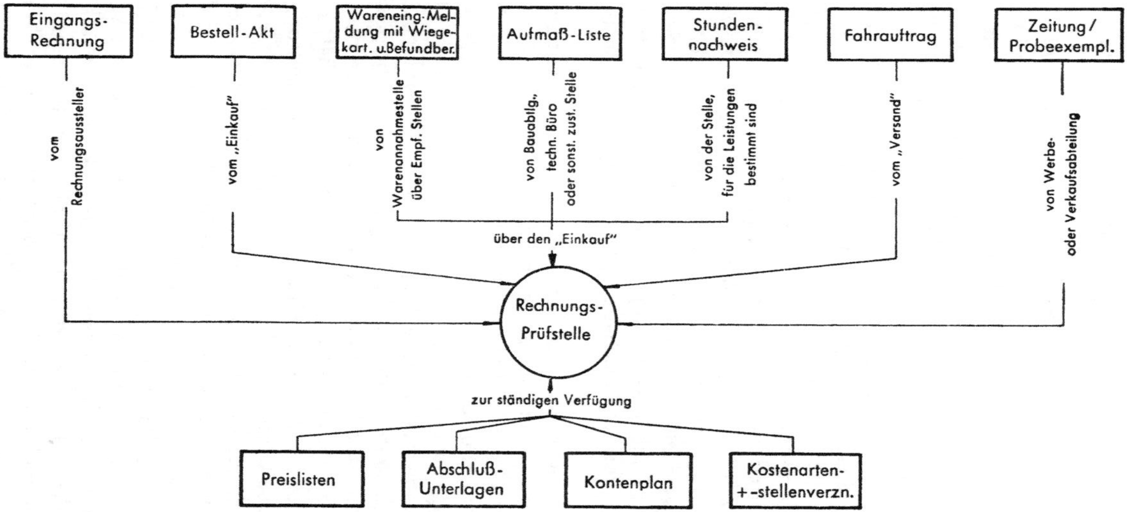
Eingangs-Rechnung
Bestell-Akt
Wareneing.-Meldung mit Wiegekart. u.Befundber.
Aufmaß-Liste
Stunden-nachweis
Fahrauftrag
Zeitung/Probeexempl.
vom Rechnungsaussteller
vom „Einkauf"
von Warenannahmestelle über Empf. Stellen
von Bauabltg., techn. Büro oder sonst. zust. Stelle
von der Stelle, für die Leistungen bestimmt sind
vom „Versand"
von Werbe- oder Verkaufsabteilung
über den „Einkauf"
Rechnungs-Prüfstelle
zur ständigen Verfügung
Preislisten
Abschluß-Unterlagen
Kontenplan
Kostenarten- + -stellenverzn.

Abb. 21

Kreises ebenbürtiger Mitbewerber erfolgt ist, ob in jedem Falle zu den günstigsten Preisen und Bedingungen bestellt wurde, ob die von den Einkäufern getroffenen Vereinbarungen für das Unternehmen tragbar sind und so weiter.

Diese Überwachungstätigkeit braucht *nicht unbedingt bis in alle Einzelheiten* zu gehen, da das eine zu große Belastung der Rechnungsprüfstelle bedeuten würde. Schon die bloße Möglichkeit, daß Unkorrektheiten auf diesem Wege aufgedeckt werden können und schonungslos der Unternehmensleitung gemeldet werden, dürfte der Einkaufsabteilung Veranlassung geben, sich einer einwandfreien Arbeitsweise zu befleißigen. — Diese laufende Überwachung des Einkaufsgebarens kann selbstverständlich neben der Revision durch eine eigens dafür zuständige Revisionsabteilung erfolgen.

Auch die Anweisung von Raten- oder Abschlagszahlungen sowie deren Überwachung zwecks Vermeidung von Doppelzahlungen können mit Vorteil von der Rechnungsprüfstelle vorgenommen werden. — Dabei wird zweckmäßig in der Weise vorgegangen, daß von der Rechnungsprüfstelle für jedes Geschäft, das auf der Basis von Teilzahlungen abgeschlossen wird, eine Karteikarte — vgl. Abbildung 22, Seite 95 — angegelegt wird. Die Einkaufsabteilung hat der Rechnungsprüfstelle zu diesem Zweck die betreffenden Geschäfte unter Vorlage der Bestellunterlagen zu melden.

Jeweils bei Fälligwerden einer Teilzahlung stellt die Rechnungsprüfstelle von sich aus, in besonders gelagerten Fällen unter Umständen auf Mitteilung des Lieferanten, des Bauunternehmers, des „Einkaufs" und anderer hin, eine Zahlungsanweisung — vgl. Abbildung 23, Seite 96 — in dreifacher Ausfertigung aus. Diese wird über die Einkaufsabteilung, die auf den in Frage kommenden Bestellkopien unter Verwendung eines Spezial-Stempels — vgl. weiter unten Abbildung 24 — einen entsprechenden Vermerk zu machen, eine Kopie der Zahlungsanweisung zu den Bestellunterlagen zu nehmen und die Anweisung gegenzuzeichnen hat, sowie über die betreffenden Stellen des Unternehmens, für die die Leistungen bestimmt sind, die teilweise bezahlt werden sollen, ebenfalls zwecks Gegenzeichnung, der Buchhaltung zur Regulierung zugestellt. — Eine weitere Durchschrift der Zahlungsanweisung wird der Karteikarte beigefügt, auf der außerdem jede geleistete Teilzahlung vermerkt wird.

Später bei Prüfung der Eingangsrechnung, auf die bereits Teilzahlungen geleistet wurden, kann dann anhand der besagten Kartei und Bestellunterlagen einwandfrei nachgewiesen werden, wieviel noch zu zahlen ist.

Die Tätigkeit der Rechnungsprüfstelle kann über ihr ursprüngliches Aufgabengebiet, nämlich die Prüfung der Eingangsrechnung, hinaus auch auf die Prüfung von Rechnungen mit internem Charakter, auf solche über innerbetriebliche Leistungen, ausgedehnt werden. Eine derartige Rege-

Firma: ....

....

Gegenstand: ....

....

Rate	Betrag	Fällig am	Anweisung Nr.	An Bu.

Bestell-Nr. ....

„ Dat. ....

Auftrag-Nr. ....

Rechnungs-Nr. ....

„ Betrag ....

Abb. 22

Zahlungs-Anweisung

Firma: ....

No. ....

.... Rate/Abschlag

Verfalltag ....

Bankverbindung: ....

Bestell-Dat.: .... Nr. .... Auftrag-Nr. ....

Gegenstand: ....

vorliegende Unterlagen: ....

Bestellwert DM ....

zu zahlender Betrag: DM ....

In Worten

In Bu. eingegangen am: ....

erhalten: ....

lt. nebenst. Anweisung DM ....

plus: " ....

" ....

DM ....

abzüglich: " ....

" ....

bleiben zu zahlen: DM

Vornotiert am: ....

in .... von: ....

Zur Zahlung angewiesen:

Bezahlt am:

Geprüft: Rechnungs-Prüfstelle

den ....

Gegen Zahlung keine Bedenken

Abt.: ....

Abb. 23

TEILZAHLUNGS-STEMPEL

.... Rate / Abschlag

Zahlungsanw.-No. ....

DM .... Datum ....

Unterschrift ....

Abb. 24

hung würde zweifellos recht positive Wirkungen, die im folgenden noch näher zu behandeln sein werden, zeitigen, hat aber zur Voraussetzung, daß in einem Unternehmen auch mit internen Rechnungen, kurz als *Werksrechnungen* zu bezeichnen, gearbeitet wird, und zwar in folgender Weise: In allen Fällen oder in einem Großteil der Fälle, in denen in einem Unternehmen innerbetriebliche Leistungen, Leistungen einer Betriebsstelle für eine andere, erstellt werden, zum Beispiel Maschinen, sonstige Gegenstände des Anlagevermögens, Vorrichtungen, Hilfs- und Betriebsstoffe, Zubehörteile, stellen die leistenden Betriebsstellen den empfangenden über die erstellten Leistungen Werksrechnungen in etwas abgeänderter und erweiterter Form aus, wie dies bei Fremdbezug von außenstehenden Unternehmen geschehen würde. Die Ausstellung der Werksrechnungen hat so spezifiziert wie möglich zu erfolgen: Art und Umfang der bewirkten Leistungen, die zu ihrer Erstellung eingesetzten Materialien, die verfahrenen Löhne und die verursachten Gemeinkosten sind wert- und mengenmäßig aufzuführen, wobei zweckmäßig vorkalkulierte Mengen und Werte zum Ansatz gelangen. Es können jedoch der Ausstellung der Werksrechnungen auch, sofern mit ihr solange gewartet wird, bis die erforderlichen Angaben zur Verfügung stehen, die entsprechenden Unterlagen der Nachkalkulation zugrunde gelegt werden.

Die Ausstellung der Werksrechnungen braucht nun nicht unbedingt in jedem Fall zu erfolgen, so beispielsweise dann nicht, wenn es sich bei den erstellten innerbetrieblichen Leistungen um solche ganz geringen Umfanges, zum Beispiel um kleinere Reparaturen, um die Überholung von Werkzeugen oder um stets wiederkehrende handelt. Dagegen sollte die Ausstellung der internen Rechnungen immer dann Platz greifen, wenn größere Objekte, beispielsweise Maschinen, Gebäude, Großreparaturen, den Gegenstand des innerbetrieblichen Leistungsverkehrs bilden.

Die Rechnungsprüfstelle — in Großunternehmen empfiehlt sich die Beauftragung eines oder mehrerer besonderen(r) Sachbearbeiter(s) — hat bei

Vorlage der Werksrechnungen und der dazugehörigen Leistungsnachweise (Wareneingangsmeldungen, Stundennachweise, Aufmaßlisten) die Möglichkeit, diese Rechnungen wie jede andere Eingangsrechnung genauestens zu prüfen. Sie kann, sofern in die Werksrechnungen vorkalkulierte Mengen und Werte aufgenommen wurden, die Ergebnisse der Nachkalkulation in Anspruch nehmen, Abweichungen aufdecken und ihren Ursachen auf den Grund gehen, sie kann in die Belege einsteigen und weiterhin zu Vergleichszwecken die Preise fremder Unternehmen für die gleichen oder ähnliche Leistungen oder die Unterlagen aus vergangenen Perioden heranziehen. — Es können schließlich inner- und außerbetriebliche Stellen, die über entsprechende Sachkenntnisse verfügen, in besonderen Fällen über die Angemessenheit intern berechneter Preise laut Werksrechnungen befragt werden.

Die Ergebnisse derartiger Prüfungen würden bestimmt sehr aufschlußreich sein und die Überzeugung aufkommen lassen, daß nicht nur der Güter- und Dienstbezug von außen einer Überwachung bedarf.

Die Weiterverrechnung innerbetrieblicher Leistungen, ihre Aktivierung oder Übernahme in die Kostenrechnung, sollte nach Möglichkeit erst nach erfolgter Prüfung der Werksrechnungen durch die Rechnungsprüfstelle erfolgen, wobei die Rechnungen selbst dann als Buchungsbelege fungieren könnten. Voraussetzung dafür ist aber eine reibungslose und schnelle Prüfungsabwicklung, die daher in die Hände versierter Prüfer gehört.

b) Die Bereitstellung der Prüfungsunterlagen

Von größter Wichtigkeit, ja geradezu eine *Voraussetzung dafür, daß die Rechnungsprüfstelle die Prüfung der Eingangsrechnung abwickeln kann,* ist eine einwandfreie Zusammenarbeit zwischen ihr und allen in Frage kommenden Stellen, die zur Prüfung dadurch beitragen, daß sie die erforderlichen Prüfungsunterlagen bereitstellen. Jede dieser Stellen hat die Zusammenarbeit in der Weise zu fördern, daß sie die ihr übertragenen Vorarbeiten zur Prüfung vorschriftsmäßig, ohne Verzögerung und gewissenhaft erledigt und die von ihr im Zuge dieser Arbeiten erstellten Unterlagen unverzüglich ihrer Bestimmung zuführt. Es darf zwischen den beteiligten Stellen keine Kompetenzstreitigkeiten und kein Gegeneinanderarbeiten geben.

aa) Eingangsrechnungen

Die täglich eingehenden Rechnungen werden von der Postverteilungsstelle mit dem Eingangsstempel versehen und sofort an die Rechnungsprüfstelle weitergeleitet, ohne vorher irgendwelche anderen Stellen anzulaufen. Hier verbleiben sie entweder, bis sie endgültig geprüft sind, oder werden zwischenzeitlich zur Verbuchung weitergeleitet, je nachdem, ob die Methode der Vor- oder Nachverbuchung Anwendung findet.

Der Rechnungsaussteller selbst ist in der Lage, die Tätigkeit der Rechnungsprüfstelle dadurch erheblich zu erleichtern, daß er

1. dafür *Sorge trägt, daß die Eingangsrechnungen rechtzeitig*, möglichst unmittelbar nach Erstellung der zu berechnenden Leistungen, *vorliegen*,
2. es *vermeidet, daß seine Rechnungen stoßweise*, in der Regel jeweils am Monatsende, bei der Rechnungsprüfstelle *eintreffen*,
3. *darauf achtet, daß die Eingangsrechnungen alle Angaben*, die für die Bearbeitung durch den Rechnungsempfänger von Interesse sind, *enthalten*, und
4. es sich *zur Regel macht, von der Aufnahme vereinbarungswidriger Angaben in die Eingangsrechnung Abstand zu nehmen und diese* vor Absendung einer scharfen *Fehlerkontrolle zu unterziehen.*

Fast in jedem Unternehmen kommt es nun vor, daß zum Abschluß einer Periode, beispielsweise am Monatsende, Eingangsrechnungen über im Abschlußzeitraum bereits eingegangene Güter oder erstellte Dienstleistungen noch nicht vorliegen. Es ist dann Aufgabe von Hilfskräften, die Bestellunterlagen der Einkaufsabteilung, bei denen sich ja regelmäßig auch die Leistungsnachweise befinden, daraufhin durchzusehen, zu welchen Leistungseingängen die entsprechenden Eingangsrechnungen noch ausstehen.

Im Interesse einer richtigen Periodisierung und einer wahrheitsgetreuen Darstellung der Liquiditätslage des Unternehmens übernimmt es die Rechnungsprüfstelle in diesen Fällen, sogenannte *Notrechnungen* als Ersatz für die noch fehlenden Eingangsrechnungen auszufertigen, proforma zu prüfen und zur Verbuchung weiterzugeben. — Über die besondere Art der Verbuchung der Notrechnungen wird im Verlaufe der Darstellung der „Verbuchung der Eingangsrechnung" noch auszuführen sein. — Die Ausstellung der Notrechnungen erfolgt anhand der Leistungsnachweise und, was die Preisansätze anbelangt, falls den Bestellunterlagen keine Preisangaben entnommen werden können, unter Heranziehung von Schätzungs- und Erfahrungswerten.

Bei Eingang der richtigen Eingangsrechnungen erfahren diese in bezug auf die Prüfung die übliche Behandlung, während ihre Verbuchung dagegen in besonderer Weise vorgenommen wird.

Zur Ausstellung von Notrechnungen schreitet man jedoch in den Fällen nicht, in denen die fehlenden Rechnungen nur über solche Beträge lauten, deren Fehlen das Zahlenbild der betreffenden Periode nicht sonderlich verzerrt.

bb) Bestellunterlagen

Zu den Obliegenheiten der Einkaufsabteilung gehört es, der Rechnungsprüfstelle auf deren Anforderung hin für die Dauer der Prüfungsarbeiten

umgehend die entsprechenden Bestellakte zur Verfügung zu stellen, und zwar *sämtliche* Unterlagen, die sich auf den jeweiligen Beschaffensakt, der die Rechnungsausstellung ausgelöst hat, beziehen. Es hat sich erfahrungsgemäß als sehr zweckmäßig herausgestellt, daß in der Einkaufsabteilung für jeden Beschaffungsvorgang unter Verwendung von Hängeordnern eine Akte angelegt wird, in welche alle anfallenden Unterlagen, wie Bedarfsmeldungen der anfordernden Stelle des Unternehmens, Anfragekopien, Angebote, Bestellkopie, Bestellungsannahme, sonstiger Schriftwechsel, Telefonzettel, einsortiert werden, und daß die einzelnen Bestellakte in besonders dafür hergerichteten Schränken bestellnummernweise aufgehängt werden.
Vor Inangriffnahme der Prüfung der eingegangenen Rechnungen läßt sich die Rechnungsprüfstelle, möglichst partieweise, die in Frage kommenden Bestellakte aushändigen und hat damit Unterlagen zur Hand, die ihr einen umfassenden Einblick in die den Eingangsrechnungen zugrunde liegenden Geschäfte bieten und in aller Regel keinen Anlaß mehr zu irgendwelchen Rückfragen geben. Die Gefahr, bei der Prüfung von falschen, überholten Voraussetzungen auszugehen, ist nahezu beseitigt. Der Einkaufsabteilung muß es allerdings zur Pflicht gemacht werden, die Bestellunterlagen jederzeit auf dem laufenden zu halten und auch mündliche Vereinbarungen schriftlich zu fixieren.
Der „Einkauf" tut weiterhin gut daran, einen Nachweis über die an die Rechnungsprüfstelle ausgehändigten Unterlagen sowie deren Rückgabe zu führen, um unnötigem Suchen vorzubeugen.
Nur in ganz besonders gelagerten Fällen sollten statt der kompletten Bestellunterlagen zur Prüfung lediglich die *Bestellkopien* herangezogen werden, so beispielsweise dann, wenn Rechnungsprüfstelle und Einkaufabteilung an verschiedenen Orten stationiert sind. In solchen Ausnahmefällen ist es aber unumgänglich, daß die Rechnungsprüfstelle über alle vom Inhalt der Bestellkopien abweichenden, nachträglich getroffenen Vereinbarungen schriftlich Kenntnis erhält. Wird diese Handhabe nicht konsequent und gewissenhaft durchgeführt, so birgt die bloße Verwendung von Bestellkopien große Gefahren in sich.

cc) Nachweise über eingegangene Güter

Die Erstellung der Nachweise über erfolgte Gütereingänge, der *Wareneingangsmeldungen*, wird zweckmäßig von einer zentralen Stelle des Unternehmens, der Warenannahmestelle, durchgeführt. Diese Stelle, die man auch als „Außenstelle der Rechnungsprüfstelle" bezeichnen kann, hat wichtige Vorarbeiten zur Prüfung der Eingangsrechnung zu leisten, die im folgenden kurz zu umreißen sind. — Vorab sei noch bemerkt, daß in kleineren Unternehmen, die nur einen beschränkten Gütereingang zu verzeichnen haben, die Lager- oder Versandabteilung die der Warenannahmestelle zugedachten Arbeiten mit übernehmen kann.

Sämtliche eingehenden Güter werden, soweit es sich dabei um Bahn-Einzel-, Auto-, Fuhrwerks-, Postsendungen und so weiter handelt, nach Passieren der Torkontrolle und, falls vorhanden, der Fuhrwerkswaage, soweit es sich dagegen um Waggon- und Bahn-Einzelsendungen, die auf Pendelwagen antransportiert werden, handelt, nach deren Verwiegung auf der Waggonwaage, sofort an die Empfangsstellen weitergeleitet, berühren also die Warenannahmestelle nicht.

Die Warenannahmestelle wird aber unmittelbar nach Eingang einer Sendung von der Torkontrolle oder der Wiegestelle einerseits und der jeweiligen

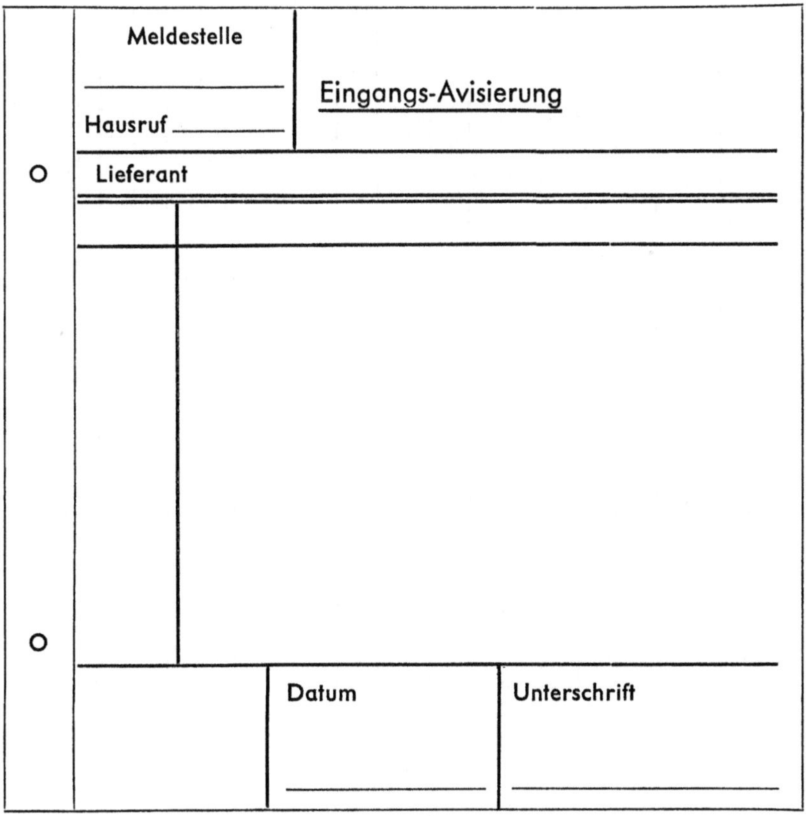
Meldestelle

Hausruf

Eingangs-Avisierung

Lieferant

Datum

Unterschrift

Abb. 25

Wareneingangsmeldung

Bestell-Nr	Konto	Meldung-Nr

Empfangsstelle ____________________

Lieferer ____________________

angeliefert durch ____________________ angeliefert als ____________________

Versandzeichen Wagen-Nr	Verpackung Zahl	Verpackung Art	Gewicht lt. Vers.-Papiere	ermitteltes Gewicht brutto	ermitteltes Gewicht netto	Versand-/Liefertag	Eingangs-Tag	Frachtbrief Nr	Frachtauslagen	DM
									Reine Fracht	
									Abhol-Geb.	
									Zustell-Geb.	
									Rollg./Prov	
									Nachnahme	

Verpackung rücksendefahig / nicht rucksendefahig	zuruckgesandt mit Lieferanzeige Nr	Insgesamt	

Bemerkungen über Mangel usw	Frachtbasis	Verpackung wird vergütet mit DM ______

Menge	Einheit	Gegenstand	Waren-Nummer			

Warenannahme		Empfangsstelle		Lager		Einkauf		Rechnungsprüfstelle	
Tag	Zeichen	Tag	Unterschrift	Tag	Zeichen	Tag	Zeichen	Tag.	Zeichen

Abb. 26

Empfangsstelle andererseits in möglichst knapper und dabei doch ausführlicher Form entweder telefonisch oder durch kurze schriftliche Mitteilung unter Verwendung eines besonderen Vordrucks — vgl. Abbildung 25, Seite 101 — von den erfolgten Eingängen benachrichtigt.

Die Warenannahmestelle nimmt dann ihre Tätigkeit in folgender Weise auf: Auf Grund der ihr erstatteten Meldungen und unter Heranziehung der entsprechenden Bestelldurchschläge, die ihr von der Einkaufsabteilung laufend zugesandt werden, sowie der ihr vorliegenden Lieferscheine, Versandanzeigen, Frachtbriefe und anderer stellt sie über jeden Eingang eine Wareneingangsmeldung in mehrfacher Ausfertigung — vgl. Abbildung 26, Seite 102 — aus, ohne aber bereits Angaben bezüglich Menge und Beschaffenheit der eingegangenen Güter in sie aufzunehmen. Die Originale der Wareneingangsmeldungen nebst einer Kopie werden den Empfangsstellen unverzüglich durch Boten, möglichst noch am Tage des Eingangs, zugestellt, während ein weiterer Durchschlag der Wareneingangsmeldung bei der Warenannahmestelle verbleibt.

Die Empfangsstellen haben unmittelbar nach Erhalt der Sendungen den mengen- und gütemäßigen Befund durch eigenes, dafür geeignetes Prüfungspersonal oder, was die Feststellung des qualitativen Befundes angeht, durch werkseigene chemische Laboratorien oder Materialprüfstellen oder aber außerhalb des Unternehmens bestehende Institute, wie Materialprüfungsämter, Lehrinstitute, vereidigte Chemiker und andere, feststellen zu lassen. Die letzteren werden vor allem von kleineren Unternehmen, die über keine eigenen entsprechenden Einrichtungen verfügen, sowie von Großunternehmen in Anspruch genommen, für die die Unterhaltung einer eigenen Prüfstelle mangels Auslastung unwirtschaftlich wäre. — Die Ermittlung des quantitativen und qualitativen Befundes durch die Empfangsstellen erfolgt also, ohne daß diesen irgendwelche Unterlagen, aus denen Menge und Güte hervorgehen, vorliegen.

Die *Feststellung der eingegangenen Mengen* geschieht je nach der Art der Güter durch Messen, Zählen oder Wiegen, letzteres aber nur, soweit die Empfangsstellen über Wiegeeinrichtungen verfügen. Ist das nicht der Fall, wird die Gewichtsangabe aber für die Prüfung der Eingangsrechnung benötigt, so unterbleibt die Gewichtsangabe durch die Empfangsstellen, und die Warenannahmestelle trägt diese später selbst anhand der vorliegenden Wiegekarten, Versandpapiere usw. in die Wareneingangsmeldungen ein.

Die *Untersuchung der Eingänge auf ihre Beschaffenheit hin* richtet sich nach Art und Umfang danach, um welche Güter es sich von Fall zu Fall handelt. Es werden in der Praxis die verschiedensten Verfahren angewandt, um die Qualität der Güter festzustellen; beispielsweise werden Gesenkschmiedestücke in der Regel Zerreißproben unterzogen, Rohstoffe vielfach auf Abwesenheit bestimmter schädigender und auf Anwesenheit vorgeschriebener

Substanzen, Gespinste auf Feuchtigkeits- und Farbstoffgehalt chemisch untersucht und schließlich bei Elektromaterialien vorgeschriebene Widerstandsdaten überprüft. — Ob im Einzelfalle eine Qualitätsprüfung durch bloße Inaugenscheinnahme genügt oder ob eine solche auf wissenschaftlicher Basis erforderlich ist, ob nur stichprobenweise oder ob die gesamte Lieferung geprüft werden soll und muß, ist von maßgebender Stelle des Unternehmens zu entscheiden.

Es bedarf an sich keiner besonderen Erwähnung, daß die Feststellung des mengen- und gütemäßigen Befundes durch die Empfangsstellen *mit größter Gewissenhaftigkeit* durchgeführt werden muß, um das Unternehmen vor schwersten Verlusten zu bewahren.

Sowohl die ermittelten Mengen — bei Waggonsendungen, im Falle des Fehlens von Wiegeeinrichtungen und dann, wenn das Gewicht für die spätere Prüfung ohne Interesse ist, entfällt die Gewichtsangabe — als auch der gütemäßige Befund werden von den Empfangsstellen auf den ihnen zugestellten Wareneingangsmeldungen vermerkt und diese vom zuständigen Sachbearbeiter, unter Umständen auch vom Betriebs- oder Abteilungsleiter, unterschrieben. Die Originale der Wareneingangsmeldungen werden dann — möglichst wiederum durch Boten — an die Warenannahmestelle, gegebenenfalls unter Beifügung eventueller Befundberichte, Analysenzettel und so weiter der in Anspruch genommenen eigenen oder fremden Prüfstellen, zurückgeschickt. Die Rücksendung hat schnellstens zu erfolgen. Nach den gemachten Erfahrungen kann sie regelmäßig, von Fällen, in denen langwierige Befundfeststellungen erforderlich sind, abgesehen, bereits innerhalb von zwei Tagen nach Eingang der Sendungen vorgenommen werden.

Nach Wiedereintreffen der Wareneingangsmeldungen in der Warenannahmestelle vermerkt diese auf den dort zurückgebliebenen Kopien die Ergebnisse der von den Empfangsstellen angestellten Ermittlungen und legt die Durchschriften, mit einem Erledigungsvermerk versehen, ab. Anhand der ihr noch als unerledigt vorliegenden Durchschriften der Wareneingangsmeldungen hat die Warenannahmestelle jederzeit die Möglichkeit, Rückstände nachzuweisen und zu reklamieren.

Unter Benutzung der vorliegenden Versandpapiere (Lieferscheine, Versandanzeigen, Frachtbriefe und andere) sowie der Wiegekarten der „Fuhrwerks- und Waggonwaage" ergänzt nun die Warenannahmestelle die von den Empfangsstellen in den Wareneingangsmeldungen gemachten Angaben durch Eintragung der effektiven und deklarierten Gewichte und der angefallenen Frachtkosten. Mit der Unterschrift des Leiters der Warenannahmestelle und auf der Rückseite jeweils mit den Durchschriften der dazugehörigen Wiegekarten versehen, werden die Wareneingangsmeldungen dann zusammen mit den Befundberichten, Analysezetteln und so weiter anschließend der Einkaufsabteilung zugestellt, wo die zuständigen Sachbearbeiter die erfolgten Lieferungen in den Bestellunterlagen abtragen und die Wareneingangsmeldungen diesen beifügen. Mit den kompletten Bestellakten werden die Meldungen dann auf Anforderung an die Rechnungsprüfstelle ausgehändigt.

Hervorzuheben ist noch besonders, daß nicht in allen Fällen die eingegangenen Güter direkt an die Empfangsstellen weitergeleitet werden, nämlich dann nicht, wenn bei der Verwiegung Gewichtsabweichungen gegenüber den deklarierten Gewichten festgestellt wurden, die über eine zulässige Toleranz hinausgehen, und ferner dann nicht, wenn bei der Verwiegung oder der Torkontrolle bereits Schäden aufgedeckt wurden, die möglicherweise auf dem Transport entstanden sind. In diesen Fällen gilt es, Ansprüche gegenüber dem Lieferanten, Frachtführer oder der Versicherung geltend zu machen. Daher werden die betreffenden Sendungen zunächst gesperrt, und die Warenannahmestelle schaltet sich zwecks Klärung der Differenzen und Geltendmachung der Ansprüche ein. Erst nach endgültiger Erledigung und nachdem man sich an zuständiger Stelle für die Übernahme der Lieferungen entschieden hat, erfolgt deren Weiterleitung an die in Frage kommenden Stellen, und der Lauf der Wareneingangsmeldungen beginnt in der dargestellten Weise.

dd) Aufmaßlisten

Eine Aufmaßliste, das sei vorausgeschickt, stellt nichts anderes dar als eine Zusammenstellung der Aufmaße, als *eine Spezifikation von Bauleistungen*, die von einem fremden Bauunternehmen im Rahmen einer ihm aufgegebenen Bestellung erstellt wurden. Ihrer Funktion nach ist die Aufmaßliste aufs engste mit der im vorstehenden besprochenen Wareneingangsmeldung verwandt.

Die Ausfertigung der Aufmaßlisten erfolgt jeweils nach Abschluß der Bauarbeiten oder zwischenzeitlich auf Grund besonderer Vereinbarungen mit den die Bauarbeiten durchführenden Unternehmen, beispielsweise dann, wenn Abschlagszahlungen zu leisten sind. Die Ausfertigung wird in der Regel von der eigenen Bauabteilung vorgenommen, die einmal die fachliche Voraussetzung für eine derartige Tätigkeit erfüllt und zum anderen den Fortgang der Arbeiten genauestens verfolgt und sich entsprechende Aufzeichnungen darüber gemacht hat. In Unternehmen, die über keine eigene Bauabteilung verfügen, wird eine besondere Stelle, die dafür geeignet erscheint und auch die Überwachung der Bauarbeiten zu besorgen hat, mit der Ausfertigung der Aufmaßlisten beauftragt. Notfalls muß auf neutrale außenstehende Personen, die die erforderlichen Fachkenntnisse mitbringen, zurückgegriffen werden. Die in den Aufmaßlisten fixierten Daten müssen

Aufmaßliste

Gesellschaft / Werk | Betrieb:

Bestell-Nr. | Konto | Tag 19

Lfd. Nr.	Art der Leistung	Länge m	Breite m	Fläche m^2	Höhe m	Körperinh. m^3	Abzug

Die Richtigkeit bescheinigen

Für den Unternehmer | Für den Besteller

Abb. 27

in jedem Falle einwandfrei der Wirklichkeit entsprechen. Nur dann bieten sie die Möglichkeit, bei der Prüfung der entsprechenden Eingangsrechnung als Vergleichsgrundlage, als wirklicher Leistungsnachweis dienen zu können.
Die für die Erstellung der Aufmaßlisten zuständigen Stellen oder Personen bedienen sich zweckmäßig eines besonderen Vordrucks — vgl. Abbildung 27, Seite 106 —. Dieser Vordruck nimmt in zweifacher Durchschrift alle in Frage kommenden Aufmaße auf und wird sowohl von der ausfertigenden Stelle als auch von dem jeweiligen Bauunternehmer unterschrieben. Letzterer erhält das Original der Aufmaßliste, während eine Durchschrift bei der ausfertigenden Stelle verbleibt. Eine weitere Kopie wird schließlich der Einkaufsabteilung zur Information zugeleitet. Diese Durchschrift übernimmt dann die Rechnungsprüfstelle zusammen mit den dazugehörigen Bestellunterlagen zur Prüfung der entsprechenden Eingangsrechnung.
Es sei hier schließlich noch angedeutet, daß die Aufmaßlisten in der Praxis häufig von den Bauunternehmen ausgefertigt, mit den Rechnungen zugestellt und von der werkseigenen Bauabteilung oder den sonstigen zuständigen Stellen, unter Umständen sogar von der Rechnungsprüfstelle selbst, lediglich nachgeprüft und gegengezeichnet werden.

ee) Stundennachweise

Stundennachweise finden dann als Prüfungsunterlagen Anwendung, wenn von einem Unternehmen Lohnarbeiten, wie die Gestellung von Monteuren, die Durchführung von Reparaturen innerhalb des Unternehmens nnd andere, an fremde Unternehmen vergeben werden. Es handelt sich bei ihnen um *Bescheinigungen über die Anzahl der Stunden, die im Zuge dieser nach außen vergebenen Unternehmerarbeiten tatsächlich verfahren worden sind.* Auch was diese Unterlagen angeht, ist die Verwandtschaft mit den Wareneingangsmeldungen in funktioneller Hinsicht nicht zu verkennen.
Die Stundennachweise werden von den Stellen des Unternehmens geführt und ausgefertigt, für die die Unternehmerarbeiten im Einzelfalle ausgeführt werden, und zwar unter Benutzung eines besonderen Vordrucks — vgl. Abbildung 28, Seite 108 — in zweifacher Durchschrift. — Täglich werden bei diesen Stellen entsprechende Aufschreibungen vorgenommen, so daß die Stundennachweise stets tagfertig sind. Nach Abschluß der Arbeiten oder, falls diese sich über einen längeren Zeitraum erstrecken, in bestimmten Zeitabständen, etwa monatlich, werden die Stundennachweise von den sie führenden Stellen unterschrieben und wird auf ihnen vermerkt, ob die betreffenden Arbeiten ordnungsgemäß durchgeführt wurden. Gegebenenfalls sind eventuelle Beanstandungen aufzuführen. Außerdem haben die

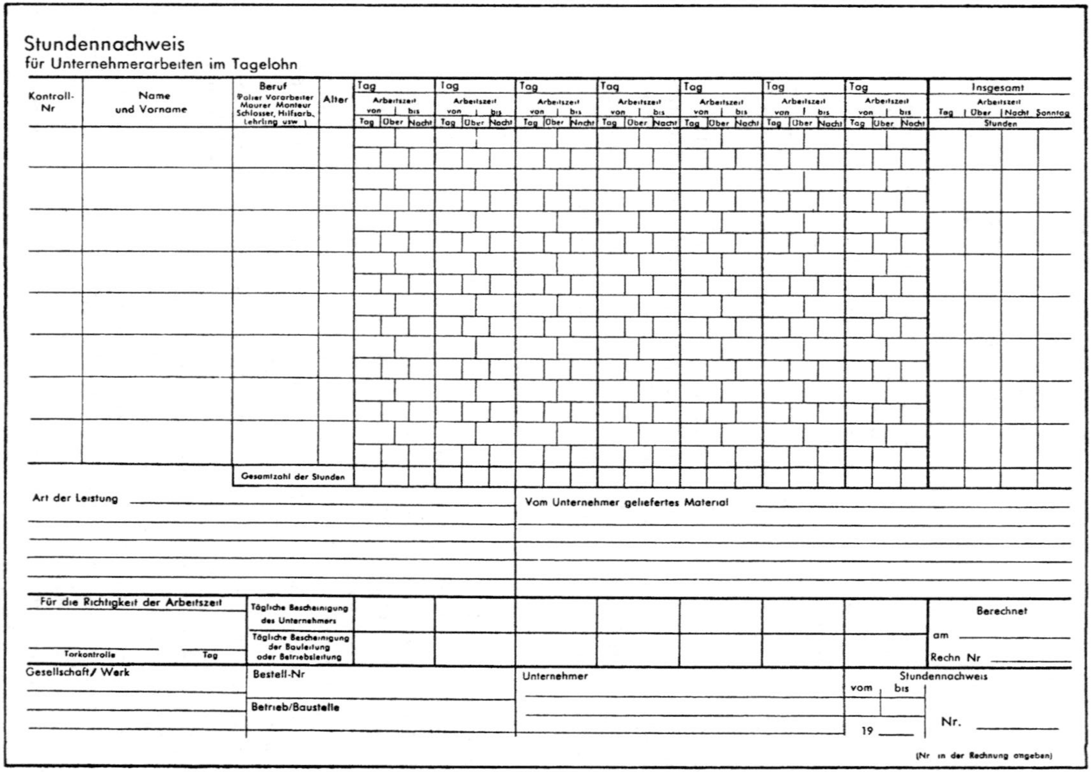

Stundennachweis
für Unternehmerarbeiten im Tagelohn

Kontroll-Nr | Name und Vorname | Beruf (Polier Vorarbeiter Maurer Monteur Schlosser, Hilfsarb., Lehrling usw.) | Alter | Tag – Arbeitszeit von | bis – Tag | Über | Nacht (7×) | Insgesamt – Arbeitszeit – Tag | Über | Nacht | Sonntag – Stunden

Gesamtzahl der Stunden

Art der Leistung

Vom Unternehmer geliefertes Material

Für die Richtigkeit der Arbeitszeit

Torkontrolle

Tag

Tägliche Bescheinigung des Unternehmers

Tägliche Bescheinigung der Bauleitung oder Betriebsleitung

Berechnet

am

Rechn Nr

Gesellschaft/ Werk

Bestell-Nr

Betrieb/Baustelle

Unternehmer

Stundennachweis

vom

bis

19

Nr.

(Nr in der Rechnung angeben)

Abb. 28

ausführenden Firmen gegenzuzeichnen. Über die Torkontrolle, die zusätzlich noch zu prüfen hat, ob die in den Nachweisen angegebenen Stunden sich auch mit den mittels Kontrolluhr gestempelten (laut Stempelkarten) decken, werden die Stundennachweise der Einkaufsabteilung zugestellt, dort ausgewertet und zu den Akten genommen. Auf Anforderung der Rechnungsprüfstelle werden dieser die kompletten Bestellakten, also einschließlich der Stundennachweise, ausgehändigt. Die Aufteilung der verschiedenen Ausfertigungen derselben erfolgt wie bei den Aufmaßlisten.
Ähnlich wie bei diesen kann auch die Erstellung der Stundennachweise durch die die Arbeiten ausführenden Unternehmen und anschließend ihre Prüfung durch die jeweilige Empfangsstelle und die Torkontrolle vorgenommen werden. Die zuerst behandelte Handhabe ist aber als die in der Praxis am häufigsten anzutreffende und auch als die zweckmäßigere zu bezeichnen.

ff) Fahraufträge

Fahraufträge stellen *Bescheinigungen über von Frachtführern* — mit Ausnahme derjenigen von Bahn und Post — auf Bestellung des Rechnungsempfängers hin *erstellte Transportleistungen* dar. Für jede einzelne Fahrt, die einem Frachtführer aufgegeben wird, stellt die Versandabteilung einen Fahrauftrag in dreifacher Ausfertigung aus, wozu sie sich eines besonderen Vordrucks — vgl. Abbildung 29, Seite 110 — bedient. Den Fahraufträgen kommt insofern noch erhöhte Bedeutung zu, als sie meist die einzige Unterlage abgeben, die zur Prüfung der entsprechenden Eingangsrechnungen später herangezogen werden kann, da die Frachtführer häufig nicht auf Grund von Fall zu Fall aufgegebener Bestellungen, sondern eines einmaligen Vertrages tätig zu werden pflegen. Mit Rücksicht auf das Fehlen von Bestellunterlagen muß daher die Versandabteilung darauf achten, daß die Fahraufträge alle Angaben enthalten, die zur Prüfung der Eingangsrechnungen und für deren weitere Auswertung erforderlich sind. Insbesondere ist auf eine lückenlose Kontierung das besondere Augenmerk zu richten.
Der Versandleiter hat jeweils nach Erledigung eines Fahrauftrages durch Unterschriftsleistung zu bescheinigen, daß die in dem besagten Vordruck gemachten Angaben richtig sind. Dessen Original wird dem Frachtführer ausgehändigt, ein Durchschlag verbleibt in der Versandabteilung und ein weiterer wird der Rechnungsprüfstelle als Prüfungsunterlage direkt zugeleitet. Bei gewissenhafter Ausfertigung der einzelnen Fahraufträge, wofür die Unterschrift des Versandleiters bürgen sollte, bieten diese eine einwandfreie Prüfungsunterlage, selbst wenn sie die einzige sein sollte.

Versand

Fahrauftrag
(Sofort nach Rückkehr abzuliefern)

Nr. ....

Zu Lasten

....

für den

für Lastkraftwagen Fuhre Nr.

Fahrer | Begleiter

von

nach

Unterschrift des Versandleiters

.........................., den ...., 19...... ....

Dieser Teil ist vom Fahrer auszufüllen!

Abfahrt	Uhr	Minuten
Aufenthalt	Std.	Minuten
Grund		
Rückkehr	Uhr	Minuten

gefahrene km

.........................., den ...., 19......

....
(Unterschrift des Fahrers)

Abb. 29

gg) Probeexemplare von Zeitschriften

Aufgabe der Werbestelle der Verkaufsabteilung oder einer besonderen Werbeabteilung ist es, der Rechnungsprüfstelle Probeexemplare von solchen Zeitschriften als Prüfungsunterlage zur Verfügung zu stellen, in denen von den obengenannten Stellen aufgegebene Inserate erstmalig erscheinen. —Diese Probeexemplare sollen als Bescheinigung darüber dienen, daß die fraglichen Inserate überhaupt und darüber hinaus bestellungsgemäß erschienen sind.

c) Der Arbeitsablauf in der Rechnungsprüfstelle

aa) Vorarbeiten zur Prüfung

Die im folgenden darzustellenden Vorarbeiten zur Prüfung werden aus Gründen, die bereits auf Seite 90 ff. unter cc) aufgezeigt wurden, zweckmäßig von Hilfspersonen durchgeführt.

Alle eingehenden Rechnungen werden vor ihrer Prüfung unter fortlaufender Numerierung, die monatlich neu einsetzt, in ein Rechnungskontrollbuch — vgl. Abb. 30, Seite 112 — mit ihren wesentlichsten Angaben eingetragen. Dieses Kontrollbuch nimmt auch eventuelle Berichtigungen, die sich auf Grund der Prüfung der Eingangsrechnung als erforderlich herausstellen, sowie die Weitergabe-Vermerke auf. In der Hauptsache hat es *folgende Zwecke* zu erfüllen:

1. Einmal soll es als *Nachweis* darüber dienen, welche Rechnungen eingegangen sind und ob diese bereits geprüft und weitergegeben wurden.
2. Ferner obliegt dem Rechnungskontrollbuch die wichtige Funktion der *Abstimmung* mit der Buchhaltung, worauf an anderer Stelle noch näher einzugehen sein wird.

Es schließt sich die Rechnungsaufbereitung für die Prüfung an. Nach ihrer Eintragung in das Rechnungskontrollbuch werden die Eingangsrechnungen mit folgenden Stempeln versehen:

1. Mit dem Stempel der *laufenden Rechnungsnummer* (laut Rechnungskontrollbuch),
2. mit dem *Monats-Stempel*,
3. mit dem *Anweisungs-Stempel* (vgl. Abbildung 31, Seite 113) und
4. mit dem *Skonto-Stempel* (aber nur die Skonto-Rechnungen).

Außerdem wird jeder Eingangsrechnung ein *Rechnungsprüfzettel* beigefügt (angeheftet oder angeklebt) — vgl. Abbildung 32, Seite 114.

Ebenfalls Aufgabe von Hilfspersonen ist das Komplettieren der Prüfungsunterlagen, d. h., zu den vorliegenden Eingangsrechnungen von der Einkaufsabteilung schnellstens die entsprechenden Bestellunterlagen

Kontrollbuch für Eingangsrechnungen

Blatt No ________ Monat ________

Lfd R Nr	datum	R Nr des Aus-stell.	Rechnungs-Aussteller	Rechnungs Gegenstand	Best-Nr	zuständiger Rechnungsprufer	Rechnungsbetrag			Rechnungseingang	Weiterleitung zur								Bemerkungen
							ur-sprungl	Berichtigung +/-	neuer		Zahlungsanweisung		Verbuchung in Betriebsbuchhalt.		Verbuchung in Konto korrentbuchhalt.		Regulierung		
											an	zuruck	an	zurück	an	zuruck	an	zuruck	
1	2	3	4	5	6	7	8	9	10	11	12	13	14	15	16	17	18	19	20

Abb. 30

Anweisungs-Stempel

Ursprüngl. Rechnungs-Betrag DM ....

Anerkannter „ „ DM ....

Bereits geleist.
Teilzahlungen DM ....

noch zu zahlender Rngs.-Betrag DM ....

ZAHLUNG KANN ERFOLGEN

Datum: ....

Unterschriften: 1) ....

2) ....

3) ....

Abb. 31

einschließlich der Leistungsnachweise, wie sie unter *b)*, Seite 98 ff. aufgeführt wurden, von der Versandabteilung die Fahraufträge sowie von der Werbeabteilung die Probeexemplare der Zeitschriften zu beschaffen. Falls diese Unterlagen noch nicht sofort zur Verfügung stehen, müssen sie laufend reklamiert werden.

Die *vorübergehende Ablage* derjenigen Eingangsrechnungen, zu denen noch Prüfungsunterlagen fehlen, erfolgt bis zu deren Eintreffen in *Spezialordnern* (Alphabet-Fächerordnern), die ein schnelles Einsortieren und Auffinden noch ungeprüfter Eingangsrechnungen und darüber hinaus ein müheloses Komplettieren sämtlicher Prüfungsunterlagen ermöglichen. Für jeden Prüfer oder jede Prüfgruppe steht ein derartiger Ordner zur Verfügung.

Sobald alle Unterlagen zur Stelle sind, werden sie nebst den Eingangsrechnungen entsprechend den festgelegten Arbeitsbereichen der einzelnen Rechnungsprüfer auf diese in folgender Weise aufgeteilt:

1. *Prüfgruppe I* prüft alle Eingangsrechnungen, die Roh-, Hilfs- und Betriebsstoffe betreffen, mit Ausnahme derjenigen über Magazin- und Elektromaterialien,

Rechn.-Prüfzettel

Buch-mon.	Best.-No.	Rng.-No.	Eing.-Meldg. No.	Liefer.-No.	Verp.-Rück-send. No.	Fällig am

Verpackung einschl./ausschl./leihweise wird zurückgenommen zu DM ______	Liefervereinbarungen: Ab Werk/Versandbahnhof frei Station frei Werk/Basis ______

Teil-/Rest-eingang	Für die Richtigkeit:				
Menge	Ausführ.	Preis	Ausrechnung	Fracht	Frachtbr. No.

Kontierung	Menge	Betrag	Brutto-R.-Betr.		Bu.Verm.
			Kürzung: Fracht ·/. Verp. ·/. Se.		
			Netto-R.-Betrag Skonto % ·/. Teilzahlung ·/.		
Betriebs-Buchhalt. gebucht Se.			Zur Zahlung anzuweisen DM		

Rechnungsänderungen mitgeteilt	Zur Zahlung angew.	Abt.-Leiter RP.
am ______ Beleg No. ______	Tag ______ Unterschrift ______	Tag ______ Unterschrift ______

Abb. 32

2. *Prüfgruppe II* prüft alle Eingangsrechnungen, die Magazin- und Elektromaterialien betreffen,
3. *Prüfgruppe III* prüft alle Eingangsrechnungen, die Zulieferungen zu laufenden Kundenaufträgen (zum Beispiel Grau-, Stahl- und Metallguß-Lieferungen und andere) betreffen,
4. *Prüfgruppe IV* prüft alle Eingangsrechnungen, die aktivierungspflichtige Gegenstände, Bauleistungen, Unternehmerarbeiten im Tagelohn betreffen, und
5. *Prüfgruppe V* prüft Frachten-Rechnungen.

Grundsätzlich werden den Rechnungsprüfern nur solche Eingangsrechnungen vorgelegt, zu denen sämtliche Prüfungsunterlagen vorhanden sind. Die Aushändigung der Rechnungen an die Prüfer wird im Rechnungskontrollbuch mit Datumangabe vermerkt.

Die Eingangsrechnungen nebst den dazugehörigen Unterlagen werden bei den einzelnen Rechnungsprüfern oder Prüfgruppen ebenfalls unter Verwendung der vorstehend erwähnten Spezialordner abgelegt, um dann sukzessiv geprüft zu werden.

bb) Der Prüfungsakt

Vorab einige Worte zur Prüfungstechnik: Sämtliche Vermerke, Berichtigungen und Unterschriftsleistungen in den Eingangsrechnungen und sonstigen Prüfungsunterlagen werden unter *Verwendung von roter Tinte oder von Rotstiften* deutlich lesbar vorgenommen.

Alle für richtig befundenen Positionen werden abgehakt, alle beanstandeten dagegen sauber durchgestrichen (nicht unleserlich gemacht) und die richtigen ergänzt.

Zweckmäßig wahren die Rechnungsprüfer bei der Prüfung *immer dieselbe Reihenfolge*, um Gewißheit zu haben, daß auch nichts übersehen wurde. Stellt sich heraus, daß an einer Eingangsrechnung *Berichtigungen* vorzunehmen sind, sei es im Verlaufe der Prüfung oder zu einem späteren Zeitpunkt, was zum Beispiel dann der Fall sein kann, wenn sich die berechneten Leistungen erst später bei Ingebrauchnahme als mangelhaft erweisen, werden die notwendig gewordenen Rechnungsänderungen dem Rechnungsaussteller spezifiziert unter Verwendung eines besonderen Vordrucks — vgl. Abbildung 33, Seite 116 — mitgeteilt. Ein Durchschlag dieser Mitteilung wird jeweils an die Eingangsrechnung geheftet und dient als Buchungsbeleg für die separate Verbuchung der Korrekturbeträge. Die Änderungsmitteilung erhält als Beleg-No. die laufende Rechnungsnummer der entsprechenden Rechnung unter Zusatz eines besonderen Indexes. — Außerdem werden etwaige Korrekturen spezifiziert auf sogenannten Korrekturschuppen — vgl. Abbildung 34, Seite 117 —, die den in Frage

kommenden Eingangsrechnungen angeheftet werden, vermerkt. Auf jene kann jedoch notfalls verzichtet werden. Statt dessen oder daneben können die Korrekturen im Prüfzettel vermerkt werden. Der Vorteil der Verwendung besagter Schuppen ist unbedingt darin zu sehen, daß vorgenommene Berichtigungen deutlich in Erscheinung treten. — Wenn im folgenden ausgeführt wird, daß Berichtigungen vorgenommen werden, dann sind damit gleichzeitig auch die bezeichneten Arbeitsgänge gemeint.
Die Rechnungsprüfung i. e. S. beginnt mit der sachlichen Prüfung. Wie bereits an anderer Stelle erwähnt, handelt es sich bei ihr darum festzustellen, ob die tatsächlich bewirkten Leistungen gemäß den Leistungsnachweisen einmal mit den berechneten und zum anderen mit den

Kurze Anschrift des Empfängers

....

Rechnungs-Prüfstelle

Best.-Nr. .... Rechn.-Nr. .... den ....

Ihre Zeichen ....

Ihre Rechnung vom .... über DM ....

haben wir geändert und bringen in	Ihr Soll DM	Ihr Haben DM	Unsere Kontierung
für	....	....	....
....	....	....	....
....	....	....	....
....	....	....	....
....	....	....	....
....	....	....	....
Se. DM	....	....	

Ihr Guthaben aus dieser Rechnung beträgt nunmehr

DM ....

Wir bitten um gleichlautende **Buchung.**

Rechnungs-Prüfstelle

Drahtwort Fernsprecher Fernschreiber Landeszentralbank Postscheck

Abb. 33
(mit Durchschrift als Buchungsbeleg)

(Kleberand)

Rechngs.-Prüfstelle	Berichtigung zu Rechnung Nr. ______	______ Monat	______ Rechnungs-Nr.

Zu unseren Gunsten/Lasten	Betrag DM	Konto
Vor-Fracht, Rollgeld, Nachnahme, Anschlußgebühr, Porto u. a.		
Verpackung		
Preisunterschied		
Minderlieferung		
Rücksendung		Für die Richtigkeit:
% Skonto		
Benachrichtigt: Summe		Angewiesen: ______ Datum ______ Unterschrift

Abb. 34

vereinbarten übereinstimmen und welche Abweichungen gegeben sind. — Entsprechen die tatsächlich erstellten Leistungen wohl den Vereinbarungen gemäß den Bestellunterlagen, nicht aber dem Rechnungsinhalt, so obliegt es den Rechnungsprüfern, von sich aus entsprechende Korrekturen an den betreffenden Eingangsrechnungen vorzunehmen. — Stimmen dagegen die erstellten und berechneten Leistungen überein, weichen diese aber mengen- oder gütemäßig von den vereinbarten ab, so hat der zuständige Rechnungsprüfer die Einkaufsabteilung um schriftliche Mitteilung darüber zu ersuchen, was in diesen Fällen, in denen es sich meist um Mehr- oder Minderleistungen oder vereinbarungswidrige Beschaffenheit der Leistungen handelt, zu geschehen hat. In der Regel sind derartige Differenzen aber bereits vor Übergabe der Prüfungsunterlagen an die Rechnungsprüfstelle durch die Einkaufsabteilung geklärt worden, und den Bestellunterlagen liegt eine entsprechende Mitteilung bei. Je nachdem, wie die Entscheidung der Einkaufsabteilung lautet, erkennen die Rechnungsprüfer den Rechnungsinhalt in sachlicher Hinsicht an oder nehmen Korrekturen vor.
Um es zusammenzufassen, stellt die sachliche Prüfung der Eingangsrechnung also nichts anderes dar als ein Vergleichen des Rechnungsinhalts einerseits mit den entsprechenden Leistungsnachweisen und Bestellunterlagen andererseits in dem bereits früher und oben aufgezeigten Sinne.
Der dann folgende Prüfungsabschnitt der preislichen Prüfung vollzieht sich *in drei Etappen:*
Zunächst haben die Rechnungsprüfer den *Preisansatz zu prüfen.* Zu diesem Zweck vergleichen sie den in der Eingangsrechnung eingesetzten Preis mit dem vereinbarten unter Heranziehung der Bestellunterlagen und gegebenenfalls von Preislisten, Katalogen, Abschlußunterlagen, Tarifbestimmungen und anderen, je nachdem, ob es sich bei dem zu prüfenden Preis um einen ausgehandelten oder um einen Listen-, Tarif-, Abschlußpreis handelt. — In den Fällen, in denen noch kein Preis vereinbart war, ist die Einkaufsabteilung unter Einreichung einer Rechnungsabschrift zu ersuchen, die Anerkennung des berechneten Preises durch die zuständige Stelle herbeizuführen oder gegebenenfalls selbst vorzunehmen. Auf jeden Fall ist zu vermeiden, daß die Original-Rechnung zum Zwecke der Genehmigung von Preisen weitergereicht wird.
Als nächste Etappe schließt sich die *Überprüfung der Preisstellung* an. Hierbei geht es darum festzustellen, ob die angefallenen (gemäß den Wareneingangsmeldungen oder separat vorliegenden Frachten-Rechnungen) oder in die Eingangsrechnungen eingesetzten Frachtkosten überhaupt und in ihrer Höhe berechtigt sind und ob der Ansatz von Verpackungskosten nicht den getroffenen Vereinbarungen zuwiderläuft oder unangemessen ist. Die vereinbarten Bedingungen gehen aus den Bestellunterlagen hervor. Zur Prüfung der Frachtkosten werden die maßgebenden Tarifbestim-

mungen, erforderlichenfalls die Spezialprüfer für Frachten-Rechnungen herangezogen.

Schließlich haben die Rechnungsprüfer die Eingangsrechnungen noch daraufhin *zu untersuchen, ob* den Rechnungsausstellern bei der Errechnung der Einzel- und Gesamtpreise *keine Rechenfehler unterlaufen sind.* Es ist unumgänglich, wie die Erfahrung lehrt, daß jeder einzelne Rechnungsbetrag nachgerechnet wird, möglichst, um keine Zeit zu verlieren, mit Hilfe von Rechenmaschinen.

Haben sich im Verlauf der preislichen Prüfung der Eingangsrechnung Unstimmigkeiten ergeben, so sind entsprechende Berichtigungen im einzelnen, wie an anderer Stelle dargestellt, vorzunehmen. — Das gilt selbstverständlich auch für die sachliche Prüfung.

Die sonstige Prüfung der Eingangsrechnung als nächster Prüfungsabschnitt erstreckt sich in der Hauptsache auf die folgenden Punkte:

Die Rechnungsprüfer haben festzustellen, ob dieselben Leistungen, über die ihnen im Augenblick Rechnungen vorliegen, bereits schon einmal berechnet wurden. Um sich darüber *Gewißheit zu verschaffen, daß keine Doppelberechnung erfolgt ist,* haben sie einmal das Rechnungskontrollbuch und zum anderen die Bestellunterlagen einzusehen. Eine bereits erfolgte Berechnung derselben Leistungen müßte ohne weiteres aus der betreffenden Bestellkopie ersichtlich sein. — Vgl. hierzu die Ausführungen Seite 120 ff.

Zur sonstigen Prüfung gehört ferner die *Untersuchung, ob* auf zur Prüfung vorliegenden Eingangsrechnungen *bereits Teilzahlungen geleistet wurden.* Die Rechnungsprüfer haben zu diesem Zweck eine eigens dafür eingerichtete Teilzahlungskartei und außerdem die Bestellunterlagen (Bestellkopie) auf entsprechende Hinweise hin durchzusehen. — Vgl. hierzu die Ausführungen Seite 94 ff.!

Die Prüfer dürfen auch nicht versäumen, *sonstige Bestimmungen,* die die Aussteller in die Eingangsrechnungen aufgenommen haben, zu *überprüfen.* — Hier sei auf die Ausführungen über die juristische Bedeutung der Eingangsrechnung Seite 48 ff. hingewiesen.

Schließlich obliegt es den Rechnungsprüfern im Zuge der sonstigen Prüfung noch *festzustellen, ob die Eingangsrechnungen alle Angaben enthalten, die für ihre weitere Verwendung als Buchungs- und Zahlungsbeleg unentbehrlich sind.* Die Eingangsrechnungen müssen die richtigen Kontierungsangaben tragen. Wichtige Anhaltspunkte hierfür bieten die Bestellunterlagen, durch die sich die Kontierung, von der Bedarfsmeldung angefangen, wie ein roter Faden zieht. Gegebenenfalls haben die Rechnungsprüfer zur Vervollständigung oder Berichtigung der Kontierungsangaben die Kostenarten- und -stellenverzeichnisse zur Hand zu nehmen und in besonders gelagerten Fällen sogar sich mit maßgebenden Stellen des Unternehmens in Verbindung zu setzen. — Um als Zahlungsbeleg fungieren zu können, müssen natürlich die

Eingangsrechnungen, Zahlungsbedingungen und Bezeichnung der Bankkonten, des Postscheckkontos und so weiter aufweisen. Auch hierauf muß von den Prüfern geachtet werden, um später unnötige Rückfragen zu vermeiden.

Der eigentliche Prüfungsvorgang schließt mit dem Ausfüllen des Rechnungsprüfzettels (vgl. Abbildung 32, Seite 114) und des Anweisungs-Stempels (vgl. Abbildung 31, Seite 113). Dazu sind keine weiteren Ausführungen erforderlich. Hervorzuheben ist noch, daß beide von dem zuständigen Rechnungsprüfer unterschrieben und vom Leiter der Rechnungsprüfstelle nach vorheriger, allerdings nicht bis ins einzelne gehender Kontrolle des festgestellten Prüfungsergebnisses gegengezeichnet werden. — Schließlich sei darauf hingewiesen, daß die Verwendung des Anweisungs-Stempels einfachheitshalber unterbleiben und man sich mit den entsprechenden Eintragungen auf dem Prüfzettel begnügen kann. Es muß aber in Anbetracht der Wichtigkeit des Anweisungsvorganges gesagt werden, daß eben dieser Stempel keineswegs als überflüssig anzusehen ist. Seine Verwendung birgt vielmehr große Vorteile.

cc) Nebenarbeiten

Im wesentlichen können noch nachstehende Arbeiten anfallen, die als eine Art Nebenarbeiten im Zuge der Rechnungsprüfung i. w. S. zu kennzeichnen sind:

Eintragung von Korrekturen in das Kontrollbuch für Eingangsrechnungen: An Eingangsrechnungen vorgenommene Korrekturen werden von den jeweiligen Rechnungsprüfern unter Vorlage der Rechnungen dem Sachbearbeiter, der das besagte Kontrollbuch zu führen hat, zur Eintragung in die dafür vorgesehene Spalte gemeldet. *Um die Abstimmungsfunktion des Kontrollbuches nicht zu gefährden, ist es wichtig, daß alle Korrekturen lückenlos darin vermerkt werden.*

Benachrichtigung des Rechnungsausstellers von vorgenommenen Korrekturen: Hierauf wurde bereits früher anläßlich der Ausführungen über die Prüfungstechnik eingegangen. Zu ergänzen ist noch, daß diese Benachrichtigungen, bei denen es sich ja um bloße Schreibarbeiten handelt, *von Schreibkräften* auf Anweisung der zuständigen Rechnungsprüfer vorgenommen werden.

Entwertung der Bestellunterlagen und Leistungsnachweise: Um zu vermeiden, daß Eingangsrechnungen über dieselben Leistungen doppelt oder gar noch öfter verbucht und reguliert werden, ist es unbedingt erforderlich, daß die Rechnungsprüfer nach vollzogener Prüfung die laufende Rechnungsnummer unter Datum- und Monatsangabe auf den Bestellkopien und Leistungsnachweisen vermerken und diese Unter-

Lieferer

Gegenstand

Bemerkungen

Wareneingang			Eingangsrechnung						
am	Meldung Nr.	Menge	Nr.	Einzel preis-	Betrag DM	Änderung um±	wegen	Zu zahlen DM	Geprüft am

Abb. 35

lagen darüber hinaus durch einen Diagonalstrich entwerten. Falls auf einer Bestellkopie eine Anzahl von Eingangsrechnungen abzutragen ist, beispielsweise bei mehreren Teillieferungen, wird zweckmäßig hierfür ein Sonderblatt verwandt — vgl. Abbildung 35, Seite 121. Auf ihm werden dann die zu einer Bestellung gehörigen Eingangsrechnungen nacheinander vermerkt, und die Übersicht ist jederzeit gewahrt.

Aufteilung von Rechnungsbeträgen: Häufig kommt es vor, daß ein Rechnungsbetrag mehreren Konten zu belasten ist, etwa verschiedenen Kostenstellen oder Lagerkonten, oder daß ein Gesamt-Rechnungsbetrag sich aus Beträgen zusammensetzt, denen ein unterschiedlicher Kostencharakter beizulegen ist. *Um die buchhalterische Auswertung* derartiger Eingangsrechnungen *vorzubereiten*, nehmen die Rechnungsprüfer eine Aufteilung ihrer Beträge vor, wozu sie sich des Rechnungsprüfzettels, unter Umständen aber auch — je nach dem Umfang der Aufteilung — eines besonderen Vordrucks bedienen — vgl. Abbildung 36, Seite 123. Für die Verbuchung im Kontokorrent sind diese Aufteilungen ohne Bedeutung, wohl dagegen für die Belastungen des oder der Gegenkontos(en).

Ausfertigung von Rücksendungsaufträgen für Leergut: In der Vielzahl aller Fälle der Praxis ist es so, daß die Lieferanten „unverpackt" zu liefern haben und für das zur Verfügung gestellte Leergut einen angemessenen Preis in die Eingangsrechnungen einsetzen. Gewöhnlich lauten die Vereinbarungen dahingehend, daß ein Teil der berechneten Verpackungskosten bei Rücksendung des Leergutes rückvergütet wird. In den Fällen, in denen die Rücksendungs- und anteiligen Verwaltungskosten nicht den rückzuvergütenden Betrag übersteigen, wird sich meist für die Rücksendung entschieden, zumal dann, wenn für das Leergut keine Verwendungsmöglichkeit besteht. Die Rechnungsprüfer halten von Fall zu Fall bei den in Frage kommenden Stellen Rückfrage, ob eine Rücksendung geboten erscheint. Im bejahenden Falle wird der betreffende Rechnungsbetrag um die rückzuvergütenden Verpackungskosten berichtigt, und die Prüfer veranlassen die Ausstellung eines Rücksendungsauftrages in dreifertiger Ausfertigung, wie ihn Abbildung 37, Seite 124 zeigt. — Mit diesen Arbeiten können wiederum *Hilfspersonen beauftragt* werden. — Das Original des Rücksendungsauftrages wird einer zentralen Versandstelle für Leergut, eine Kopie der jeweiligen Empfangsstelle des Leergutes zur Erledigung zugeleitet. Eine weitere Durchschrift verbleibt bei der Rechnungsprüfstelle, um auf ihr bei Vorlage der die Rücksendung des Leergutes anzeigenden Durchschrift des Rücksendungsauftrages der Empfangsstelle und der sie bescheinigenden Versandanzeige einen entsprechenden Erledigungsvermerk vorzunehmen und sie dann als erledigt abzulegen. Anhand der noch unerledigten Durchschriften wird die Rücksendung der Verpackung laufend verfolgt und erforderlichenfalls reklamiert.

Aufteilung der Eingangsrechnung

Rechnungs-Nr.	Datum			Lieferer-Nr.	Lieferer	
	Tag	Mon.	J.		Name	Wohnort

Bestell-Nr.	Kontierung	Gruppen-Nr.	Warenschlüssel Nr.	M.-Einh.	Menge		Betrag		Fracht		Kontroll-Gehalts-Nr.	Ausstattung
					volle	1/000	DM	Rf	DM	Pf		

Abb. 36

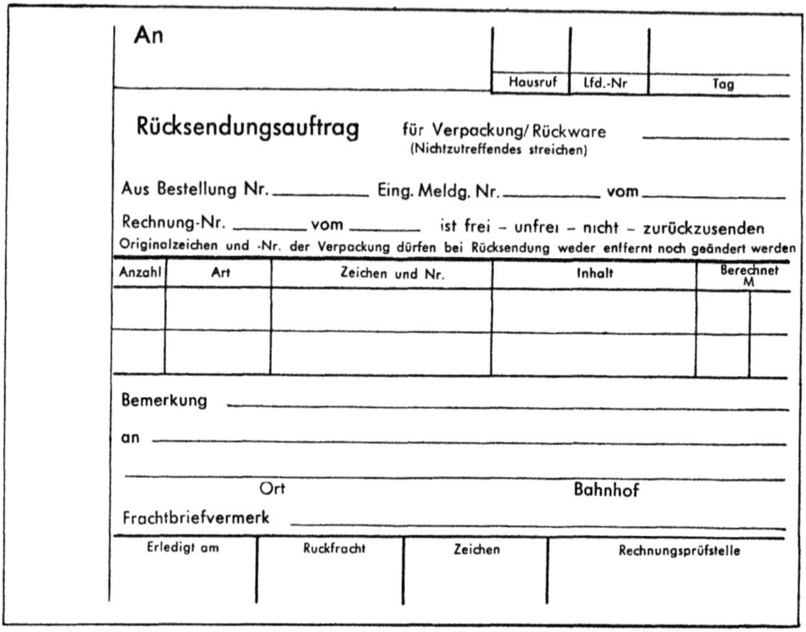
An

Hausruf	Lfd.-Nr	Tag

Rücksendungsauftrag für Verpackung/Rückware ____________
(Nichtzutreffendes streichen)

Aus Bestellung Nr. ________ Eing. Meldg. Nr. ________ vom ________

Rechnung-Nr. ________ vom ________ ist frei – unfrei – nicht – zurückzusenden

Originalzeichen und -Nr. der Verpackung dürfen bei Rücksendung weder entfernt noch geändert werden

Anzahl	Art	Zeichen und Nr.	Inhalt	Berechnet M

Bemerkung ____________

an ____________

Ort ____________ Bahnhof

Frachtbriefvermerk ____________

Erledigt am	Ruckfracht	Zeichen	Rechnungsprüfstelle

Abb. 37

Selbstverständlich unterbleibt die Rücksendung des Leergutes dann, wenn es vom Lieferanten nicht gesondert oder wider die getroffenen Vereinbarungen berechnet wurde. Im letzteren Falle erfolgt im Verlauf der preislichen Prüfung lediglich eine entsprechende Berichtigung des Rechnungsbetrages.

Hierzu mögen als Ergänzung die Ausführungen über „Die buchungsmäßige Behandlung der Nebenkosten“ auf Seite 140 ff. unter 4. dienen.

Ausstellung von Zahlungsaufträgen für Skonto-Rechnungen: *Grundsätzlich werden Eingangsrechnungen, die unter Ausnutzung von Skonti reguliert werden können* und die als solche durch einen darauf hinweisenden Stempelaufdruck vor der Prüfung gekennzeichnet wurden, *von den Rechnungsprüfern bevorzugt geprüft*, damit die Regulierung rechtzeitig erfolgen kann. Vielfach kann aber die Regulierung noch nicht abgewickelt werden, weil die dazu erforderlichen Unterlagen nicht restlos zur Verfügung stehen. Mitunter liegen auch die Eingangsrechnungen bereits vor, ohne daß die Leistungen schon nachgewiesen werden können. — Um in derartigen Fällen trotzdem in den Genuß der Skontovergünstigung zu gelangen und zu diesem Zweck die Regulierung fristgerecht vornehmen zu können, stellt die Rechnungsprüfstelle unter Benutzung eines besonderen Vor-

drucks — vgl. Abbildung 38 unten — für die betreffende Skonto-Rechnung jeweils einen Zahlungsauftrag aus, der der Regulierungsstelle der Buchhaltung zugeleitet wird, die auf Grund dieser Unterlagen die *Regulierung unter Vorbehalt* durchführt. Die erfolgte Zahlung wird jeweils auf der Eingangsrechnung vermerkt und diese anschließend ordnungsgemäß geprüft. Etwa sich dabei herausstellende Unstimmigkeiten werden dem Rechnungsaussteller nachträglich belastet oder gutgeschrieben.
Die Regulierung der Skonto-Rechnungen und überhaupt der Eingangsrechnungen vor ihrer Prüfung wird jedoch nur in den Fällen Platz greifen, in denen die Gewißheit besteht, daß es sich bei dem betreffenden Rechnungsaussteller um einen bekannten und zuverlässigen Geschäftspartner handelt. — Vgl. hierzu ergänzend die Ausführungen auf Seite 40 ff. unter *a)* und Seite 68 ff. unter *c)*!

Zahlungsauftrag
für Skonto-Rechnungen

Firma	Konto	Rechnungs-		Skonto		zu zahlender Betrag	Wertstellung	Rechn. Nr.
		Dat.	Betrag	%	DM			

Abb. 38

Unser Hausruf | Unsere Abt. | Unsere Zeichen | den

An Ihrer Rechnung vom ______________ über DM ______________

Ihre Rechnung Nr. ______________ Ihre Auftrag Nr. ______________

Unsere Rechnung Nr. ______________ unsere Best.-Nr. ______________

haben wir zu Ihren Gunsten/Lasten, wie folgt, geändert:

Wir bitten um gleichlautende Buchung

Abb. 39

dd) Weiterleitung der Prüfungsunterlagen

Nach Abschluß der eigentlichen Prüfung und Erledigung der besprochenen Nebenarbeiten werden die Eingangsrechnungen nebst den dazugehörigen Bestellunterlagen und Leistungsnachweisen zur Zahlungsanweisung weitergeleitet, um dann anschließend wieder der Rechnungsprüfstelle zugestellt zu werden. Weiter- und Rückgabe werden jeweils im *Rechnungskontrollbuch* vermerkt.

Die angewiesenen und der Rechnungsprüfstelle wieder vorliegenden Eingangsrechnungen werden sodann unverzüglich — ebenfalls wiederum unter Vermerkung im Rechnungskontrollbuch — ohne irgendwelche Prüfungsunterlagen der Buchhaltung zur Verbuchung und/oder Regulierung ausgehändigt, je nachdem, ob diese oder jene bereits vor der Prüfung vorgenommen wurde oder nicht.

Die Bestellunterlagen einschließlich der Leistungsnachweise werden der Einkaufsabteilung wieder zurückgegeben, so daß die Rechnungsprüfstelle letztlich lediglich im Besitze des Rechnungskontrollbuches bleibt.

d) Die Vorteile des dargestellten Prüfungsverfahrens

Von den Gründen, die für die Prüfung der Eingangsrechnung in der dargestellten Weise sprechen, seien die hauptsächlichen im folgenden kurz zusammengefaßt:

Die Beauftragung einer in dem bekannten Sinne selbständigen Dienststelle mit der *Prüfung* der Eingangsrechnung bürgt dafür, daß diese *einmal objektiv und zum anderen von Personen durchgeführt wird, die über die erforderlichen Prüferqualitäten verfügen*, und ferner dafür, daß *vermieden wird, daß andere Stellen des Unternehmens überlastet werden* und die Prüfung infolgedessen nur als unvermeidliche Nebenarbeit aufgefaßt wird.

Durch die Form, in der die Bereitstellung der Leistungsnachweise erfolgt, ist in hohem Maße die *Gewähr für die Zuverlässigkeit der gemachten Aufschreibungen* und für die reibungslose Zusammenarbeit der Rechnungsprüfstelle mit den in Frage kommenden Stellen gegeben. Außerdem wird durch sie ein *unnötiges Umlaufen der Eingangsrechnungen* mit all seinen Nachteilen *verhindert*.

Die Verwendung der kompletten Bestellunterlagen der Einkaufsabteilung als Prüfungsunterlagen *schließt Unsicherheiten weitgehendst aus* und ermöglicht es zudem, der Rechnungsprüfstelle die Sonderaufgabe der Überprüfung des Einkaufgebarens zu übertragen.

Der Prüfungsablauf in der Rechnungsprüfstelle vollzieht sich unter Anwendung einer Arbeitsteilung, die ein *schnelles, einwandfreies und wirtschaftliches Prüfen ermöglicht*.

Das dargestellte Prüfungsverfahren ist grundsätzlich *in Unternehmen jeder Art und Größe durchführbar; seine Grundzüge tragen sozusagen neutralen Charakter*. — In kleineren Unternehmen kann die Prüfung der Eingangsrechnung in etwas vereinfachter Form, ohne von der vorgezeichneten Richtung wesentlich abzuweichen, abgewickelt werden.

5. DIE REVISION DER RECHNUNGSPRÜFUNG

In Anbetracht der großen Bedeutung, die der Eingangsrechnung zukommt, und ungeachtet der Gewissenhaftigkeit und Zuverlässigkeit, die die mit der Prüfung der Eingangsrechnung beauftragten Personen an den Tag legen mögen, erscheint doch eine Revision der Rechnungsprüfung auch dann, wenn sie durch eine Rechnungsprüfstelle abgewickelt wird, *aus Sicherheitsgründen unumgänglich*.

Mit der Revision sollte eine neutrale, der Unternehmensleitung unmittelbar verantwortliche und mit höchst qualifiziertem Personal besetzte Stelle des Unternehmens betraut werden.

Falls eine mehrmalige Revision, die im übrigen ihrem Wesen nach nicht laufend, sondern fallweise Platz greift, ergibt, daß die Tätigkeit der Rechnungsprüfstelle nur in ganz seltenen Fällen oder überhaupt nicht zu Beanstandungen Anlaß gibt und die festgestellten Mängel zudem unbeachtlich sind, kann sie sich, bis sich ein anderes ergibt, auf ein stichprobenweises Überprüfen der Tätigkeit der genannten Stelle beschränken. Läßt dagegen die Rechnungsprüfung nach den Feststellungen der mit der Revision beauftragten Personen in hohem Maße zu wünschen übrig, muß die Revisionstätigkeit intensiviert werden. — Die Unternehmensleitung hat außerdem die notwendigen Konsequenzen daraus zu ziehen, etwa in Richtung auf einen Personalwechsel oder auf die Wahl eines anderen Prüfungsverfahrens.

Die Tätigkeit der Revisoren hinsichtlich der Revision der Rechnungsprüfung hat in einer Rekonstruktion des bereits vollzogenen Prüfungsvorganges bei gleichzeitiger Überprüfung desselben unter Heranziehung sämtlicher Prüfungsunterlagen, unter Umständen sogar einschließlich der Inaugenscheinnahme der berechneten Leistungen an Ort und Stelle, zu bestehen.

Die im Verlaufe ihrer Tätigkeit, die zweckmäßigerweise unregelmäßig und zu unbestimmten Zeiten, im übrigen, wie bereits erwähnt, stichprobenweise durchgeführt wird, gemachten Erfahrungen und Feststellungen werden der Leitung des Unternehmens laufend in Berichtsform unter Beifügung eventuell beanstandeter Unterlagen vorgetragen.

Es hat sich als sehr vorteilhaft erwiesen, den eingesetzten Revisoren als Ansporn Prämien in Aussicht zu stellen, die beispielsweise prozentual von der Höhe der festgestellten Differenzbeträge errechnet werden können. — Eine ähnliche Maßnahme würde sich auch sehr günstig auf die Tätigkeit der Rechnungsprüfer auswirken.

II. Die Anweisung der Eingangsrechnung zur Zahlung

Regelmäßig schließt sich an die Prüfung der Eingangsrechnung ihre Anweisung zur Zahlung an, unabhängig davon, ob die Prüfung vor oder in besonders gelagerten Fällen nach der Verbuchung vorgenommen wird. Im ersteren Falle bedeutet die Zahlungsanweisung gleichzeitig die Freigabe der Eingangsrechnung zur Verbuchung.

Unter Umständen kann die Zahlungsanweisung auch der Prüfung der Eingangsrechnung vorausgehen, nämlich dann, wenn diese bereits ungeprüft reguliert worden ist, was namentlich im Falle der Skonto-Rechnung zutreffen kann.

Die Anweisung erfolgt zweckmäßig *durch den Leiter der Buchhaltung*, bei gegebener Untergliederung derselben in Geschäfts- und Betriebsbuchhaltung durch den Leiter der ersteren, in Großunternehmen zuweilen auch *durch den Leiter des Rechnungswesens oder dessen Substituten.*

Zur Zahlungsanweisung werden die geprüften Eingangsrechnungen nebst Bestellunterlagen und Leistungsnachweisen durch die Rechnungsprüfstelle oder, falls in einem Unternehmen ein anderes Prüfungsverfahren Anwendung findet, durch die mit der Prüfung beauftragte Stelle dem (den) Anweisungsberechtigten vorgelegt. Bevor dieser die Anweisung durch Unterschriftsleistung an der auf der Eingangsrechnung dafür vorgesehenen Stelle (im Anweisungs-Stempel) und/oder auf dem Prüfzettel vollzieht, hat er in groben Zügen unter Einsichtnahme in die beigefügten Unterlagen die Richtigkeit des anzuweisenden Betrages von Fall zu Fall zu überprüfen. *Mit der Anweisung verbunden ist also eine nochmalige, wenn auch weit oberflächlichere Prüfung der Eingangsrechnung* und damit eine Kontrolle der Tätigkeit der Rechnungsprüfer.

Diese Kontrollmöglichkeit würde entfallen, wenn die Zahlungsanweisung ohne Vorlage der besagten Unterlagen vorgenommen wird. Darüber hinaus bestände dann die Möglichkeit, daß in betrügerischer Absicht Eingangsrechnungen zur Anweisung gelangten, denen überhaupt kein oder aber kein entsprechender Geschäftsvorfall zugrunde liegt. — Dieselben Momente sind der Ansicht entgegenzusetzen, daß eine besondere Anweisung der geprüften Eingangsrechnung überhaupt unterbleiben und man statt dessen der Unterschrift der zuständigen Rechnungsprüfer und des Leiters der Rechnungsprüfstelle, sofern eine solche existiert, die gleiche Bedeutung beilegen könne. — Eine derartige Ansicht verträgt sich nicht mit der Bedeutung, die der Eingangsrechnung zukommt, und mit der Forderung nach größtmöglicher Sicherheit in einem Unternehmen überhaupt. Dort, wo nach kaufmännischen Grundsätzen gewirtschaftet wird, ist für sie absolut kein Raum gegeben.

III. Die Verbuchung der Eingangsrechnung

Die nun folgende Darstellung der Verbuchung der Eingangsrechnung beschränkt sich ausschließlich auf diejenige nach dem „System der Doppelten Buchhaltung". *Die Verbuchung nach dem „System der Einfachen Buchhaltung" wird bewußt übergangen*, da sie in der übergroßen Mehrzahl aller industriellen Unternehmen nicht üblich ist und da bei ihr ferner nicht die Fragen auftreten, die hier behandelnswert erscheinen. — Dies sei nur der Klarheit halber vorausgeschickt.

1. DIE GRUNDBUCHUNG

Die sich fortlaufend in einem Unternehmen vollziehende Beschaffung von Gütern und Dienstleistungen unter Inanspruchnahme fremder Unternehmen muß, wie bereits im ersten Hauptteil dieser Arbeit dargestellt, auf den Konten der Buchhaltung ihren Niederschlag finden. Durch die eingehenden Rechnungen werden diese Beschaffungsakte gleichsam repräsentiert und belegt. Durch sie wird die Brücke von der konkreten Sphäre der Beschaffungsvorgänge zur abstrakten Wertsphäre des Rechnungswesens und innerhalb dessen der Buchhaltung geschlagen.
In dieser ihrer Eigenschaft als Buchungsbeleg gibt jede eingegangene Rechnung zu folgender Grundbuchung Anlaß:

Per folgende Konten (alternativ oder nebeneinander) an
Kreditoren-, Bank-, Kassenkonto und so weiter:
Anlagekonten,
Abgrenzungskonten,
Materialkonten,
Kostenartenkonten (oder direkt
Kostenstellen- und -trägerkonten).

Der Klarheit halber sei hier eingefügt, daß, wenn im folgenden vom Kreditorenkonto die Rede ist, darunter sowohl das Kreditorensachkonto (als Sammelkonto des Hauptbuches) als auch das jeweils in Frage kommende Kreditorenpersonenkonto, das in einem Nebenbuch geführt wird, als Ganzes verstanden werden sollen.
Die Grundbuchung setzt sich also aus der *Belastung* eines oder mehrerer der aufgeführten Sachkonten, je nachdem, wie sich der Rechnungsinhalt zusammensetzt, und der *Gutschrift* auf dem Kreditorenkonto — so im Regelfalle — oder auf dem Bank- oder Kassenkonto, falls kein Kontokorrent geführt oder eine Eingangsrechnung sofort bar bezahlt wird, zusammen.
Diese Grundbuchung ist nun zum Spielball einer *Vielzahl von Buchungsverfahren* geworden, die sich in Praxis und Literatur herausgebildet hat. Wie ein roter Faden zieht sie sich durch all diese Verfahren, von denen im Verlaufe der folgenden Ausführungen noch einige typische Beispiele darzustellen sind, hindurch, ohne daß sich materiell an ihr etwas ändern würde.
Eine *geringe Abänderung* erfährt die Grundbuchung lediglich *im Falle der Notrechnungen* — vgl. hierzu die Ausführungen Seite 98 ff. unter aa) — insofern, als deren Gutschrift nicht auf dem Kreditorenkonto, sondern auf einem besonderen Notrechnungskonto erfolgt. Dieses Konto kann als ein anonymes Kreditorenkonto, als ein Zwischenkonto bezeichnet werden. Die Belastungen werden in der dargestellten Weise vorgenommen. — Das Notrechnungskonto wird bei der Vorlage der entsprechenden richtigen

Eingangsrechnung wieder aufgelöst, und zwar durch die Buchung: Per Notrechnungskonto an Kreditorenkonto. Falls Notrechnungs- und endgültige Rechnungsbeträge nach erfolgter Prüfung der Eingangsrechnungen nicht übereinstimmen, was naturgemäß meist der Fall ist, müssen noch entsprechende Korrekturbuchungen durchgeführt werden, auf die an anderer Stelle näher einzugehen sein wird. — Auf dem Notrechnungskonto darf letztlich kein Saldo verbleiben.

2. GRUNDFRAGEN DER VERBUCHUNG

a) Mit oder ohne Kontokorrent?

Es ist grundsätzlich denkbar[66], daß die Eingangsrechnungen unter Verzicht auf ein Kontokorrent verbucht werden. Die Verbuchung erfolgt dann in der Weise, daß erst bei Regulierung der Eingangsrechnungen diese den in Frage kommenden Anlage-, Materialkonten und so weiter belastet und dem Bank- oder Kassenkonto gutgeschrieben werden — bis zum Fälligkeitstag bleiben die Eingangsrechnungen unverbucht liegen —, oder sie erfolgt so, daß die Sollbuchungen vorab, etwa nach der Prüfung der Eingangsrechnungen, und die Habenbuchungen nach erfolgter Zahlung vorgenommen werden, und zwar ebenfalls wiederum direkt zu Gunsten des Bank- oder Kassenkontos.

Es ist nun keineswegs so, daß durch den Verzicht auf das Kontokorrent eine Vereinfachung des Buchungsverfahrens und Arbeits- und Papierersparnis erreicht würden. Eher könnte man das Gegenteil behaupten. Man braucht sich nur vorzustellen, auf welche Schwierigkeiten Unternehmen, die die Verbuchung der Eingangsrechnung in der dargestellten Weise durchführen, stoßen müssen, wenn es darum geht, zum Jahres- oder gar Monatsschluß den Stand der Kreditoren zu ermitteln und, wenn auch die Sollbuchungen erst anläßlich der Regulierung durchgeführt werden und die Fälligkeitstermine außerhalb der Abschlußzeiträume fallen, die Gegenkonten jeweils auf den richtigen Stand zu bringen. *Ohne einen entsprechenden Ersatz für das Kreditorenkonto oder erheblichen Arbeits-Mehraufwand geht es nicht.*

Je länger die Zahlungsfristen und je kürzer die Abschlußperioden sowie je größer der Rechnungsanfall, desto größer sind die auftretenden Schwierigkeiten, die sich im übrigen auch in der Weise zeigen, daß, um den Ausführungen eines anderen Abschnitts einmal vorzugreifen, bei der Regulierung zu berücksichtigende Gegenforderungen nur auf Umwegen zu

[66] Vgl. *Albert Calmes*, Der Fabrikbetrieb, 7. Auflage, Leipzig 1955, S. 79 ff. — *Paul Buttke*, Verbuchung ein- und ausgehender Rechnungen ohne Kontokorrent, in: Deutsche Buchhaltungszeitung Organisation — Buchhaltung — Betrieb, 29. Jahrgang, 1927, Heft 33.

ermitteln sind. Auf weitere Nachteile dieser Möglichkeit der Verbuchung ohne Kontokorrent soll hier nicht weiter eingegangen werden. Sie lassen sich ohne Schwierigkeit aus den Vorteilen, die ein solches bietet, ableiten.

Die Verbuchung der Eingangsrechnung unter vollkommener Ausschaltung des Kreditorensachkontos und der -personenkonten ist in der Praxis kaum zu finden, allenfalls in ganz kleinen Unternehmen, an deren Buchhaltung keine großen Anforderungen gestellt werden. Ganz allgemein läßt sich sagen, daß für ein modernes industrielles Unternehmen eine Buchhaltung ohne Kontokorrent nicht denkbar ist. *Das „vereinfachte" Buchungsverfahren kann daher auch im folgenden unberücksichtigt* bleiben.

Etwas anders gelagert sind die in fast jedem Unternehmen vorkommenden Fälle, in denen Eingangsrechnungen, die nach ihrem Eingang sofort bar bezahlt worden sind, nicht erst über das Kreditorenkonto, sondern zugunsten des Kassenkontos und zu Lasten der betreffenden Gegenkonten verbucht werden. In diesen Fällen, die jedoch bei weitem die Ausnahme bilden, ist die Umgehung des Kontokorrents zu bejahen und sogar als zweckmäßig zu bezeichnen. Sie bietet auch keine besonderen Schwierigkeiten.

b) Brutto- oder Netto-Verbuchung?

Die Frage, ob Brutto- oder Netto-Verbuchung, gewinnt jeweils dann an Bedeutung, wenn an eingegangenen Rechnungen nach erfolgter Prüfung *Korrekturen* vorgenommen wurden.

Je nachdem, ob die Eingangsrechnungen mit ihren ursprünglichen Beträgen und daneben etwaige Berichtigungen separat verbucht werden oder ob die berichtigten Rechnungsbeträge auf die Konten übernommen werden, spricht man im ersten Fall von der Brutto-, im zweiten Fall von der Netto-Verbuchung. Eine dritte Möglichkeit ist die der *Kombination von Brutto- und Netto-Verbuchung* in der Weise, daß auf dem Kreditorenkonto die Brutto-Rechnungsbeträge und die Berichtigungen gegebenenfalls separat, während auf den in Frage kommenden Gegenkonten die sich aus der Saldierung der Rechnungs- und Korrekturbeträge ergebenden Saldenbeträge verbucht werden.

Die *Netto-Verbuchung in reiner Form* scheidet schon zwangsläufig dann aus, wenn die Eingangsrechnungen vor ihrer Prüfung verbucht werden, da sich ja die Berichtigungen in diesem Falle erst nach der Verbuchung ergeben und gesondert verbucht werden müssen, und ferner dann, wenn sich erst nach der Prüfung, Verbuchung und unter Umständen sogar erst nach der Regulierung Mängel der erstellten Leistungen herausstellen, die eine Berichtigung der Eingangsrechnungen erforderlich machen.

Die *Brutto-Verbuchung in reiner Form* ist in ihrer Anwendung unabhängig davon, ob die Verbuchung vor oder nach der Prüfung der Eingangsrechnung erfolgt. Sie muß zwangsläufig immer dann zum Zuge kommen, wenn die Rechnungen vor ihrer Prüfung verbucht werden oder wenn nach der Verbuchung Korrekturen vorgenommen werden müssen, weil sich irgendwelche Mängel der Leistungen erst nachträglich herausstellen.

Weder die Brutto- noch die Netto-Verbuchung allein sollte bei der Übernahme der Rechnungswerte auf die Konten Anwendung finden. *Als sehr zweckmäßig hat sich vielmehr die im vorstehenden angedeutete Kombination beider in der Praxis erwiesen:* Werden die Eingangsrechnungen mit ihren ursprünglichen Beträgen und neben ihnen etwaige Berichtigungen auf das Kreditorenkonto übernommen, so ist damit die Gewähr dafür gegeben, daß jederzeit eine Abstimmung mit den Rechnungsausstellern erfolgen kann und langwierige Rückfragen sowie umfangreiche Schreib- und Rechenarbeiten erspart bleiben. — Die Verbuchung der Netto-Rechnungsbeträge auf den Gegenkonten, also Anlage-, Material-, Kostenartenkonten usw. erscheint dagegen deshalb als zweckmäßig, weil dadurch eine zu große Belastung der betreffenden Konten mit Zahlenmaterial, Unübersichtlichkeit und eine unnötige Aufblähung des Buchungsapparates verhindert werden. — Die Brutto-Verbuchung sollte hinsichtlich der Sollbuchung nur Platz greifen, wenn sie aus den eben dargelegten Gründen unbedingt erforderlich ist.

Festzuhalten ist also: Verbuchung der Eingangsrechnung auf dem Kreditorenkonto, zum mindesten auf dem in Frage kommenden Personenkonto, grundsätzlich nach dem Brutto-Prinzip, auf den Gegenkonten, soweit das möglich ist, nach dem Netto-Prinzip.

Eine besondere Frage taucht in diesem Zusammenhang auf, nämlich die, nach welchem Prinzip *Skonto-Rechnungen*, also solche Eingangsrechnungen, auf die bei barer oder kurzfristiger Zahlung seitens des Rechnungsausstellers ein Preisnachlaß gewährt wird, hinsichtlich des Skontoabzuges verbucht werden sollen?

Grundsätzlich können auch bei der Verbuchung der Skonto-Rechnungen alle drei vorerwähnten Prinzipien Anwendung finden. In Praxis und Literatur stößt man jedoch allgemein auf eine *vierte Möglichkeit der Verbuchung*, der auch aus noch darzustellenden Gründen der Vorzug zu geben ist: Es wird zunächst der Brutto-Rechnungsbetrag, ohne daß der Skontobetrag vorher gekürzt worden ist, dem Kreditorenkonto erkannt und dem (den) in Frage kommenden Gegenkonto(en) belastet. Sodann wird die Habenbuchung in Höhe des Skontobetrages zugunsten eines Abgrenzungskontos der Klasse 2 korrigiert. Die entsprechenden Buchungssätze lauten dazu: Per folgende Konten an Kreditorenkonto: Anlage-, Abgrenzungs-, Materialkonto und so weiter, sowie per Kreditorenkonto an Abgrenzungskonto (Zinserträge).

Die Belastung der vorgeschriebenen Gegenkonten zum Kreditorenkonto wird also in voller Höhe vorgenommen. Diese Konten kommen nicht

in den Genuß der Skonto-Vergünstigung, und das mit Recht: *Skonti haben keine unmittelbaren Beziehungen zum Betriebsgeschehen*, sondern sind ein Ausfluß der finanziellen Disposition des Unternehmens. Ihre neutrale Erfassung und Eliminierung aus der Betriebsrechnung ist durchaus gerechtfertigt[67].
Soweit an Eingangsrechnungen neben dem Skontoabzug noch sonstige Korrekturen bei der Verbuchung Berücksichtigung finden müssen, gelangt hinsichtlich dieser wiederum das vorerwähnte gemischte Brutto-Netto-Prinzip, wie dargestellt, zur Anwendung.

c) Vor- oder Nachverbuchung?

Eine weitere Frage von grundsätzlicher Bedeutung ist die, ob die *Verbuchung der eingegangenen Rechnungen vor oder nach ihrer Prüfung* erfolgen *oder* ob eine *Kombination* von Vor- und Nachverbuchung Anwendung finden soll, etwa in der Weise, daß die Eingangsrechnungen auf dem Kreditorenkonto zu Lasten eines Rechnungseingangskontos vorverbucht und diesem nach Prüfung zu Lasten der in Frage kommenden Anlage-, Lagerkonten und so weiter wieder gutgeschrieben werden, wobei dann gegebenenfalls noch Korrekturbuchungen Platz greifen müssen. Zum Periodenschluß können dann die noch nicht geprüften, aber bereits vorverbuchten Rechnungsbeträge, soweit es sich um keine namhaften Beträge handelt, auf dem Rechnungseingangskonto verbleiben, oder dieses wird aufgelöst, indem die Eingangsrechnungen ungeprüft zu Lasten der richtigen Gegenkonten umgebucht werden. Die Prüfung, die infolge eines zu großen Arbeitsanfalls nicht mehr termingerecht durchgeführt werden konnte, wird dann gleich zu Beginn der neuen Periode nachgeholt, und etwaige Berichtigungen werden getrennt verbucht.
Die Kombination von Vor- und Nachverbuchung kann aber auch so aussehen, daß bis zum Periodenschluß, zum Beispiel bis zum Monatsschluß, nur geprüfte Eingangsrechnungen verbucht werden, und zwar sowohl auf dem Kreditorenkonto als auch auf den in Frage kommenden Gegenkonten. Die Eingangsrechnungen, deren Prüfung dann nicht mehr termingerecht durchgeführt werden kann, werden vor dem Abschluß ungeprüft verbucht. Die Prüfung wird später in der folgenden Periode nachgeholt. Etwa erforderliche Berichtigungen der verbuchten Rechnungsbeträge werden nachträglich auf die Konten übernommen.
Die Wahl unter den aufgezeigten Möglichkeiten muß zwangsläufig auf die Nachverbuchung fallen, denn ihr haftet der große Vorteil an, daß die Eingangsrechnungen sowohl im Kontokorrent als auch auf den Gegenkonten einschließlich eventueller Berichtigungen in einem Arbeitsgang verbucht

[67] Vgl. *Wilhelm Kalveram*, Die kaufmännische Buchhaltung. in: Die Handels-Hochschule — Die Wirtschafts-Hochschule, 23. Lfg., Verlags-No. 46, S. 326.

werden können, ausgenommen die Fälle, in denen auf Grund erst zu einem späteren Zeitpunkt festgestellter Mängel noch Korrekturbuchungen erforderlich werden, die aber bei weitem die Ausnahme bilden. Auf dem Kreditorenkonto erscheinen die Brutto-Rechnungsbeträge und unmittelbar darunter eventuelle Korrekturbeträge, was für die Abstimmung mit dem Rechnungsaussteller sehr vorteilhaft ist, während auf den Gegenkonten ohne Schwierigkeiten die Netto-Rechnungsbeträge verbucht werden können. So bedeutet die Nachverbuchung eine erhebliche Arbeitsersparnis, dies vor allem, wenn man berücksichtigt, daß der größte Teil des Rechnungsanfalls in einem Unternehmen sich erfahrungsgemäß als korrekturbedürftig herausstellt.

Es kann sich jedoch *in besonders gelagerten Fällen*, beispielsweise in Unternehmen, die einen beachtlichen Rechnungsanfall zu verzeichnen haben und in denen sich bei der Prüfung der Eingangsrechnungen laufend Rückstände ergeben, weil es vielleicht noch an einer zweckmäßigen und straffen Organisation mangelt, die Nachverbuchung in reiner Form wenigstens vorübergehend als undurchführbar erweisen. In diesen Fällen erscheint *die kombinierte Anwendung von Vor- und Nachverbuchung* in der bereits dargestellten Weise, weniger dagegen die reine Vorverbuchung wegen der damit noch in größerem Maße verbundenen Mehrarbeit als zweckmäßig. — Unternehmen, für die es zutrifft, daß die Nachverbuchung nur unter Schwierigkeiten oder überhaupt nicht Anwendung finden kann, tun gut daran, den Hindernissen auf den Grund zu gehen und sie um der Vorteile der Nachverbuchung willen zu beseitigen.

d) Originalrechnung oder Hilfsbeleg?

Das in Literatur und Praxis am häufigsten anzutreffende Buchungsverfahren, nach welchem unmittelbar von den Eingangsrechnungen auf die Konten gebucht wird, sei es in Form der Einzel- oder in Form der Sammelbuchung, steht in Konkurrenz mit einer Anzahl anderer Verfahren, bei denen sich zwischen die Originalrechnung als Ur- oder Grundbeleg und die Konten noch Hilfsbelege verschiedener Art schieben. Die Gründe dafür, daß man sich in manchen Unternehmen, namentlich in solchen, die einen großen Rechnungsanfall buchhalterisch zu verarbeiten haben, ganz oder teilweise von der direkten Übernahme der Rechnungswerte und sonstigen Angaben von den Originalrechnungen auf die Konten abgewandt und zu Hilfsbelegen Zuflucht genommen hat, sind in folgendem zu sehen:

Es soll der Weg einmal zu einer *weitestgehenden Arbeitsteilung* und zum anderen zu einer *möglichst vollkommenen Erfassungstechnik* geebnet werden mit dem Ziel der Beschleunigung und reibungslosen Gestaltung einmal des Buchungsablaufs und zum anderen auch der Regulierung.

Einige Beispiele für Buchungsverfahren, bei denen aus den dargestellten Motiven heraus die Verbuchung der Eingangsrechnung unter Einschaltung von Hilfsbelegen erfolgt, seien im folgenden ganz kurz angedeutet:

1. Die Eingangsrechnungen werden beim Rechnungsaussteller durch den -empfänger zweifach angefordert. Von den *Rechnungs-Duplikaten als Hilfsbelegen* wird auf die in Frage kommenden Anlage-, Lager-, Kostenartenkonten und so weiter gebucht, während die Originalrechnungen zur Verbuchung auf dem Kreditorenkonto und regelmäßig auch zur Regulierung herangezogen werden. Soll- und Habenbuchungen sowie gegebenenfalls die Regulierung können unabhängig voneinander vorgenommen werden.

2. Sämtliche Eingangsrechnungen werden vor ihrer Verbuchung in ein Rechnungseingangsbuch eingetragen. Bei dieser Gelegenheit werden im Durchschreibeverfahren je Eingangsrechnung drei *Schuppenbelege* erstellt, von denen zwei Ausfertigungen *als Hilfsbelege für die Verbuchung* Verwendung finden, und zwar je ein Beleg für die Soll- und Habenbuchung. Die dritte Schuppe wird zur Regulierung herangezogen. Die Schuppenbelege enthalten alle Angaben, die für die Verbuchung auf dem Kreditorenkonto und auf den Gegenkonten einerseits und die Regulierung andererseits benötigt werden. Die Eingangsrechnungen selbst treten während des Buchungsablaufs und der Regulierung nicht in Erscheinung. — Vgl. hierzu die ausführliche Darstellung dieses Buchungsverfahrens Seite 154 ff. unter *b)* !

3. Von jeder Eingangsrechnung werden zwei *Lochkarten* erstellt, von denen die eine alle für die kontokorrentmäßige Verbuchung erforderlichen Angaben und die andere alle diejenigen enthält, die für die Verbuchung auf den Gegenkonten von Bedeutung sind. Von den ersteren wird unter Verwendung von Tabelliermaschinen auf die Kreditorenpersonenkonten gebucht. Die Verbuchung auf den Gegenkonten erfolgt auf Grund von listenförmigen Zusammenstellungen, in die die abgelochten Angaben der Eingangsrechnungen mittels Tabelliermaschinen übernommen worden sind. — Auch bei diesem Buchungsverfahren machen die Originalrechnungen den gesamten Buchungsablauf nicht mit.

Das zuletzt genannte Verfahren findet vielfach auch *in etwas abgeänderter Form* Anwendung: Die Verbuchung der Eingangsrechnung auf das Kreditorenkonto erfolgt nicht hollerithmäßig, sondern unmittelbar von der Originalrechnung aus. Von dieser wird nur jeweils eine Lochkarte ausgefertigt, die als Hilfsbeleg für die Verbuchung auf den Gegenkonten herangezogen wird. Im übrigen wird in der bereits dargestellten Weise verfahren. Vgl. hierzu auch die Ausführungen Seite 165 ff. unter *c)*: „Hollerithmäßige Verbuchung"!

4. Eine weitere Möglichkeit, bei der Verbuchung der Eingangsrechnung auf deren Original zu verzichten, ist in der Weise gegeben, daß nach erfolgter Prüfung von jeder Eingangsrechnung zwei, bei Bedarf auch mehr *Abzüge*

unter Anwendung der bekannten Verfahren (Ormig und anderer) angefertigt werden, die den Rechnungsinhalt in gedrängter Form wiedergeben. Anhand der Abzüge kann dann separat auf das Kreditorenkonto und auf die Gegenkonten gebucht — und auch separat reguliert — werden. Ob es im Einzelfall erforderlich und zweckmäßig ist, die Verbuchung der Eingangsrechnung unter Einschaltung von Hilfsbelegen vorzunehmen und sich etwa eines der im vorstehenden kurz umrissenen Verfahren zu bedienen, kann nicht ohne weiteres entschieden werden, sondern muß sich aus den gegebenen individuellen Verhältnissen ergeben. — *So viel kann aber gesagt werden, daß sich die direkte Verbuchung der Eingangsrechnung, also unter Verzicht auf Hilfsbelege irgendwelcher Art, selbst in Unternehmen mit sehr großem Rechnungsanfall als auskömmlich erwiesen hat.* Auf der anderen Seite wird ein Unternehmen, das beispielsweise ohnehin über eine Hollerith-Apparatur verfügt, die Vorteile der hollerithmäßigen Verbuchung der Eingangsrechnung, namentlich was diejenige auf den Gegenkonten zum Kreditorenkonto anbelangt — ihre Vorteile hinsichtlich der Verbuchung auf diesem sind umstritten —, mit Recht nicht außer acht lassen. — Es kann schließlich auch gesagt werden, daß die Einschaltung von Rechnungs-Duplikaten in den Buchungsablauf keinesfalls zweckmäßig und empfehlenswert ist, weil dadurch zu leicht Doppelbuchungen und -zahlungen Vorschub geleistet wird.

e) Worauf kommt es bei der Gestaltung des Buchungsablaufs an?

Die Verbuchung der Eingangsrechnung hat so zu erfolgen, daß sie sich

1. *schnellstmöglich,*
2. *reibungslos,*
3. *einfach und*
4. *zweckmäßig*

vollzieht.

Die eingegangenen Rechnungen müssen *so schnell wie möglich und unter Beseitigung aller sich bietenden Hindernisse* verbucht werden, einmal um unliebsame Stauungen am Schluß einer Rechnungsperiode zu vermeiden, die Durchführung der kurzfristigen Erfolgsrechnung nicht zu gefährden und, namentlich was die Kreditorenpersonenkonten anbelangt, die Konten stets auf dem laufenden zu halten und zum anderen, um im Interesse einer fristgerechten Regulierung die Eingangsrechnungen am Tage ihrer Fälligkeit zur Verfügung zu haben. Um dieser Forderung nach reibungsloser und schnellstmöglicher Verbuchung gerecht zu werden, bedarf der Buchungsfluß einer wohldurchdachten Lenkung auf der Basis einer sinnvollen Arbeitsteilung und einer bis ins einzelne gehenden Abstimmung der in Frage kommenden Arbeitsprozesse aufeinander. — Das gilt vor allem für

Unternehmen mit großem Rechnungsanfall, also für industrielle Unternehmen regelmäßig.

Worauf es weiterhin bei der Verbuchung der Eingangsrechnung ankommt, ist, daß bei der Wahl der dabei Verwendung findenden maschinellen Hilfsmittel und Vordrucke das *Gebot der Einfachheit und Zweckmäßigkeit* beachtet wird. Diesem Gebot haben auch die betriebsbuchhalterischen Erfassungsmethoden statistischer Art, mittels deren die Rechnungswerte nach bestimmten Kontierungsgesichtspunkten vorgesammelt und teilweise bereits ausgewertet werden und die in der Regel die Vorstufe zur Verbuchung der Eingangsrechnung im Soll der Hauptbuchkonten bilden, zu entsprechen. Eine unnötige Aufblähung des Buchungsapparates ist unwirtschaftlich: Für Unwirtschaftlichkeit darf in einem Unternehmen kein Platz sein, schon gar nicht auf dem Gebiet des Rechnungswesens.

In jedem Falle haben bei der Gestaltung des Buchungsablaufs in dem dargestellten Sinne *die individuellen Verhältnisse in einem Unternehmen mitzusprechen*, wobei bezüglich des Einsatzes maschineller Hilfsmittel stets zu berücksichtigen ist, daß die Eingangsrechnungen schließlich nur einen Teil des gesamten zu verarbeitenden Buchungsstoffes ausmachen und somit nicht allein bestimmend sind.

3. DER BUCHUNGSZEITRAUM

Unter Buchungszeitraum soll in diesem Zusammenhang der Zeitraum verstanden werden, in dem die Verbuchung der Eingangsrechnung erfolgt, genauer ausgedrückt, *der Zeitraum, in den die Eingangsrechnung gemäß ihrem Ausstellungsdatum gehört.* In der Regel sind der Buchungszeitraum und die Periode, für die eine Erfolgsrechnung aufgemacht werden soll und die ihrerseits nach Bedarf lang oder kurz sein kann, identisch. Im Falle, daß ein Unternehmen also beispielsweise monatlich eine kurzfristige Erfolgsrechnung durchführt und zu diesem Zweck am Schluß jeden Monats die Konten abschließt, ist die monatliche Periode zugleich der Buchungszeitraum für die Eingangsrechnung: Alle Rechnungen, die laut ihrem Ausstellungsdatum in dieser Periode von den Lieferanten ausgestellt und dem Unternehmen zugestellt worden sind, gehören in den Buchungszeitraum des abzuschließenden Monats. Dazu ist aber noch folgendes zu bemerken:

Es kommt sehr häufig vor, läßt sich aber vielleicht vermeiden, daß *Eingangsrechnungen*, die gemäß dem Datum ihrer Ausstellung hinsichtlich ihrer Verbuchung in die abzuschließende Periode einzubeziehen sind, *erst verspätet*, im Laufe der folgenden Periode(n) *eintreffen* und somit mit Rücksicht auf einen fristgerechten Abschluß nicht mehr verbucht werden können. In solchen Fällen erscheint nachstehende Regelung empfehlenswert:

Es wird ein Zeitpunkt festgelegt — bei monatlichem Abschluß zum Beispiel der 5. des folgenden Monats, beim Jahresabschluß kann eine längere Frist eingeräumt werden —, bis zu dem die Eingangsrechnungen dem Empfänger vorliegen müssen. Für alle Rechnungen, die nicht fristgerecht eingehen, bei denen aber der Tatbestand gegeben ist, daß die ihrer Ausstellung zugrunde liegenden Leistungen bereits bewirkt worden sind, worüber im Einzelfall die Leistungsnachweise Auskunft geben, werden *Notrechnungen* in der an anderer Stelle dieser Arbeit ausgeführten Form — vgl. Seite 25 unter 3. und Seite 98 ff. unter aa) — ausgestellt, zum mindesten dann, wenn es sich bei den fehlenden Eingangsrechnungen um solche handelt, die über einen bestimmten Betrag hinausgehen, anläßlich des Jahresabschlusses dagegen für alle noch ausstehenden Rechnungen. Nicht fristgerecht eingegangene Rechnungen werden, soweit für sie keine Notrechnungen ausgefertigt wurden, in die nächste Periode hereingenommen, soweit Notrechnungen ausgestellt wurden, in der folgenden Periode umgebucht. Im letzteren Fall greifen dann erforderlichenfalls noch Korrekturbuchungen Platz.
Auf der anderen Seite tauchen mitunter Fälle auf, in denen Eingangsrechnungen, die in einen bestimmten Buchungszeitraum gehören, zwar fristgerecht eintreffen, in denen aber *die entsprechenden Leistungen noch nicht bewirkt* worden sind. In solchen Fällen ist zu prüfen, ob sich die berechneten Materialien und so weiter bereits auf dem Wege befinden, und insbesondere, welcher Erfüllungsort zum Zuge kommt: Befinden sich die berechneten Leistungen am Periodenschluß nicht auf dem Wege zum Empfänger und wurde als Erfüllungsort der Geschäftssitz des Rechnungsempfängers vereinbart, werden die betreffenden Eingangsrechnungen in den nächsten Buchungszeitraum einbezogen. Dagegen ist eine Verbuchung der Eingangsrechnungen in der abzuschließenden Periode zu bejahen, wenn als Erfüllungsort der Geschäftssitz des Rechnungsausstellers in Frage kommt. — Ist der Fall der Unterwegsware gegeben und trifft darüber hinaus die Tatsache zu, daß der Wohnsitz (Geschäftssitz) des Gläubigers (Rechnungsausstellers) Erfüllungsort ist, so sind die Eingangsrechnungen in der Periode, in die sie entsprechend ihrem Ausstellungsdatum gehören, zu verbuchen, ungeachtet dessen, daß die berechneten Leistungen noch nicht eingegangen sind. Ist andererseits im Falle der Unterwegsware als Erfüllungsort der Geschäftssitz des Rechnungsempfängers maßgebend, kann eine Verbuchung der betreffenden Eingangsrechnungen in der folgenden Periode Platz greifen, und ist diese Handhabe sogar empfehlenswert.
In den vorerwähnten Fällen, in denen eine Verbuchung der Eingangsrechnung Platz greifen muß oder sich zum mindesten empfiehlt, ohne daß entsprechende Leistungsnachweise bereits vorliegen (Fall der Versandbereitschaft und der Unterwegsware, Erfüllungsort = Geschäftssitz des

Rechnungsausstellers), muß zwangsläufig eine Durchbrechung des Grundsatzes erfolgen, daß keine Eingangsrechnung ungeprüft verbucht werden soll. Die Prüfung ist dann in demselben Umfang und mit derselben Intensität, wie es normalerweise üblich ist, nachzuholen, und gegebenenfalls sind Korrekturbuchungen vorzunehmen.

Überhaupt ist an dieser Stelle *darauf hinzuweisen*, daß infolge des Umstandes, daß die Prüfung der Eingangsrechnung aus irgendwelchen Gründen nicht fristgerecht durchgeführt werden kann, keine Verzögerung hinsichtlich der Verbuchung, etwa eine Verlagerung des Buchungszeitraums für die betreffenden Rechnungen, eintreten darf. — *Im Vordergrund steht der Buchungszeitraum.* Er ist als gegeben zu betrachten, und ihm hat sich die Prüfung der Eingangsrechnung in jeder Hinsicht anzupassen.

In diesem Sinne ist auch die Bedeutung der Eingangsrechnung für die gemäß § 39/Abs. II HGB jährlich durchzuführende Inventur zu sehen, auf die mit Rücksicht auf das im vorstehenden Ausgeführte hier nicht näher eingegangen zu werden braucht.

4. DIE BUCHUNGSMÄSSIGE BEHANDLUNG DER NEBENKOSTEN

Mit der Verbuchung der Eingangsrechnung steht in engstem Zusammenhang diejenige der sogenannten Nebenkosten: Verpackungs- und Bezugskosten. *In der Vielzahl aller Fälle bilden diese Kosten sogar einen Teil des Rechnungsinhalts*, im Falle der Verpackungskosten nahezu ausschließlich, im Falle der Bezugskosten immer dann, wenn der Rechnungsaussteller sie getragen und über die Eingangsrechnung auf den Empfänger abgewälzt hat, sei es im Hinblick auf das zugrunde liegende Rechtsgeschäft zu Recht oder zu Unrecht. In anderen Fällen wiederum gehen die Bezugskosten nicht aus der Eingangsrechnung hervor, obwohl sie in der Regel direkt zum Rechnungsgegenstand in Beziehung stehen.

Es ist hier daher kurz zu der Frage Stellung zu nehmen, wie die Verpackungs- und Bezugskosten hinsichtlich ihrer Verbuchung zu behandeln sind. — In all den im folgenden darzustellenden Fällen gilt als *unterstellt, daß die Verpackungs- und Bezugskosten auf Grund sorgfältiger Prüfung für buchungsreif erklärt worden sind.* Anderenfalls würden sich weitere Erörterungen erübrigen.

a) Verbuchung der Verpackungskosten

In den in der Praxis sehr häufig auftretenden Fällen, in denen der Lieferant die *Verpackung leihweise* zur Verfügung stellt und in der Eingangsrech-

nung Leihgebühren zum Ansatz bringt, sind diese zweckmäßig zusammen mit dem Rechnungsbetrag zu verbuchen.
Dieselbe Handhabe empfiehlt sich dann, wenn in der Eingangsrechnung *Verpackungskosten* angesetzt sind, die, verglichen mit dem Rechnungsbetrag, *nicht ins Gewicht fallen, und* wenn mit Rücksicht auf die durch die Rücksendung des Leergutes entstehenden Kosten, die in keinem Verhältnis zu dessen Wert stehen, *von einer Zurverfügungstellung der Verpackung* an den Absender *Abstand genommen* wird.
In allen anderen Fällen gilt es zu unterscheiden, ob die in der Eingangsrechnung berechnete Verpackung beim Empfänger verbleiben soll oder muß oder ob ihre Rücksendung erfolgt:
Fällt die Entscheidung dahingehend aus, daß das *Leergut beim Empfänger bleibt*, so erscheint es angebracht, sofern die aufgegebenen Verpackungskosten nicht zu geringfügig sind und das Leergut noch einsatzfähig ist, die besagten Kosten zum Zweck der Belastung der Gegenkonten zum Kreditorenkonto — und nur dafür — vom Rechnungsbetrag abzusetzen und auf einem besonderen *Leergutkonto*, das zweckmäßig in der Kontenklasse 3 geführt wird, zu verbuchen. Die Gegenbuchung auf dem Kreditorenkonto muß dagegen in voller Höhe erfolgen. Der Buchungssatz würde also für diesen Fall lauten: Per folgende Konten an Kreditorenkonto: Material- oder Lagerkonto und Leergutkonto. Als Ergänzung zu diesem in der Buchhaltung wertmäßig geführten Leergutkonto wird in der Regel in der Lagerverwaltung ein solches statistisch geführt: Es werden genaue Aufzeichnungen über Zu- und Abgänge an Verpackungsmaterialien der Art, Menge und Beschaffenheit nach gemacht.
Die *Eliminierung der Verpackungskosten* in der dargestellten Weise hat den Vorteil, daß die Materialkonten, Kostenstellen und -träger nicht mit Kosten belastet werden, denen auf der anderen Seite bei Wiederverwendung des Leerguts, etwa beim Verkauf von Erzeugnissen, überhaupt keine Gutschrift oder aber in der Regel erst in einem späteren Zeitraum eine Gutschrift folgt. Mit anderen Worten: *Das Kostenbild wird sauber gehalten.* Darüber hinaus wird auf diese Weise vermieden, daß Materialien mit unverhältnismäßig hohen Verpackungskosten belastet werden, welchem Umstand man allerdings auch durch Einrechnung der Verpackungskosten in die Materialgemeinkosten begegnen kann.
Ist man sich jedoch von vornherein darüber im klaren, daß *das berechnete Leergut an den Absender zurückgeschickt* werden soll, und stehen dieser Absicht keine vertraglichen Vereinbarungen entgegen, dann kann zu einer ganz einfachen Lösung Zuflucht genommen werden, die allerdings diszipliniertes Verhalten der für die Rücksendung des Leerguts verantwortlichen Stellen zur Voraussetzung hat: Der vereinbarte Rückvergütungsbetrag wird gleich von der Rechnungsprüfstelle oder der sonstigen mit der

Prüfung der Eingangsrechnung beauftragten Stelle abgesetzt und lediglich der korrigierte Rechnungsbetrag verbucht, und zwar nach dem gemischten Brutto-Netto-Prinzip. Damit geht man einem Mehraufwand an Arbeit und allen Ungenauigkeiten aus dem Wege. — Die für die Rücksendung der Verpackung zuständige Betriebsstelle (Versandabteilung, Lagerverwaltung) wird durch Rücksendungsauftrag — vgl. Abbildung 37, Seite 124 — zur Rücksendung des Leerguts aufgefordert. Letztere wird durch die Rechnungsprüf- oder die sonstige in Frage kommende Stelle überwacht und der Lieferant bei der Regulierung von der vorgenommenen Kürzung des Rechnungsbetrages durch einfachen Hinweis oder durch kurze Mitteilung in Kenntnis gesetzt. — Vgl. hierzu die Ausführungen Seite 122ff.! —
Es muß jedoch unter allen Umständen vermieden werden, den Rechnungsaussteller durch Hinauszögern oder gar Unterlassen der Rücksendung des Leerguts zu verärgern.
Alternativ zu dieser Möglichkeit kann selbstverständlich auch so vorgegangen werden, daß die Verpackungskosten vorübergehend separat auf einem Leergutkonto verbucht werden — allerdings nur in Höhe des Rückvergütungsbetrages — und daß bei Rücksendung der Verpackung der vom Lieferanten zurückvergütete Betrag diesem Konto wieder gutgeschrieben wird. Oder es kann auch so gehandhabt werden, daß der Rechnungsbetrag einschließl. Verpackungskosten zunächst den in Frage kommenden Material-, Lagerkonten usw. belastet, der Rückvergütungsbetrag dann bei Rücksendung der Verpackung wieder gutgeschrieben wird. — Diese Handhabe ist aber aus den gleichen Gründen, wie oben ausgeführt, nicht zu befürworten.
In der Praxis wird häufig aus Gründen der Einfachheit in dem Falle, daß die Verpackung wieder an den Absender zurückgehen soll, von der Möglichkeit der direkten Kürzung des Rechnungsbetrages unter Mitteilung an den Rechnungsaussteller Gebrauch gemacht, die sich erfahrungsgemäß auch bestens bewährt hat.

b) Verbuchung der Bezugskosten

Grundsätzlich gilt, daß alle normalen Bezugskosten, wie Transportkosten, Transportversicherungsprämien, Provisionen, Courtagen, Abnahmekosten, Wiegegelder, Gebühren, gesetzliche Abgaben, *dem Einkaufspreis zuzurechnen, also zusammen mit ihm zu verbuchen sind*, wobei auch hier wiederum unterstellt sein mag, daß die besagten Kosten zu Lasten des Rechnungsempfängers gehen, was festzustellen Aufgabe der Rechnungsprüfstelle oder einer sonstigen mit der Prüfung der Eingangsrechnung betrauten Stelle ist.
In vielen Fällen bilden diese Bezugskosten einen Teil des Rechnungsinhalts. Es bedarf dann keiner weiteren Frage, ob der Rechnungsbetrag einschließlich der Bezugskosten zur Verbuchung gelangen soll. — In anderen

Fällen wiederum bilden die Bezugskosten keinen Teil des Rechnungsinhalts, wenigstens formell nicht. Dann ist es eine Frage der Zweckmäßigkeit, ob zu einer entsprechenden Korrektur (Erhöhung) des Rechnungsbetrages zum Zwecke der Belastung der Gegenkonten zum Kreditorenkonto geschritten werden soll, wobei zu beachten ist, daß Rechnungsaussteller und die Personen, auf die die Bezugskosten zurückgehen (beispielsweise Frachtführer), oftmals nicht identisch sind, weswegen eine säuberliche Trennung der Habenbuchungen nach den einzelnen Posten erfolgen muß, aus denen sie sich zusammensetzen, oder ob Rechnungsbetrag und Bezugskosten jeweils getrennt verbucht werden sollen.

Unregelmäßig auftretende und außergewöhnliche Verteuerungen der Bezugskosten, beispielsweise ungewöhnlich hohe Transportkosten infolge Transport- und Lieferungsschwierigkeiten, werden zweckmäßig in die Materialgemeinkosten eingerechnet, weil keine Beziehung zu einem bestimmten Auftrag gegeben ist, sondern diese erhöhten Kosten aufgewandt werden müssen, um den Arbeitsfluß des Unternehmens nicht zu unterbrechen. — Auch *Transportversicherungsprämien*, bei denen kein direkter Zusammenhang zu bestimmten Materialien gegeben ist, sollten mit den Materialgemeinkosten verrechnet werden.

Im folgenden sind nun noch kurz *einzelne Arten von Bezugskosten* hinsichtlich ihrer Verbuchung näher zu untersuchen:

1. Sofern *Transportkosten* bereits durch den Rechnungsaussteller *in der Eingangsrechnung zum Ansatz gelangt* sind, werden sie zusammen mit dem Einkaufspreis der berechneten Güter verbucht.

In den Fällen, in denen Güter unfrei per Bahn antransportiert wurden, werden die entstandenen und *durch die Bahn aufgegebenen Frachtkosten* laut deren Unterlagen mit den Wareneingangsmeldungen oder auf sonstige Weise der Rechnungsprüfstelle, wobei unterstellt sein mag, daß eine solche existiert, gemeldet und von dieser dem entsprechenden Rechnungsbetrag hinzugesetzt. Der korrigierte Rechnungsbetrag ist dann aber nur für die Sollbuchung maßgebend. Es wird zum Beispiel gebucht: Per Materialkonto an folgende Konten: Lieferantenkonto und Frachtenstundungskonto/Bundesbahn. — In derselben Weise wird mit *angefallenen Rollgeldern* verfahren, nur daß an Stelle des Kontos der Bundesbahn dasjenige des Rollfuhrunternehmers erkannt wird.

Beim *Antransport* von Gütern *durch unternehmenseigene Transporteinrichtungen* werden ebenfalls nach Möglichkeit die angefallenen Transportkosten in Form von Verrechnungspreisen pro Mengen- oder Zeiteinheit auf dem gleichen Wege wie bei den Bahnfrachten dem Rechnungsbetrag jeweils hinzugesetzt. In diesem Falle wird neben dem Kreditorenkonto die in Frage kommende Kostenstelle „Transport" erkannt. Die sich auf dieser am Periodenschluß bildende Spitze (=Unterschied zwischen effektivem

Kostenanfall und Summe der angesetzten Verrechnungspreise) wird nach bestimmten Schlüsseln umgelegt oder auf das Gewinn- und Verlustkonto abgebucht.
Erfolgt schließlich die *Anlieferung* im Auftrag des Lieferanten oder des Unternehmens selbst *durch fremde Spediteure oder Frachtführer* (nicht durch die Bundesbahn) unfrei, so stellen diese dem Empfänger in der Regel separat eine Rechnung über die von ihnen bewirkten Transportleistungen aus. In letzterem Fall werden sowohl die Eingangsrechnung über die angelieferten Güter als auch diejenige über die Transportleistungen unabhängig voneinander verbucht, jedoch mit der Wirkung, daß jeweils dasselbe Konto belastet wird, einmal mit dem Wert der berechneten Güter und zum anderen mit den Transportkosten.
Erwähnt sei noch, daß mitunter *Transportkosten* anfallen, *deren Zurechnung zu bestimmten Anlieferungen nicht möglich ist* oder mit Rücksicht auf die Geringfügigkeit bewußt nicht vorgenommen wird. Transportkosten dieser Art werden entweder am Periodenschluß nach bestimmten Schlüsseln aufgeschlüsselt oder in die Materialgemeinkosten eingerechnet und mit ihnen umgelegt.
2. Auch für die *sonstigen Bezugskosten* gilt generell das anfangs zu den Transportkosten Ausgeführte: Soweit sie *in den Eingangsrechnungen zum Ansatz gelangt* sind, bedarf ihre Verbuchung keiner weiteren Erläuterungen mehr.
Rangier- und Wiegegebühren, die vielfach von der Bundesbahn separat dem Empfänger aufgegeben werden, können den zu den betreffenden Sendungen gehörigen Bahnunterlagen (Frachtbrief und so weiter) entnommen und auf dem bereits dargestellten Wege nachträglich dem Rechnungsbetrag hinzugefügt werden. Auch hier ist auf die getrennte Durchführung der Habenbuchungen zu achten.
Bei den übrigen Bezugskosten, wie *Transportversicherungsprämien*, *Provisionen*, *Courtagen*, *Abnahmekosten*, soweit sie nicht bereits zum Inhalte der Eingangsrechnung gehören, wird es sich fast ausschließlich um solche handeln, über die seitens der Leistenden jeweils separat eine Rechnung ausgestellt wurde, die dann wie jede andere Eingangsrechnung zu verbuchen ist. Einkaufspreis und Bezugskosten treffen sich dann zwangsläufig im Soll der in Frage kommenden Material-, Lagerkonten und so weiter.

5. AUSGEWÄHLTE BUCHUNGSVERFAHREN

Aus der Vielzahl möglicher und in der Praxis auch anzutreffender Buchungsverfahren wurden die folgenden ausgewählt, um zu zeigen, wie unterschiedlich der Buchungsablauf gestaltet werden kann dadurch, daß Hilfs-

belege verschiedener Art statt der oder neben den Eingangsrechnungen in den Buchungsfluß eingeschaltet, daß verschiedene maschinelle Hilfsmittel und Vordrucke verwendet werden, und schließlich dadurch, daß die Rechnungswerte zum Zweck der Verbuchung auf den Gegenkonten zu den Kontokorrentkonten, den Material-, Anlage-, Kostenartenkonten und so weiter — im folgenden werden diese Konten der Einfachheit halber immer als „Gegenkonten" bezeichnet —, jeweils auf verschiedene Weise erfaßt und aufbereitet werden. Die hier zur Darstellung gelangenden Buchungsmethoden sind bewußt so zusammengestellt worden, daß ihre Unterschiedlichkeit voll zur Geltung kommt.
Es ist ferner darauf aufmerksam zu machen, daß es sich bei ihnen ausschließlich um solche handelt, die *grundsätzlich* eine *Verbuchung jeder Eingangsrechnung im Kontokorrent* vorsehen. Eine Umgehung desselben bildet nur die Ausnahme. — In welcher Weise in diesen Ausnahmefällen, rein formell gesehen, gebucht wird, braucht hier nicht näher erörtert zu werden. Es tauchen dabei auch keine besonderen Probleme auf.
Den folgenden Ausführungen liegt primär Erfahrungsmaterial zugrunde, das im Verlauf eingehender Untersuchungen vom Verfasser gesammelt wurde.

a) Verbuchung ohne Hilfsbelege mit Verteilungsbögen

aa) Wesentliche Verfahrensmerkmale

1. Die *Verbuchung* der eingegangenen Rechnungen erfolgt *grundsätzlich erst nach ihrer Prüfung.* Nur in bestimmten Ausnahmefällen werden Eingangsrechnungen auch ungeprüft verbucht, beispielsweise am Schluß einer Rechnungsperiode solche, deren Prüfung nicht mehr termingerecht durchgeführt werden, deren Verbuchung aber mit Rücksicht auf ihre Bedeutung für das Zahlenbild der Periode nicht unterbleiben kann.
2. Die Eingangsrechnungen werden nach dem *gemischten Brutto-Netto-Prinzip* — vgl. hierzu die Ausführungen Seite 132ff. unter *b)* — verbucht.
3. Die *Verbuchung* der Eingangsrechnungen *auf dem Kreditorenpersonenkonto* wird *unmittelbar und laufend von den Originalrechnungen aus* vorgenommen, wobei *in Durchschrift in das Rechnungseingangsjournal* gebucht wird. Dessen Endsummen werden am Periodenschluß auf das Kreditorensachkonto des Hauptbuches übernommen.
4. Die *Gegenbuchung* zur Kontokorrentbuchung erfolgt *zunächst* durch laufende Übernahme der Endsummen der Rechnungseingangsjournalbögen *auf einem Rechnungseingangskonto.*
5. Die *Auflösung des Rechnungseingangskontos* wird am Schluß der Rechnungsperiode *zu Lasten der in Frage kommenden Gegenkonten* (Material-, Lager-,

Kostenartenkonten und so weiter), *unter Einschaltung von Verteilungsbögen*, als Allongen zu den Durchschriften der besagten Rechnungseingangsjournalbögen, *und statistisch geführter Material- und Anlagekonten*, auf die von den Originalrechnungen aus einzeln gebucht wird, vorgenommen.

6. *Die Kontokorrent- und Gegenbuchungen* werden *mit Hilfe von Buchungsmaschinen* durchgeführt, *die Übernahme der Rechnungswerte in die Verteilungsbögen und deren Auswertung sowie die statistische Verbuchung der Eingangsrechnungen* auf den Anlage- und Lagerkonten unter Verwendung von Rechenmaschinen *von Hand*.

7. Dieses Verfahren zeichnet sich in hohem Maße durch seine *Einfachheit* aus, und zwar einmal *im Hinblick auf die Verwendung von Vordrucken*, die auf ein Mindestmaß beschränkt ist, und zum anderen im Hinblick auf den *geringen Arbeitsaufwand*, der in erster Linie auf die sparsame Verwendung von Vordrucken zurückzuführen ist.

8. *Auf ein Zweifaches kommt es bei diesem Buchungsverfahren in der Hauptsache an:* Jede der beteiligten Stellen muß dafür sorgen, daß die ihr im Zuge der Verbuchung der Eingangsrechnung obliegenden *Arbeiten schnellstmöglich durchgeführt* werden, damit die jeweils nachfolgende Stelle ihre Tätigkeit unverzüglich aufnehmen kann, und sie muß sich dessen bewußt sein, daß es unumgänglich ist, den kurzfristigen Abschluß sicherzustellen und ferner die Regulierung fristgerecht durchzuführen. — Es kommt weiter darauf an, daß, bevor Eingangsrechnungen in den Buchungsgang hineingegeben werden, genau geprüft wird, ob es mit Rücksicht darauf, daß die Verbuchung eine bestimmte Zeit in Anspruch nimmt, im Interesse einer termingemäßen Regulierung nicht geboten ist, die Rechnungen vorab zu regulieren und dann erst zu verbuchen. *Zeitpunkt und Dauer der Verbuchung und Fälligkeitstermin der Eingangsrechnung dürfen sich nicht überschneiden!*

9. Die Verbuchung der Eingangsrechnung nach diesem Verfahren kann *grundsätzlich in Unternehmen jeder Art und Größe* zum Zuge kommen, bei außergewöhnlich großem Rechnungsanfall in etwas abgeänderter Form, jedoch unter Einhaltung der aufgezeigten Grundlinie.

bb) Buchungsablauf

Bei der nun folgenden Darstellung wird *unterstellt*, daß die Hauptabteilung Buchhaltung in die beiden Abteilungen Geschäfts- und Betriebsbuchhaltung untergliedert ist, daß sich erstere aus den Unterabteilungen Bilanz-, Finanz- und Kontokorrentbuchhaltung und letztere aus den Unterabteilungen Anlage- und Lagerbuchhaltung sowie der Abteilung „Betriebsabrechnung" zusammensetzen.

Grundsätzlich ändert sich an dem Buchungsablauf selbstverständlich nichts, wenn in einem Unternehmen eine andere Aufteilung des Arbeitsbereichs

der Buchhaltung gegeben ist, wenn beispielsweise in kleineren Unternehmen überhaupt keine Aufteilung der Buchhaltung in Abteilungen und Unterabteilungen durchgeführt ist. In einem solchen Fall vollzieht sich dann eben der Buchungsablauf nur innerhalb der einen Abteilung „Buchhaltung“ unter Beteiligung der verfügbaren Sachbearbeiter, von denen jedem bei Beachtung einer sinnvollen Arbeitsteilung bestimmte, fest abgegrenzte Aufgaben zugewiesen sind.
Im einzelnen zeigt sich dieses Bild:
Verbuchung der Eingangsrechnung auf dem Kreditorenkonto:
Die endgültig geprüften Eingangsrechnungen werden laufend, möglichst täglich und partieweise, zusammen mit eventuellen Berichtigungsbelegen (Last- und Gutschriftsanzeigen) der Kontokorrentbuchhaltung zugeleitet.— Hier erfolgt ihre Aufteilung auf die zuständigen Kontenführer der Kreditorenpersonenkonten, die jeder Eingangsrechnung die entsprechende Kontenkarte — vgl. Abbildung 41, Seite 148 — beifügen. Rechnungen und Kontenkarten werden den mit der Bedienung der Buchungsmaschinen betrauten Schreibkräften zur Verbuchung übergeben.
Jede Eingangsrechnung wird im Durchschreibeverfahren gleichzeitig *auf den Personenkonten und im Rechnungseingangsjournal* — vgl. Abbildung 42, Seite 150 — in zweifacher Durchschrift gebucht. Rechnungs- und Korrekturbeträge erscheinen auf den Kontenkarten und im besagten Journal getrennt, und zwar untereinander.
Nach erfolgter Verbuchung überprüfen die Kontenführer jede Buchung hinsichtlich etwaiger Buchungsfehler und vermerken auf den Eingangsrechnungen die jeweilige Nummer der Seite des Rechnungseingangsjournals in einem dafür vorgesehenen Stempel — vgl. Abbildung 40 unten —.

GEBUCHT:

Kreditoren ....

Rng.-Eing. Journ.

Seite ....

Abb. 40

Zu erwähnen ist noch, daß, wie oben bereits angedeutet, in der Regel im Interesse einer rationellen Arbeitsgestaltung partieweise gebucht wird. Bis zu ihrer Verbuchung verbleiben die Eingangsrechnungen dann bei den zuständigen Kontenführern, und zwar bewahren diese sie in Spezialordnern (Alphabet-Fächerordnern) auf.

A B C D E F G H I J K L M N O P Q R S Sch St T U V W X Y Z
Soll Gerade Zahlen
Haben: Schräge Zahlen
Konto-Nr.
Seite Nr.
Datum 195
Beleg-Nr
Tageb-Seite
Buchungstext
Sach-konto
Wert
Soll
Haben
Alter Saldo
Neuer Saldo

Abb. 41

Jeweils am Periodenschluß werden der Bilanzbuchhaltung nach vorheriger Abstimmung mit den auf den Personenkonten gebuchten Werten die Verkehrszahlen gemäß Rechnungseingangsjournal zwecks Verbuchung auf dem *Kreditorensachkonto* des Hauptbuches gemeldet.

Durchführung der Gegenbuchung auf dem Rechnungseingangskonto: Die jeweiligen Endsummen der einzelnen Seiten des Rechnungseingangsjournals werden laufend einem Rechnungseingangskonto belastet. Dieses Konto hat den *Charakter eines Zwischenkontos*, eines provisorischen Sammelkontos, und wird in der Bilanzbuchhaltung geführt. Der auf ihm am Ende einer Rechnungsperiode festgestellte Saldo muß zwangsläufig mit der Summe der in der Periode verbuchten Rechnungsbeträge und Berichtigungen übereinstimmen. Dem Rechnungseingangskonto fällt hauptsächlich die *Funktion der Abstimmung* und daneben auch die eben eines Zwischenkontos zu.

Erstellung und Auswertung der Verteilungsbögen: Die nächste Etappe des Buchungsablaufs spielt sich in der Abteilung „Betriebsabrechnung" der Betriebsbuchhaltung ab. Ihr werden die Eingangsrechnungen laufend unmittelbar im Anschluß an ihre Verbuchung im Kontokorrent zusammen mit einer Ausfertigung des Rechnungseingangsjournals zugeleitet. Die Journaldurchschriften erhalten sämtlich eine Allonge, die einen Verteilungsbogen darstellt — vgl. Abbildung 43, Seite 150 —.

Nachdem die vorliegenden Eingangsrechnungen vorher noch einmal hinsichtlich ihrer Kontierung überprüft worden sind, werden ihre Beträge unter Berücksichtigung eventueller Korrekturbeträge — es erfolgt vor der Übernahme Saldierung — aus den Durchschriften des Rechnungseingangsjournals in die entsprechenden Spalten der Verteilungsbögen übernommen. In den einzelnen Spalten erscheinen also nur die Netto-Rechnungsbeträge. — Falls ein Rechnungsbetrag verschiedenen Konten zu belasten ist, findet vor der Übernahme in die Verteilungsbögen eine entsprechende Aufteilung statt.

Die besagten Verteilungsbögen haben eine dreifache Funktion zu erfüllen:

1. Sie dienen als *Grundlage für die Erfassung der Rechnungswerte mit Kostencharakter lediglich nach Kostenarten zum Zwecke der Verbuchung auf den Gegenkonten* (Kostenartenkonten) in der Bilanzbuchhaltung am Schluß der Rechnungsperiode. Diese Erfassung erfolgt in der Weise, daß die in Frage kommenden Beträge am Ende des Abschlußzeitraums nach Kostenarten getrennt aus den Verteilungsbögen mittels Additionsmaschinen auf Additionsstreifen übernommen werden. — Die Summen der einzelnen Kostenarten, je nachdem, welche Kostenartenkonten in der Bilanzbuchhaltung vorgesehen sind, in mehr oder weniger zusammengefaßter Form, werden der Bilanzbuchhaltung gemeldet, also neben und getrennt von den übrigen

Monat ______ 19 ___ **Rechnungseingangs-Journal** Seite _____

Zeile	Datum 19___	Beleg-Nr.	Tageb. Seite	Buchungstext	Sach-konto	Wert	Soll	Haben	Alter Saldo	Neuer Saldo	Zeile
1				Übertrag							1
2											2
3											3
4											4
5											

Abb. 42

Monat ______ 19 ___ **Verteilungsbogen**

Zeile	Betrieb		Eins. Stoffe		R.H. + B. Stoffe		Halbzeug		Fertigerzeugn.		Werksgeräte Reserveteile		Werksgem. Kost.		Verw. Kosten		Verk. Kosten		Anlagen		Verschiedenes		Zeile
	Kto.	DM	Kto.	DM	Kto.	DM	Kto.	DM	Kto.	DM	Kto.	DM	Kto.	DM	Kto.	DM	Kto.	DM	Kto.	DM	Kto.	DM	
1																							1
2																							2
3																							3
4																							4
5																							
6																							

Abb. 43

angefallenen, nicht durch Eingangsrechnungen belegten Kosten. Was mit diesen Zahlen dort geschieht, wird an anderer Stelle noch kurz zu behandeln sein.

Aus den Verteilungsbögen werden ferner die *Rechnungswerte, die neutralen Aufwand darstellen* und abzugrenzen sind, *separat ausgezogen und* am Periodenschluß ebenfalls der Bilanzbuchhaltung *gemeldet*.

2. Die Verteilungsbögen bilden weiterhin eine *wichtige Unterlage für die weitere Kostenrechnung*. Aus ihnen werden am Schluß einer Periode alle Rechnungsbeträge, die Kostencharakter tragen, nach Kostenarten- und -stellen, gegebenenfalls auch nach Kostenträgern getrennt, herausgezogen — ebenfalls wieder mit Hilfe von Additionsmaschinen — und in Sammelbögen, sogenannte „Vorsammler zum Betriebsabrechnungsbogen", übernommen, wo sie mit den übrigen angefallenen Kosten der Periode zusammenstoßen, um mit diesen dann gemeinsam in die Kostenstellen- und -trägerrechnung einzugehen.

3. Schließlich fällt den Verteilungsbögen noch die *Funktion der Abstimmung* zu: Die Quersumme der Endsummen der einzelnen Spalten muß jeweils übereinstimmen mit der Summe der Zahlen, die der Bilanzbuchhaltung am Periodenschluß zwecks Verbuchung auf den Gegenkonten des Hauptbuchs gemeldet worden sind, bei denen es sich einmal um die bereits unter 1. bezeichneten Rechnungswerte mit Kosten- beziehungsweise neutralem Charakter, zum anderen um die Anlage- und Materialzugänge der Periode, soweit sie durch Eingangsrechnungen belegt sind, handelt, die, wie noch darzustellen sein wird, von der Anlage- und Lagerbuchhaltung gemeldet werden.

Ferner kann die Quersumme der Spalten- Endsummen mit dem Saldo des Rechnungseingangskontos in der Bilanzbuchhaltung abgestimmt werden.— Schließlich können Anlage- und Lagerbuchhaltung jeweils die Summe der von ihnen statistisch verbuchten Rechnungswerte mit den entsprechenden Spalten-Endsummen der Verteilungsbögen abstimmen.

Nach der Übernahme der (korrigierten) Rechnungsbeträge in die Verteilungsbögen werden alle Rechnungen, die nicht Belastungen von Material-, Lager- oder Anlagekonten darstellen, wieder der Kontokorrentbuchhaltung zur Verfügung gestellt. Sie scheiden aus dem weiteren Buchungsfluß aus. Die übrigen Eingangsrechnungen werden der Anlage- und Lagerbuchhaltung zur Auswertung übergeben.

Auswertung der Eingangsrechnung durch die Anlage- und Lagerbuchhaltung: Neben den Anlage- und Materialkonten im Hauptbuch der Bilanzbuchhaltung werden als Spezifikation zu diesen noch solche in der Anlage- und Lagerbuchhaltung statistisch geführt. Während auf den Hauptbuchkonten jeweils am Ende der Periode nur summarisch und zudem nur wertmäßig gebucht wird, nehmen die *statistisch geführten Konten*

die Anlage- und Material-Bewegungen im Verlauf der Periode detailliert, ausführlich und vor allem auch mengenmäßig auf.
Die in Frage kommenden Material- und Investitions-Rechnungen nebst etwaigen Korrekturbelegen werden der Lager- beziehungsweise Anlagebuchhaltung zum Zweck der Vereinnahmung der benötigten Angaben in entsprechenden Karteien zugeleitet. — Auch hier werden, bevor die verschiedenen Rechnungsangaben, wie Preise, Frachten, Verpackungskosten, Menge, Lieferanten, Rechnungsnummer und -datum, auf die Karteikarten übernommen werden, die Kontierungsangaben von den zuständigen Sachbearbeitern überprüft. — Es werden jeweils die berichtigten Rechnungswerte übernommen.
Am Schluß der Rechnungsperiode melden Anlage- und Lagerbuchhaltung die im Laufe der Periode verbuchten Anlage- und Material-Zugänge summarisch, und zwar so gegliedert, wie es der Kontengliederung des Hauptbuchs entspricht, und darüber hinaus die „Fremdbezüge" gesondert, der Bilanzbuchhaltung. Die einzelnen Summen der Rechnungsbeträge, die als Zugänge gebucht wurden, werden vorher noch mit der Abteilung „Betriebsabrechnung" anhand der Verteilungsbögen abgestimmt.
Nach der Auswertung der Eingangsrechnungen in der dargestellten Weise werden diese laufend wieder der Kontokorrentbuchhaltung zur Verfügung gestellt. — Von Wichtigkeit ist, daß die der Anlage- und Lagerbuchhaltung zufallenden, im vorstehenden aufgezeigten Arbeiten ohne Verzögerung erledigt werden, damit die *Rückgabe der Eingangsrechnungen so kurzfristig wie möglich* erfolgen kann. Die statistische Verbuchung der Rechnungen soll laufend geschehen. Das gilt auch für die Abteilung „Betriebsabrechnung".
Auflösung des Rechnungseingangskontos: *Am Schluß der Rechnungsperiode liegen der Bilanzbuchhaltung unter anderem folgende Zahlen vor:*
1. Die entsprechend der Hauptbuchkontengliederung *nach Kostenarten aufgeteilte Summe der angefallenen Kosten*, entstanden durch Fremdbezug von Gütern und Dienstleistungen außenstehender Unternehmen, gemeldet von der Abteilung „Betriebsabrechnung" auf Grund der Verteilungsbögen.
2. Die *Summe der abzugrenzenden Rechnungsbeträge* unter Berücksichtigung von Berichtigungen, entsprechend der Kontengliederung unterteilt, gemeldet von der Abteilung „Betriebsabrechnung" auf Grund der Verteilungsbögen.
3. Die *Summen der Anlage- und Material-Zugänge* der Periode, soweit diese durch Eingangsrechnungen belegt sind, untergliedert in Anlehnung an die Hauptbuchkonten, gemeldet von der Anlage- beziehungsweise Lagerbuchhaltung unter Heranziehung der entsprechenden Karteien.
Die Auflösung des Rechnungseingangskontos geschieht in der Weise, daß dieses Konto zu Lasten der in Frage kommenden Hauptbuchkonten erkannt wird. Der entsprechende *Buchungssatz* lautet:

Per folgende Konten an Rechnungseingangskonto:
Verschiedene *Kostenartenkonten*,
verschiedene *Abgrenzungskonten*,
verschiedene *Anlagekonten*,
verschiedene *Materialkonten*.

Nach Vornahme dieser Buchung darf das Rechnungseingangskonto am Schluß der Periode *keinen Saldo* mehr aufweisen. — Die Abstimmungsfunktion dieses Kontos ist somit deutlich erkennbar.

Weiterer Fluß der Rechnungswerte: In Anlehnung an das, was im 1. Hauptteil dieser Arbeit — vgl. die Ausführungen Seite 42 ff. unter VII. über „Die Eingangsrechnung im Wertefluß des industriellen Unternehmens" — ausgeführt wurde, soll hier kurz noch angedeutet werden, *auf welchen Konten des Hauptbuchs sich die Rechnungswerte am Schluß der Rechnungsperiode endgültig niederschlagen und welche Buchungen dazu geführt haben.*

Die *Rechnungswerte, die Anlage-Zugänge darstellen*, verbleiben größtenteils auf den entsprechenden Anlagekonten und werden in die Bilanz, sofern eine solche aufgestellt wird, übernommen. Soweit auf sie bereits abgeschrieben worden ist, geht ein Teil der Anlage-Zugänge bereits in die Kostenrechnung ein und wird zu diesem Zweck von der Abt. „Betriebsabrechnung" übernommen. Die Buchungen lauten: Per Konto „Buchhalterische Abschreibungen" (Kl. 2) an Anlagekonten (Kl. 0) und per Kostenartenkonten (Kl. 4) an Konto „Kalkulatorische Abschreibungen" (Kl. 2). Die letztere Buchung erfolgt auf Grund einer Meldung der Abteilung „Betriebsabrechnung". Falls die buchhalterischen die kalkulatorischen Abschreibungen übersteigen, ist ein Teil der Rechnungswerte auf dem Gewinn- und Verlustkonto als neutraler Aufwand zu finden. Die entsprechenden Buchungen dazu lauten: Per Abgrenzungssammelkonto (Kl. 9) an Konto „Buchhalterische Abschreibungen" (Kl. 2) und per Konto „Kalkulatorische Abschreibungen" (Kl. 2) an Abgrenzungssammelkonto (Kl. 9), ferner per Gewinn- und Verlustkonto (Kl. 9) an Abgrenzungssammelkonto (Kl. 9).

Die auf den Abgrenzungskonten verbuchten Rechnungswerte werden bei Aufstellung einer Bilanz entweder auf ein „Transitorisches Konto" übernommen. Die Buchung dazu lautet: Per Konto „Transitorische Aktiva" (Kl. 0) an diverse Abgrenzungskonten (Kl. 2). Oder ein Teil von ihnen wird über Abgrenzungssammelkonto auf das Gewinn- und Verlustkonto verbucht. Die entsprechenden Buchungen lauten dann: Per Abgrenzungssammelkonto (Kl. 9) an diverse Abgrenzungskonten (Kl. 2) und per Gewinn- und Verlustkonto (Kl. 9) an Abgrenzungssammelkonto (Kl. 9).

Mit den *Rechnungswerten, bei denen es sich um Material-Zugänge handelt*, wird ähnlich verfahren wie mit den Anlage-Zugängen. Ein Teil von ihnen verbleibt auf den entsprechenden Materialkonten des Hauptbuchs und geht gegebenenfalls in die Bilanz ein. Soweit aber bereits Entnahmen von neu zugegangenem Material stattgefunden haben, werden die betreffenden Rechnungswerte über die Materialentnahmescheine von der Abteilung „Betriebsabrechnung“ in die Kostenrechnung übernommen. Die Entnahmen werden der Bilanzbuchhaltung ebenfalls gemeldet. Darauf wird von dieser gebucht: Per Kostenartenkonten (Kl. 4) an diverse Materialkonten (Kl. 3). Falls es sich bei den Entnahmen um neutralen Aufwand handelt, wird auf Mitteilung der Abteilung „Betriebsabrechnung“ hin im Hauptbuch gebucht: Per Abgrenzungskonten (Kl. 2) an Materialkonten (Kl. 3); die weitere Verbuchung dieser Rechnungswerte erfolgt in der bereits dargestellten Weise.

Alle Rechnungswerte, die am Schluß der Rechnungsperiode auf die Kostenartenkonten des Hauptbuchs übernommen worden sind, sei es im Zuge der Auflösung des Rechnungseingangskontos oder der getrennten Verbuchung der Abschreibungen, Materialentnahmen und so weiter, werden durch folgende *Abschlußbuchungen*, wozu wiederum die Abteilung „Betriebsabrechnung“ die entsprechenden im Zuge der Kostenrechnung ermittelten Unterlagen zur Verfügung stellt, unter Durchführung verschiedener Zwischenbuchungen weitergewälzt:

Per folgende Konten an diverse Kostenartenkonten:

Konten der *Halbfertigen* (Kl. 7),
Konten der *Fertigerzeugnisse* (Kl. 7),
Konten der *innerbetrieblichen Leistungen* (Kl. 7),
Verkaufskonten (Kl. 8) und
Gewinn- und Verlustkonto (Kl. 9) bei Kostenunterdeckung.

Falls die Aufstellung einer *Bilanz* vorgesehen ist, münden letztlich die Rechnungswerte wieder in ihr, sei es als Bestände, sei es über die Verkaufserlöse als Forderungen oder bare Mittel einschließlich deren Surrogate.

b) Verbuchung nach dem Schuppenbeleg-Verfahren

aa) Wesentliche Verfahrensmerkmale

1. Die *Verbuchung* erfolgt *grundsätzlich erst nach der Prüfung* der Eingangsrechnung.
2. Brutto-Rechnungsbeträge und etwaige Berichtigungen werden auf dem Kreditorenkonto separat, auf den Gegenkonten saldiert verbucht: *Gemischtes Brutto-Netto-Prinzip.*
3. *Für jede Eingangsrechnung und jede Berichtigung wird ein Schuppenbeleg in mehrfacher Ausfertigung erstellt*, von denen aus ins Kontokorrent — neben dem Kreditorensachkonto werden wiederum Personenkonten geführt, die laufend in Anspruch genommen werden — und auf die in Frage kommenden Gegenkonten (in Form von Sammelbuchungen) gebucht wird. Die

Eingangsrechnungen selbst scheiden nach Erstellung der Schuppenbelege aus dem Buchungsgang aus.

4. Die *Gegenbuchungen zu den Kontokorrentbuchungen* werden zunächst *über ein Lieferersammelkonto auf einem Sammelkonto „Betrieb“* vorgenommen, das am Schluß der Rechnungsperiode, nach betriebsbuchhalterischer Auswertung der Schuppenbelege im Zuge der Kostenrechnung und ihrer statistischen Auswertung durch die Führer der Anlage- und Lagerkarteien, zu Lasten der entsprechenden Hauptbuchkonten wieder aufgelöst wird.

5. Die *Ausfertigung der Schuppenbelege* geschieht *mit Hilfe von normalen Schreibmaschinen*, kann aber auch von Hand erfolgen. Die *Verbuchung* auf dem Kreditorenkonto, dem Lieferersammelkonto, dem Sammelkonto „Betrieb“ sowie den Hauptbuchkonten wird *unter Verwendung von Buchungsmaschinen*, die *Auswertung* der Schuppenbelege durch die Sachbearbeiter *für die Kostenrechnung und* die Führer der *Anlage- und Lagerkarteien von Hand* unter Einsatz von Additionsmaschinen vorgenommen.

6. Dieses Buchungsverfahren ist infolge der Erstellung der Schuppenbelege mit einem *erheblichen Papier- und Arbeitsaufwand* verbunden, der um so größer wird, je umfangreicher der Rechnungsanfall in einem Unternehmen ist. Grundsätzlich kann das Verfahren in jedem Unternehmen durchgeführt werden. Großunternehmen werden sich jedoch in der Regel nach einem einfacheren und wirtschaftlicheren Verfahren umsehen.

7. Durch die Einschaltung der Schuppenbelege in den Buchungsgang ist die Möglichkeit gegeben, daß *alle* an der Verbuchung der Eingangsrechnung *beteiligten Stellen oder Sachbearbeiter* und auch diejenigen, die die Regulierung durchzuführen haben — denn auch der Regulierung werden Schuppenbelege zugrunde gelegt —, *unabhängig voneinander tätig werden können*, ohne daß die eine Stelle auf die andere oder der eine Sachbearbeiter auf den anderen warten muß und ohne daß sich Überschneidungen ergeben.

8. Die *Schuppenbelege*, die im übrigen alle für die Beteiligten wissenswerten Angaben beinhalten, *können* von diesen nach ihrer Auswertung *zurückbehalten werden.* So lassen sich beispielsweise die Schuppenbelege, die für die Kostenrechnung von Interesse und deren Werte in diese eingegangen sind, von den zuständigen Sachbearbeitern periodenweise zusammen mit den übrigen Belegen (Arbeitskarten, Materialentnahmescheinen und anderen) nach Kostenarten und -stellen ablegen, was unter Umständen für eine spätere Auswertung insofern von Vorteil sein kann, als man bei Bedarf nicht erst auf die Originalrechnungen zurückzugreifen braucht.

9. Das nunmehr im einzelnen darzustellende Buchungsverfahren *birgt zwangsläufig zusätzliche Fehlerquellen in sich:* Einmal können bei Erstellung der Schuppenbelege fehlerhafte Übertragungen der Rechnungsangaben vorkommen, und zum anderen ist es denkbar, daß Schuppenbelege in den Buchungsgang gelangen, hinter denen überhaupt keine Eingangsrechnungen

oder aber solche anderen, abweichenden Inhalts stehen. — Es muß daher besonderer Wert darauf gelegt werden, daß bei der Ausfertigung der Schuppenbelege größte Sorgfalt walten gelassen wird und diese vor ihrer weiteren Auswertung genauestens auf Fehler hin überprüft werden, daß ferner die Erstellung der Belege möglichst von einer neutralen Stelle besorgt wird und daß schließlich Abstimmungsmöglichkeiten geschaffen werden, mit deren Hilfe kurzfristig das Einschleusen nicht durch Eingangsrechnungen oder nicht entsprechende Eingangsrechnungen abgedeckter Belege in den Buchungsgang aufgespürt werden kann.

bb) Buchungsablauf

Der folgenden Darstellung liegt die Annahme zugrunde, daß das zu behandelnde Buchungsverfahren in einem kleineren industriellen Unternehmen Anwendung findet, in dem eine Aufgliederung der Buchhaltung in Abteilungen und Unterabteilungen, wie dies bei der Darstellung des Buchungsverfahrens unter *a)* unterstellt war, nicht gegeben ist. Die der Buchhaltung zur Verfügung stehenden Sachbearbeiter, Hilfspersonen und Schreibkräfte teilen sich in den Arbeitsanfall unter Beobachtung einer funktionellen Arbeitsteilung. Die einzelnen Sachgebiete sind genau abgegrenzt. — Selbstverständlich kann das Buchungsverfahren auch in Unternehmen zum Zuge kommen, deren Buchhaltung ähnlich wie im Fall *a)* eine weitgehende Abteilungsuntergliederung aufweist.

Es wird weiterhin das Vorhandensein einer Rechnungsprüfstelle angenommen.

Und nun zum Ablauf selbst:

Erstellung der Schuppenbelege: Ausgangspunkt dieses Buchungsverfahrens bildet die Erstellung der Schuppenbelege. Sie erfolgt in der Weise, daß jede Eingangsrechnung nach ihrer Prüfung von der Rechnungsprüfstelle in ein *Eingangsrechnungsbuch* eingetragen wird. Bei dieser Gelegenheit werden die besagten Belege in noch näher darzustellender Form erstellt. Das Eingangsrechnungsbuch wird rein statistisch in Lose-Blatt-Form geführt, und zwar gelangt ein *besonders ausgearbeiteter Vordrucksatz* zur Anwendung — vgl. Abbildung 44, nach Seite 156. Die Originalblätter dieses Vordrucksatzes werden jeweils am Schluß einer Periode komplettiert und ergeben das Eingangsrechnungsbuch, während die Durchschriften in dreifacher und dazu verschiedenfarbiger Ausfertigung sich in Schuppenbelege auflösen lassen, die, wie folgt, Verwendung finden sollen:

1. *Die gelben Schuppen* sind für die Verbuchung auf dem Kreditorenkonto bestimmt.
2. *Die grünen Schuppen* sollen als Unterlage für die Kostenrechnung und die statistische Verbuchung auf den Anlage- und Lagerkonten dienen.

Additional material from *Die Eingangsrechnung im industriellen Unternehmen,* 978-3-663-19959-5 (978-3-663-19959-5_OSFO1), is available at http://extras.springer.com

3. *Die roten Schuppen* werden zur Regulierung an Stelle der Originalrechnungen herangezogen, sind daher in diesem Zusammenhang ohne Interesse.

Die Eintragung der Eingangsrechnungen in das Eingangsrechnungsbuch geschieht jeweils unmittelbar im Anschluß an die Prüfung und unter fortlaufender Numerierung, die zu Beginn einer Rechnungsperiode neu einsetzt. Die Nummern werden auf die Eingangsrechnungen zweckmäßig unter Verwendung eines automatischen Nummernstempels übernommen. In Unternehmen, in denen dieses Verfahren zur Anwendung gelangt, kann — und muß sogar — die Numerierung anläßlich der Eintragung der Eingangsrechnungen in ein Rechnungskontrollbuch oder bei sonstiger Gelegenheit unterbleiben — vgl. hierzu die Ausführungen Seite 74 ff. unter 3. und 4.

In das Eingangsrechnungsbuch und damit auf die Schuppenbelege werden alle die Rechnungsangaben übernommen, die von der Buchhaltung benötigt werden, um ohne die Originalrechnungen auskommen zu können. Die einzelnen Angaben können der Abbildung 44, nach Seite 156, entnommen und brauchen daher nicht im einzelnen besprochen zu werden.

Neben den eingegangenen Rechnungen werden auch eventuelle *Berichtigungen getrennt* in das Eingangsrechnungsbuch eingetragen, so daß auch für sie besondere Schuppen erstellt werden. Auch die Eintragung der Korrekturen erfolgt unter fortlaufender Numerierung, und zwar in der Weise, daß sie jeweils die Nummern der dazugehörigen Eingangsrechnungen unter Beifügung eines Indexes (zum Beispiel a, b, c, . . .) erhalten. Im Zuge der Verbuchung der Eingangsrechnung nach dem gemischten Brutto-Netto-Prinzip wird in den Fällen, in denen an Eingangsrechnungen Korrekturen vorgenommen und somit sowohl über die Brutto-Rechnungsbeträge als auch über die Korrekturbeträge Schuppen ausgestellt worden sind, mit den grünen Schuppen, also denjenigen, die als Unterlage für die Kostenrechnung und die Verbuchung (statistisch) auf den Anlage- und Lagerkonten bestimmt sind, so verfahren, daß die Schuppenbelege mit den Korrekturbeträgen vernichtet und diejenigen mit den Brutto-Rechnungsbeträgen entsprechend berichtigt werden und alsdann jeweils den saldierten, berichtigten Rechnungsbetrag aufweisen. Die gelben, für die Kontokorrentbuchungen vorgesehenen Schuppenbelege bleiben dagegen unverändert.

Da auch gegebenenfalls über Berichtigungen an Eingangsrechnungen Schuppenbelege ausgefertigt werden, erübrigt sich die sonst erforderliche Erstellung besonderer Buchungsbelege — vgl. Seite 115 ff. Diese kann also trotz Befolgung des Brutto-Netto-Prinzips unterbleiben. Die Benachrichtigung der Rechnungsaussteller von vorgenommenen Berichtigungen bleibt jedoch unberührt. Zweckmäßig erfolgt diese unter Verwendung einer vorgedruckten Mitteilungs-Postkarte — vgl. Abbildung 39, Seite 126.

Auf *eine Besonderheit* ist ferner noch hinzuweisen: Sofern, was sehr häufig vorkommt, ein Rechnungsbetrag mehreren Konten (Anlage-, Lager-, Kostenartenkonten) zu belasten ist, werden die einzelnen Teilbeträge getrennt in das Eingangsrechnungsbuch eingetragen — wobei jede Eintragung die Nummer der entsprechenden Eingangsrechnung unter Beifügung eines Indexes erhält —, so daß für jedes Konto ein Schuppenbeleg mit dem dafür in Frage kommenden Teilbetrag erstellt wird. Da eine derartige Aufteilung für die Kontokorrentbuchungen ohne Interesse ist, werden die gelben, also die Kontokorrent-Schuppen, sämtlich bis auf eine vernichtet, auf der der ursprüngliche Rechnungsbetrag (unaufgeteilt) an Stelle des Teilbetrages vermerkt wird.

Die im Eingangsrechnungsbuch statistisch verbuchten Rechnungs- und Korrekturbeträge werden Seite für Seite jeweils unter Berücksichtigung des Übertrages der vorherigen Seite addiert, so daß sich am Schluß der Rechnungsperiode genauestens nachweisen läßt, über welchen Gesamtbetrag an die Buchhaltung Schuppenbelege weitergegeben und von dieser verarbeitet wurden. *Das Eingangsrechnungsbuch bietet also eine ausgezeichnete Möglichkeit, die Abstimmung mit der Buchhaltung herbeizuführen.*

Nach der Eintragung der Eingangsrechnungen und Berichtigungen in das Eingangsrechnungsbuch werden die erstellten Schuppenbelege laufend der Buchhaltung zugeleitet, getrennt entsprechend ihrer Farbe und damit ihrer in Aussicht genommenen unterschiedlichen Auswertung.

Vor der Auflösung der Vordrucksätze und der Weiterleitung der Belege haben jedoch eine genaueste Überprüfung der gemachten Eintragungen im Wege eines Vergleichs mit dem Inhalt der eingetragenen Rechnungen sowie deren Zahlungsanweisung unter Vorlage der besagten Vordrucksätze Platz zu greifen, um unter allen Umständen zu vermeiden, daß der Buchhaltung Belege falschen Inhalts zugestellt werden und in den Buchungsgang eingehen. — Die Eingangsrechnungen selbst können zur Ablage weitergeleitet werden.

Es besteht selbstverständlich *keine Notwendigkeit*, *die Führung des Eingangsrechnungsbuches* und damit die Erstellung der Schuppenbelege *in die Hände der Rechnungsprüfstelle zu legen.* An deren Stelle kann auch beispielsweise die Buchhaltung selbst treten. Einmal — und vor allem — der neutrale Charakter der Rechnungsprüfstelle und zum anderen der Umstand, daß die Buchhaltung zu leicht überlastet wird, sprechen dafür, daß die besagten Arbeiten der Rechnungsprüfstelle übertragen werden. Diese wird dadurch gegenüber der Buchhaltung in vorbereitendem und unterstützendem Sinne tätig, indem sie für eine Vereinheitlichung der Belege sorgt, die Aufteilung von Rechnungsbeträgen vornimmt, den meist unübersichtlichen Rechnungsinhalt auf engstem Raum komprimiert, der Buchhaltung Belege mit stets gleichbleibender Druckanordnung vorlegt und anderes.

Aufteilung der Schuppenbelege auf die zuständigen Sachbearbeiter in der Buchhaltung: Die im Verlaufe einer Rechnungsperiode der Buchhaltung zugestellten Schuppenbelege werden so, wie sie laufend eintreffen, folgendermaßen auf die zuständigen Sachbearbeiter aufgeteilt:

1. *Die gelben Schuppen* werden dem oder den Kontenführer(n) der Kreditorenpersonenkonten vorgelegt.
2. *Die grünen Schuppen*, soweit sie Anlage- oder Materialkonten betreffen, werden den mit der Führung der Anlage- und Lagerkarteien beauftragten Sachbearbeitern zur Verfügung gestellt und, soweit sie als Unterlage für die Kostenrechnung bestimmt sind oder abzugrenzende Rechnungswerte aufweisen, den Sachbearbeitern, die die Kostenrechnung abzuwickeln haben, übergeben.

Sämtliche beteiligten Sachbearbeiter haben nunmehr die Möglichkeit, vollkommen unabhängig voneinander die Auswertung der Belege vorzunehmen, die nun im folgenden noch kurz darzustellen ist.

Von den Schuppenbelegen ins Kontokorrent: Die Verbuchung der Eingangsrechnung auf den Kreditoren-Personenkonten wird unmittelbar von den gelben Schuppenbelegen aus vorgenommen. Es ist Sache des oder der Kontenführer(s), die Belege einschließlich derjenigen über Berichtigungen firmenweise zu ordnen und die entsprechenden Kontenkarten beizufügen. Das einheitliche Format der Belege erleichtert das Sortieren erheblich.

Es wird im Verlauf einer Periode mehrmals gebucht, und zwar immer dann, wenn eine bestimmte Mindestmenge an Belegen vorliegt, die ein rationelles Arbeiten ermöglicht. Die Kontenführer müssen anstreben, die Konten möglichst tagfertig zu haben, damit diese bei Bedarf jederzeit zur Auskunftserteilung herangezogen werden können. — Bis zur Verbuchung werden die Schuppenbelege bei dem (den) zuständigen Sachbearbeiter(n) unter Verwendung von Alphabet-Fächerordnern vorübergehend abgelegt.

Zur technischen Durchführung der Verbuchung unter Einsatz von Buchungsmaschinen, die zweckmäßig möglichst Schreibkräften übertragen wird, um die Sachbearbeiter mit ihren Fähigkeiten entsprechenden wichtigeren Arbeiten betrauen zu können, ist nichts Wesentliches zu bemerken. Sie geschieht in der Weise, daß die Angaben der Schuppenbelege auf die in Frage kommenden Kontenkarten der Lieferanten übernommen werden, wobei in *Durchschrift auf ein Lieferersammelkonto*, das dem Rechnungseingangsjournal ähnelt — vgl. Abbildung 42, Seite 150 — gebucht wird. Dieses Konto hat in erster Linie Abstimmungsfunktion.

Jeweils nach Verbuchung einer Belegpartie überprüfen die Kontenführer die Richtigkeit der durchgeführten Buchungen. — Die Schuppenbelege werden periodenweise und weiter nach Beleg-(Rechnungs-)nummern geordnet abgelegt. Nach Ablauf eines Geschäftsjahres etwa, wenn keinerlei Rückfragen mehr in Aussicht stehen, kann ihre Vernichtung erfolgen. Auf die Eingangsrechnungen als Grundbelege kann erforderlichenfalls jederzeit noch zurückgegriffen werden.

Am Schluß jeder Periode werden die Endsummen des besagten Lieferersammelkontos durch den zuständigen Hauptbuchkontenführer auf das Kreditorensachkonto übernommen.

Zwischenbuchung auf dem sogen. Sammelkonto „Betrieb“: Die im Verlaufe einer Rechnungsperiode auf dem Lieferersammelkonto verbuchten Rechnungs- und Korrekturbeträge werden am Ende der Periode in einer Summe dem Sammelkonto „Betrieb“ belastet, das von den Kontenführern der Hauptbuchkonten geführt wird. Mit dieser Buchung wird das Lieferersammelkonto ausgeglichen. Die auf das Sammelkonto „Betrieb“ übernommene *Endsumme ist abstimmbar* einmal mit der Summe der Rechnungsbeträge, die auf Grund der grünen Schuppenbelege auf die statistisch geführten Anlage- und Lagerkonten übernommen worden oder in die Kostenrechnung eingegangen oder schließlich abgegrenzt worden sind, und zum anderen mit der Endsumme des Eingangsrechnungsbuches der Rechnungsprüfstelle, worauf an anderer Stelle noch einmal zurückzukommen ist. — Auch die Auflösung dieses Sammelkontos „Betrieb“ wird später noch aufzuzeigen sein.

Der Vollständigkeit halber sei noch erwähnt, daß das Sammelkonto „Betrieb“ als ein ausgesprochenes Zwischenkonto nicht nur die Werte der Eingangsrechnungen übernimmt, sondern darüber hinaus auch als *Gegenkonto für alle Buchungen zu Lasten oder zu Gunsten des Betriebes oder der Betriebe* fungiert, die die betriebliche Tätigkeit ausgelöst hat. Die Bezeichnung „Zwischenkonto“ besagt schon, daß die auf ihm verbuchten Werte nur vorübergehend dort verbleiben. So wird das Sammelkonto „Betrieb“ beispielsweise am Schluß des Abrechnungszeitraums nach vorheriger Sammlung und Aufbereitung aller in Frage kommenden Belege (Arbeitskarten, Materialentnahmescheine, interner Buchungsbelege) in Form von Sammelbuchungen zu Gunsten der entsprechenden Hauptbuchkonten (Roh-, Hilfs- und Betriebsstoffe (Kl. 3), Konto der Halbfertigen (Kl. 7), „Verrechnete Löhne und Gehälter“ (Kl. 2), „Kalkulatorische Kosten“ (Kl. 2) und anderer mit dem Verbrauch an Materialien, mit den Kosten der in die laufende Produktion eingegangenen Halbfertigen, mit den angefallenen Löhnen und Gehältern, mit den verrechneten kalkulatorischen Kosten und anderen belastet. Auch während der Periode werden mitunter Belastungen des Sammelkontos „Betrieb“, beispielsweise zu Gunsten eines Finanzkontos vorgenommen — Beispiel: Kauf von Kleinwerkzeugen gegen bar (Verbuchung ohne Kontokorrent). Die *Funktion* dieses Kontos ist, um es noch einmal herauszustellen, lediglich die *des Sammelns und der Abstimmung.*

Übernahme der Rechnungswerte in die Anlage- und Lagerkarteien: Als Spezifikation zu den entsprechenden Anlage- und Materialkonten des Hauptbuches werden noch Anlage- und Lagerkarteien geführt. Die in Frage kommenden, von der Rechnungsprüfstelle vorher aussortierten grünen Schuppenbelege werden den zuständigen Sachbearbeitern laufend zur Verfügung gestellt und von diesen in der Weise ausgewertet, daß die auf den Belegen vermerkten Angaben nach vorheriger Sortierung entsprechend den auf den Belegen angegebenen Konten in die betreffenden Karteien übernommen werden. Anschließend verbleiben die Schuppenbelege bei den Sachbearbeitern und werden periodenweise und innerhalb derselben nach Belegnummern oder entsprechend der Kontierung abgelegt. Am Schluß eines jeden Geschäftsjahres können sie der Registratur übergeben werden. Auch ohne Inanspruchnahme der Belege kann jederzeit bei Bedarf auf die Originalrechnungen zurückgegriffen werden, und zwar über die in den Karteien festgehaltenen Beleg-(Rechnungs-)Nummern.

Am Periodenschluß werden die Endsummen der Anlage- und Material-Zugänge anhand der Karteien ermittelt und einmal mit den durch Addition der Beträge der Schuppenbelege festgestellten Endsummen und zum anderen im Zuge einer Gesamtabstimmung mit dem vom Lieferersammelkonto auf Sammelkonto „Betrieb" übernommenen Endbetrag sowie demjenigen laut Eingangsrechnungsbuch der Rechnungsprüfstelle abgestimmt.

Weiterhin melden die zuständigen Sachbearbeiter dem Führer der Hauptbuchkonten am Schluß der Rechnungsperiode unter anderem die Summe der Anlage- und Material-Zugänge, und zwar so gegliedert, wie dies die Hauptbuchkontengliederung erfordert, und unter Herausstellung derjenigen, die auf Fremdbezug zurückgehen.

Verwendung der Schuppenbelege für die Kostenrechnung: Alle grünen Schuppenbelege, welche Rechnungsbeträge aufweisen, die in die Kostenrechnung eingehen oder aber, weil es sich bei ihnen um neutralen Aufwand handelt, abgegrenzt werden sollen, werden laufend den mit der Abwicklung der Kostenrechnung betrauten Sachbearbeitern zugeleitet. *Ihre Auswertung erfolgt aber erst am Schluß der Rechnungsperiode*, nachdem die letzte Eingangsrechnung von der Rechnungsprüfstelle in das Eingangsrechnungsbuch eingetragen worden ist, wenn also auch die letzte Schuppe vorliegt. — Schuppenbelege mit abzugrenzenden Rechnungsbeträgen werden ausgesondert und getrennt verarbeitet.

Alle übrigen Belege, die also Kostenbelege darstellen, werden entsprechend der auf ihnen vermerkten Kontierung nach Kostenstellen und -trägern und darüber hinaus nach Kostenarten sortiert. Zu Abstimmungszwecken wird zunächst die Endsumme aller Rechnungsbeträge ermittelt. — Vgl. dazu die Ausführungen weiter oben!

Als nächster Arbeitsgang schließt sich die Übernahme der Beträge der vorliegenden Schuppenbelege nebst den auf ihnen vermerkten Kontenangaben auf sogenannte „Zehn-Felder-Blätter“ — vgl. Abbildung 45, Seite 163 — an, zweckmäßig unter Einsatz von Additionsmaschinen. Auf jedem Teilblatt der „Zehn-Felder-Blätter“ erscheint jeweils nur eine Kostenstelle oder ein Kostenträger, sowie immer nur eine Kostenart, um im Zuge der sich anschließenden Kostenrechnung das Sortieren und Zusammenfassen zu erleichtern. Mit der Erstellung der „Zehn-Felder-Blätter“ scheiden die Schuppenbelege aus dem weiteren Arbeitsprozeß aus. Sie werden nach Abschluß der Kostenrechnung, nach Kostenstellen- und -trägern und innerhalb deren nach Kostenarten getrennt, zusammen mit den übrigen Belegen (Arbeitskarten, Materialentnahmescheinen und anderen) periodenweise abgelegt. Auf die Möglichkeit, im Rahmen der Kostenauswertung zum Beispiel jederzeit auf sie zurückgreifen zu können, wurde bereits an anderer Stelle hingewiesen.

Über die „Zehn-Felder-Blätter“ gelangen die Rechnungswerte nunmehr in die Kostenarten-, -stellen- und -trägerrechnung, die auf statistischem Wege abgewickelt wird und auf die hier nicht näher eingegangen werden soll. Nach Durchführung der Kostenrechnung werden dem Führer der Hauptbuchkonten sämtliche in der abgelaufenen Periode angefallenen Kosten, entsprechend der im Hauptbuch vorgesehenen Kontengliederung nach Kostenarten getrennt, gemeldet. In den zur Meldung gelangenden Endbeträgen sind unter anderem die Rechnungswerte enthalten und als solche summarisch in der Meldung herausgestellt. — Die von der Kostenrechnung ferngehaltenen Rechnungsbeträge, bei denen es sich um neutralen Aufwand handelt, werden ebenfalls, aber separat summarisch unter Berücksichtigung der in Kontenklasse 2 vorgesehenen Kontengliederung dem Hauptbuchkontenführer zur Verbuchung gemeldet.

Auflösung des Sammelkontos „Betrieb“: Der Auflösung des Sammelkontos „Betrieb“ am Schluß des Abrechnungszeitraums geht eine *Abstimmung* des auf ihm verbuchten Endbetrages des Lierferersammelkontos mit der Endsumme des Eingangsrechnungsbuches der Rechnungsprüfstelle einerseits und mit der Summe der von den Führern der Anlage- und Lagerkarteien (Neuzugänge der Periode an Anlagegegenständen und Materialien durch Fremdbezug) sowie der von den für die Kostenrechnung zuständigen Sachbearbeitern (in die Kostenrechnung übernommene und abgegrenzte Rechnungsbeträge) gemeldeten Endzahlen andererseits voraus. — Dies ist Sache des Hauptbuch-Kontenführers.

Letzterer nimmt anschließend auch die Auflösung des Sammelkontos „Betrieb“ in der Weise vor, daß dieses auf Grund der vorliegenden Abschlußmeldungen, auf die im vorstehenden bereits hingewiesen wurde, *zu Lasten folgender Konten erkannt* wird:

38 Fremdware	38 Fremdware
38 Fremdware	38 Fremdware
38 Fremdware	38 Fremdware
38 Fremdware	38 Fremdware
38 Fremdware	38 Fremdware

Abb. 45

1. *Anlagekonten* (Kl. 0) — fremdbezogene Neuzugänge an Anlagegegenständen,
2. *Materialkonten* (Kl. 3) — fremdbezogene Neuzugänge an Materialien verschiedenster Art,
3. *Kostenartenkonten* (Kl. 4) — gesamter Kostenanfall der Periode,
4. *Abgrenzungskonten* (Kl. 2) — neutraler Aufwand.

Auf dem Sammelkonto „Betrieb" verbleibt nun noch ein *Saldo*, bei dem es sich um den *Wert der Halbfabrikate* handelt, die vom Lager genommen wurden und in die Produktion eingegangen sind und mit deren Wert das besagte Konto belastet wurde — vgl. hierzu die Ausführungen an früherer Stelle auf Seite 160. *Bis auf diesen Saldo*, der im Zuge der im folgenden noch kurz anzudeutenden Abschlußbuchungen auch verschwindet, muß das *Sammelkonto „Betrieb"* nach Durchführung obiger Buchung *ausgeglichen* sein.

Abschlußbuchungen: Unter Zugrundelegung der Ergebnisse der statistisch durchgeführten Kostenrechnung hat der Hauptbuchkontenführer nunmehr noch folgende Buchungen durchzuführen:

Die *Konten der Klasse 7* (Halbfertige, Fertigerzeugnisse und zu aktivierende innerbetriebliche Leistungen), die *Konten der Klasse 8* (Herstellkosten der bereits verkauften Erzeugnisse und Vertriebskosten) *und das Gewinn- und Verlustkonto* (im Falle der Kostenunterdeckung) werden unter Verzicht auf die Konten der Klasse 5, soweit diese überhaupt in Frage kommen, *zu Gunsten der Kostenartenkonten der Klasse 4, des Sammelkontos „Betrieb"* (Ausgleich des Saldos = Kosten der in die Produktion eingegangenen Halbfabrikate) *und der Fertigfabrikatekonten der Klasse 7* (Übernahme der Herstellkosten der vom Lager genommenen und verkauften Erzeugnisse auf die Verkaufskonten der Klasse 8) *belastet.* Damit sind die Kostenartenkonten und auch das Sammelkonto „Betrieb" ausgeglichen und die entsprechenden Konten des Hauptbuches auf den richtigen Stand gebracht.

Die auf den Abgrenzungskonten der Klasse 2 verbuchten Beträge werden entweder auf das Gewinn- und Verlustkonto oder in die Bilanz als transitorische Posten übernommen.

Wenn die im vorstehenden dargestellten Buchungen sich auch nicht ausschließlich auf die Rechnungswerte erstrecken, weil diese bereits größtenteils mit anderen Werten zusammengeflossen sind, so sollte auf sie im Interesse der Abrundung der Darstellung des Buchungsablaufs doch nicht ganz verzichtet werden, wie ja auch die Darstellung des Buchungsverfahrens auf Seite 145 ff. unter *a)* in diesem Sinne abgeschlossen wurde.

Es braucht nicht besonders darauf hingewiesen zu werden, daß *die angeführten Buchungen keinen Anspruch auf Vollständigkeit erheben können*, da das einen zu breiten Raum in Anspruch nehmen würde. Es wurden vielmehr *lediglich die Hauptbuchungen herausgegriffen*, um durch sie den Buchungsfluß mehr schematisch zu umreißen.

c) Hollerithmäßige Verbuchung

Es sei vorausgeschickt, daß *das im folgenden zu behandelnde Buchungsverfahren auch in etwas abgeänderter Form,* die vielfach in der Praxis anzutreffen ist, *denkbar* ist, und zwar wie folgt: Die Verbuchung der Eingangsrechnung auf dem Kreditorenkonto erfolgt von der Originalrechnung aus mittels Buchungsmaschinen. Auf die Inanspruchnahme der Hollerithmaschinen wird also dabei verzichtet. Die Aufbereitung des gesamten Rechnungsanfalls einer Periode zum Zweck der Durchführung der Gegenbuchung dagegen wird hollerithmäßig in der nachstehend noch darzustellenden Weise vorgenommen. Im Anschluß an diese Aufbereitung vollzieht sich dann die Übernahme der ermittelten Ergebnisse mit Hilfe von Buchungsmaschinen auf die entsprechenden Hauptbuchkonten.

aa) Wesentliche Verfahrensmerkmale

1. Die Eingangsrechnungen werden grundsätzlich *vor ihrer Prüfung auf dem Kreditorenkonto verbucht,* und zwar im Laufe der Periode jeweils auf den Personenkonten und am Schluß des Abrechnungszeitraums summarisch unter Heranziehung des Journals auf dem Kreditorensachkonto. Die *Übernahme der Rechnungswerte auf die Gegenkonten erfolgt* dagegen *in der Weise, daß ein Teil der eingehenden Rechnungen,* und zwar der größte, *nach erfolgter Prüfung verbucht wird. Die restlichen Eingangsrechnungen,* bei denen es sich um solche handelt, deren Prüfung infolge des kurzfristigen Abschlusses oder infolge bestehender Unklarheiten sowie notwendiger, längere Zeit in Anspruch nehmender Rückfragen nicht mehr termingerecht durchgeführt werden kann, werden ebenfalls bereits *vor ihrer Prüfung den entsprechenden Konten belastet.* Sofern sich dann später Korrekturen als erforderlich herausstellen, werden über sie besondere Belege erstellt und diese in der folgenden Periode separat verbucht. — Die Fälle, in denen in dieser Weise bei der Verbuchung vorgegangen, also vorverbucht wird, werden jedoch aus naheliegenden Gründen auf ein Minimum beschränkt. Sie sind aber in industriellen Großunternehmen mit erheblichem Rechnungsanfall — und in solchen kommt ja in der Regel die hollerithmäßige Verbuchung nur zum Zuge — kaum fortzudenken.
2. Es werden jeweils die Brutto-Rechnungsbeträge und daneben etwaige Korrekturbeträge sowohl im Soll als auch im Haben verbucht. Damit gelangt also das *reine Brutto-Prinzip* zur Anwendung.
3. Die *Verbuchung* der Rechnungs- und Korrekturwerte erfolgt *über Lochkarten,* die von jeder Eingangsrechnung und jedem Berichtigungsbeleg zweifach, einmal für die Zwecke der Kontokorrent- und zum anderen für die der Betriebsbuchhaltung i. w. S., erstellt werden. Die Originalrechnungen

selbst scheiden unmittelbar nach ihrer Ablochung aus dem Buchungsgang aus. *Auf die Kreditorenpersonenkonten wird unmittelbar mittels Tabelliermaschinen gebucht*, *während auf die Gegenkonten unter Einsatz von Buchungsmaschinen und Zugrundelegung der Hollerithauszüge* (Zusammenstellung und Gruppierung der Lochkartenwerte nach Konten) *gebucht wird*, die mittels Sortier- und Tabelliermaschinen von den Lochkarten erstellt worden sind.

4. In der Finanzbuchhaltung wird ein *Lieferanten-Rechnungsbuch* zum Zweck der Abstimmung und *an Stelle der Originalrechnungen als Unterlage für die Erstellung der Kontokorrent-Lochkarten* geführt. — In der Rechnungsprüfstelle werden *Rechnungsänderungslisten* geführt, die die sich im Zuge der Prüfung als notwendig herausstellenden Berichtigungen aufzunehmen haben und wie das Lieferanten-Rechnungsbuch *als Unterlage für die Erstellung der Kontokorrent-Lochkarten an Stelle der Originalbelege* und daneben aber auch der Abstimmung dienen.

5. Einem in der Bilanzbuchhaltung geführten *Werks-Zwischenkonto* kommt die Funktion des Sammelns und der Abstimmung unter anderem auch hinsichtlich der Rechnungs- und Korrekturwerte zu — *ähnlich wie* dem im Verlauf der Darstellung des „Schuppenverfahrens" unter *b)* erwähnten *Sammelkonto „Betrieb"*. Das Werks-Zwischenkonto fungiert als Proforma-Gegenkonto zum Kreditorenkonto und wird *am Periodenschluß zu Lasten der in Frage kommenden Anlage-, Material-, Kostenartenkonten und anderer aufgelöst.*

6. Eine besondere statistische Auswertung der Eingangsrechnungen in Form der *Übernahme der Rechnungsangaben und der Daten der Korrekturbelege in Anlage- und Lagerkarteien erfolgt nicht.* Die Werte der Bestandsveränderungen jeder Periode (einschließlich der Abgänge) werden den hollerithmäßig erstellten Auszügen ent- und unmittelbar summarisch auf die Hauptbuchkonten übernommen.

Daneben werden selbstverständlich durch die Lagerverwaltung Lagerkarteien und durch die einzelnen Betriebsbüros beispielsweise Maschinenkarteien geführt, in denen die Bestandsbewegungen mengenmäßig, aber ohne Inanspruchnahme der Eingangsrechnungen und Korrekturbelege festgehalten werden, worauf hier nicht näher einzugehen ist.

7. Die hollerithmäßige Verbuchung der Eingangsrechnung, wie sie nunmehr dargestellt werden soll, kann naturgemäß *nur in großen Unternehmen* zum Zuge kommen, für die der Tatbestand zutrifft, daß die Inanspruchnahme einer Hollerith-Apparatur sich lohnt. Es würde einen Verstoß gegen das Gebot der Wirtschaftlichkeit bedeuten, wenn in einem Unternehmen die Hollerith-Anlage nicht voll ausgelastet und nur der einfacheren Arbeitsweise wegen in Betrieb genommen wird. Ein solcher Verstoß würde um so schwerer wiegen, als gerade das Rechnungswesen, in dessen Dienst die Hollerith-Apparatur gestellt wird, unter anderem ein Instrument zur Förderung der Wirtschaftlichkeit sein soll.

Ein umfangreicher Rechnungsanfall allein wird im Regelfall niemals den Einsatz von Hollerithmaschinen rechtfertigen, selbst in Großunternehmen nicht. Vielmehr müssen zur Verbuchung der Eingangsrechnung noch andere Arbeitsgebiete, wie die Material- und Lohnverrechnung innerhalb der Kostenrechnung, hinzutreten, so daß sich für die Hollerith-Abteilung ein Arbeitsanfall ergibt, der ihre Vollauslastung gewährleistet. Und wenn diese gegeben ist, ist es immer noch eine *Frage der Kalkulation*, ob die durch die Hollerith-Abteilung übernommenen Arbeiten nicht auf andere Weise kostengünstiger erledigt werden können.
Es sei hier schließlich noch auf die Möglichkeit hingewiesen, daß sich ein Unternehmen, für das allein das Halten einer Hollerith-Anlage sich unwirtschaftlich gestalten würde, *zusammen mit anderen Unternehmen*, die sich in der gleichen Lage befinden, in den Genuß der Vorteile einer solchen Anlage setzen kann. Von dieser Möglichkeit wird innerhalb von Konzernen vielfach mit Erfolg Gebrauch gemacht. Außerhalb deren begegnet man ihr häufig mit einiger Skepsis, die darauf fußt, daß man die Preisgabe von Zahlenmaterial gegenüber unberufenen Personen befürchtet.

bb) Buchungsablauf

Es sei hier unterstellt, daß sich der nun folgende Buchungsablauf in demselben organisatorischen Rahmen wie der unter bb) auf Seite 146 ff. dargestellte vollzieht. Ergänzend wird ferner angenommen, daß eine Rechnungsprüfstelle sowie eine Hollerith-Abteilung gegeben sind.
Der Abriß des Buchungsablaufs bietet sich dann so dar:
Bearbeitung der Eingangsrechnung durch die Finanzbuchhaltung: Sämtliche Eingangsrechnungen werden unmittelbar nach Zustellung durch den Rechnungsaussteller der Finanzbuchhaltung zugeleitet, wo sie zunächst den Eingangs-Stempel und danach eine laufende Rechnungsnummer erhalten. — Die Nummernreihe setzt monatlich neu ein. — Außerdem wird jede eingegangene Rechnung sofort mit einer Firmenschlüsselnummer versehen, die den jeweiligen Rechnungsaussteller kennzeichnet und für die spätere Ablochung durch die Hollerith-Abteilung wesentlich ist.
Alle Eingangsrechnungen werden anschließend in das *Lieferanten-Rechnungsbuch*, das in Lose-Blatt-Form geführt wird — vgl. Abbildung 46, Seite 169 —, eingetragen. Bei dieser Eintragung werden drei Durchschriften erstellt. Die Endsumme jeder Seite des Lieferanten-Rechnungsbuches wird laufend vorgetragen, so daß sich am Periodenschluß auf der letzten Seite die Bruttosumme der eingegangenen Rechnungen der betreffenden Periode ablesen läßt, die zur Abstimmung herangezogen werden kann.

Die Eingangsrechnungen werden nebst einer Kopie des Lieferanten-Rechnungsbuches der Rechnungsprüfstelle zur Prüfung weitergegeben. Eine weitere Durchschrift wird der Abteilung „Betriebsabrechnung" zugeleitet, der später die geprüften Eingangsrechnungen zur Kontrolle der Kontierung vorgelegt werden und die somit anhand dieser Durchschriften feststellen kann, ob ihr alle im Laufe der Periode eingegangenen Rechnungen vorgelegt wurden. — Die letzte Durchschrift des Lieferanten-Rechnungsbuches verbleibt schließlich der Finanzbuchhaltung zur Abstimmung und als Nachschlageunterlage im Falle irgendwelcher Rückfragen.

Die Originalseiten des Lieferanten-Rechnungsbuches werden laufend der Hollerith-Abteilung als Unterlage für die Erstellung der Lochkarten für die holleritmäßige Verbuchung auf den Kreditorenpersonenkonten, worauf an anderer Stelle noch näher einzugehen ist, zugestellt. Nach der Ablochung werden die Originalseiten, mit einem entsprechenden Vermerk der Hollerith-Abteilung versehen, in der Finanzbuchhaltung abgelegt und ergeben in periodenweise komplettierter Form das Lieferanten-Rechnungsbuch, das mit einem Rechnungseingangsbuch identisch ist.

Einschaltung der Rechnungsprüfstelle in den Buchungsablauf: Die Rechnungsprüfstelle nimmt sofort, nachdem ihr die Eingangsrechnungen durch die Finanzbuchhaltung zugestellt worden sind, die Prüfung auf. Anschließend werden sämtliche Eingangsrechnungen nach vorheriger Anweisung zur Zahlung einer der Abteilung „Betriebsabrechnung" angegliederten Kontrollstelle zwecks Überprüfung der Kontierung vorgelegt. Erst dann kann die Weiterleitung der geprüften Eingangsrechnungen an die Hollerith-Abteilung zur Ablochung, und zwar zur Erstellung derjenigen Lochkarten erfolgen, anhand deren die Auszüge ausgefertigt werden, die die Unterlage für die Durchführung der Gegenbuchungen zu den Kontokorrentbuchungen bilden.

Stellt sich bei der Prüfung der Eingangsrechnungen heraus, daß Berichtigungen erforderlich sind, so werden auf den beanstandeten Eingangsrechnungen entsprechende Vermerke gemacht und Buchungsbelege (Last- oder Gutschriftanzeigen) in der Form, wie dies auf Seite 115 ff. — vgl. auch Abbildungen 33 und 34 dortselbst — dargestellt wurde, ausgestellt. Die Korrekturbelege werden von der Rechnungsprüfstelle in sogenannte *Rechnungsänderungslisten* — vgl. Abbildung 47, Seite 171 — eingetragen, wobei genau wie bei der Eintragung der Eingangsrechnungen in das Lieferanten-Rechnungsbuch drei Durchschriften erstellt werden. Die Endsumme jeder Seite dieser Listen wird wiederum vorgetragen, so daß sich am Ende einer Periode auf der letzten Seite die Endsummen der vorgenommenen Rechnungskorrekturen ablesen lassen. Der sich aus der Saldierung dieser und der Endsumme des Lieferanten-Rechnungsbuches ergebende Betrag stellt die Netto-Summe der verbuchten Rechnungsbeträge der Peri-

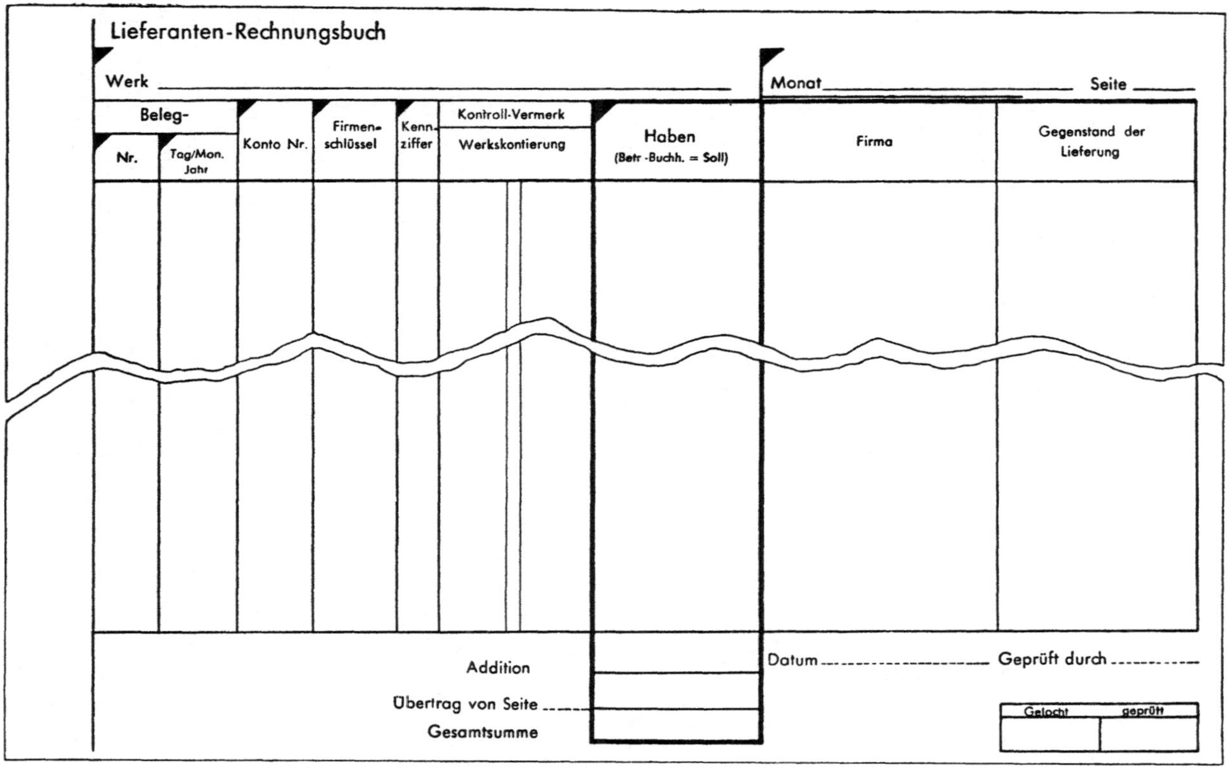
Lieferanten-Rechnungsbuch
Werk
Monat
Seite
Beleg-
Nr.
Tag/Mon. Jahr
Konto Nr.
Firmen-schlüssel
Kenn-ziffer
Kontroll-Vermerk
Werkskontierung
Haben
(Betr.-Buchh. = Soll)
Firma
Gegenstand der Lieferung
Addition
Übertrag von Seite
Gesamtsumme
Datum
Geprüft durch
Gelocht
geprüft

Abb. 46

ode dar, der im Rahmen der Abstimmung eine erhebliche Bedeutung zukommt.
Eine Durchschrift der Rechnungsänderungslisten nebst einer solchen der Korrekturbelege geht wiederum der Abteilung „Betriebsabrechnung" zwecks Überprüfung der Kontierung zu. Die Kopien der Korrekturbelege werden dann an die Hollerith-Abteilung zur Ablochung (zur Erstellung der Lochkarten, die als Unterlagen für die Verbuchung der Berichtigungen auf den Gegenkonten dienen sollen) weitergeleitet. — Eine weitere Durchschrift der Rechnungsänderungslisten verbleibt bei der Rechnungsprüfstelle, während die Originalbogen nebst der dritten Kopie der Finanzbuchhaltung zugestellt werden, die mit den ersteren in der gleichen Weise verfährt wie mit den Originalseiten des Lieferanten-Rechnungsbuches: Also Weiterleitung an die Hollerith-Abteilung.
Hollerithmäßige Verarbeitung der Rechnungswerte einschließlich der Berichtigungen: Wie aus den vorstehenden Ausführungen erkennbar, *gehen der Hollerith-Abteilung* — speziell was die Eingangsrechnungen anbelangt — *folgende Unterlagen zu:*

1. *Die Originalseiten des Lieferanten-Rechnungsbuches* durch die Finanzbuchhaltung,
2. *die Originalrechnungen* durch die Rechnungsprüfstelle,
3. *die Originalbogen der Rechnungsänderungslisten* durch die Finanzbuchhaltung und
4. *die Kopien der Korrekturbelege* durch die Rechnungsprüfstelle.

Sobald diese Unterlagen vorliegen — in einer Menge, die einen rationellen Einsatz der menschlichen und maschinellen Kräfte der Hollerith-Abteilung ermöglicht —, werden die Lochkarten erstellt, und zwar *je Eingangsrechnung und je Korrekturbeleg zwei Lochkarten*, eine für die Kontokorrent- und die andere für die Gegenbuchung. Als Unterlage für die Erstellung der Kontokorrent-Lochkarten werden, wie schon erwähnt, die Originalseiten des Lieferanten-Rechnungsbuches und der Rechnungsänderungslisten herangezogen. Der Ablochung der Rechnungs- und Korrekturbeträge zum Zweck der Durchführung der Gegenbuchungen werden die Originalrechnungen und die Durchschriften der Korrekturbelege zugrunde gelegt. Beide Arbeitsgänge können also arbeitsteilig abgewickelt werden. Die getrennte Ablochung ist darüber hinaus aber auch deswegen erforderlich, weil für beide Buchungen unterschiedliche Angaben auf die Lochkarten übernommen werden. Schließlich liegt ein großer Vorteil dieser Handhabe darin, daß die Kontokorrentbuchungen in aller Regel kurzfristig durchgeführt werden können, ohne daß darauf gewartet werden muß, bis die Eingangsrechnungen fix und fertig geprüft sind. Die Kreditorenpersonenkonten sind daher stets auf dem laufenden, was sich im Falle von Rückfragen mitunter als sehr vorteilhaft erweisen kann.

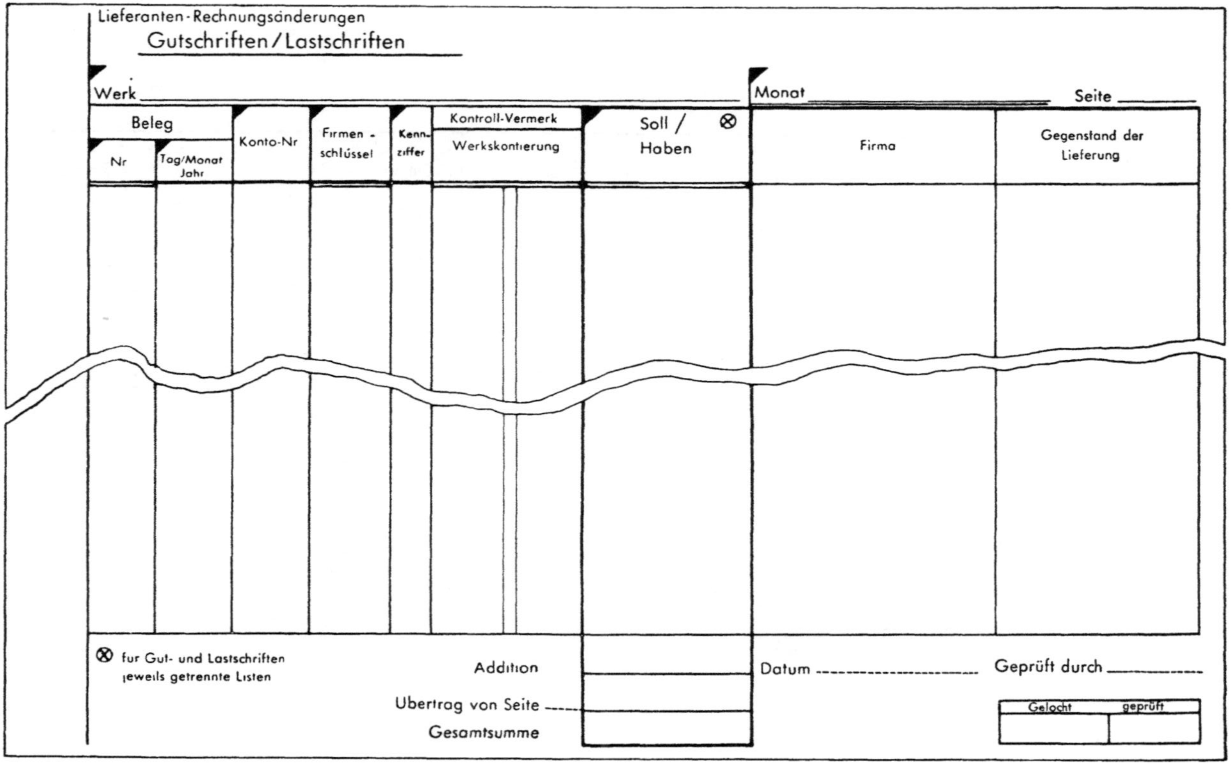
Lieferanten-Rechnungsänderungen
Gutschriften/Lastschriften
Werk
Monat
Seite
Beleg
Nr
Tag/Monat Jahr
Konto-Nr
Firmen-schlüssel
Kenn-ziffer
Kontroll-Vermerk
Werkskontierung
Soll / Haben ⊗
Firma
Gegenstand der Lieferung
⊗ für Gut- und Lastschriften jeweils getrennte Listen
Addition
Übertrag von Seite
Gesamtsumme
Datum
Geprüft durch
Gelocht
geprüft

Abb. 47

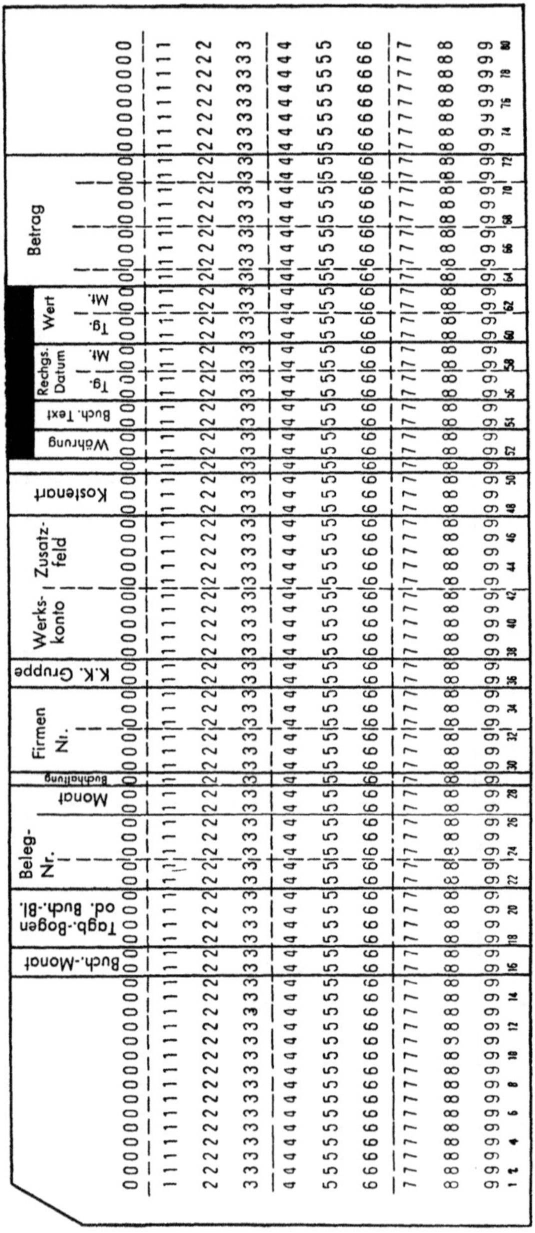
Buch.-Monat
Tagb.-Bogen od. Buch.-Bl.
Beleg-Nr.
Monat
Buchhaltung
Firmen Nr.
K.K. Gruppe
Werks-konto
Zusatz-feld
Kostenart
Währung
Buch. Text
Rechgs. Datum
Tg.
Mt.
Wert
Tg.
Mt.
Betrag

Abb. 48

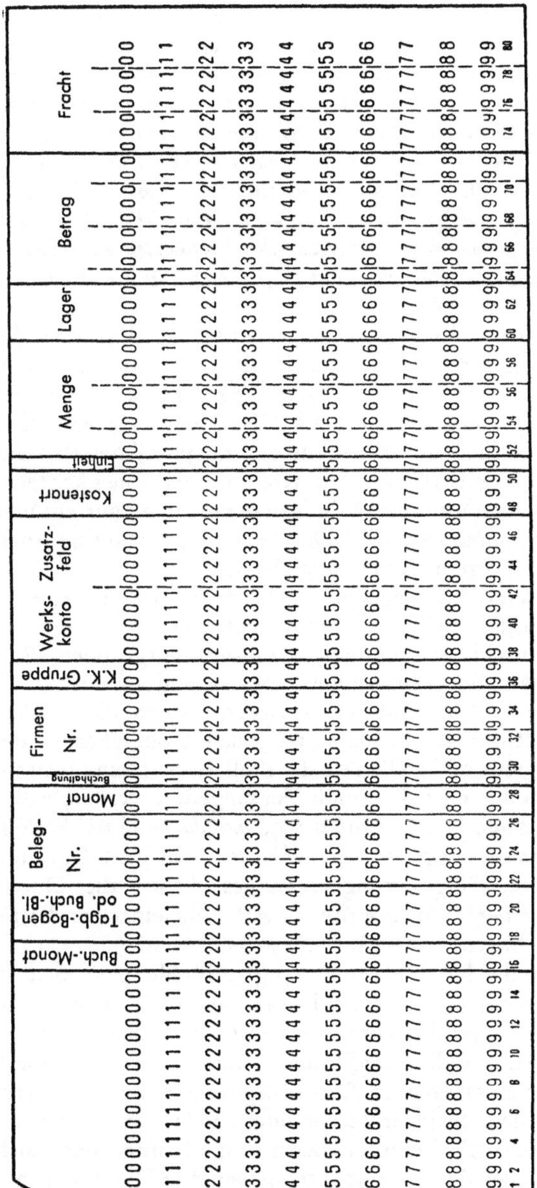

Buch.-Monat
Tagb.-Bogen od. Buch.-Bl.
Beleg-Nr.
Monat
Buchhaltung
Firmen Nr.
K.K. Gruppe
Werks-konto
Zusatz-feld
Kostenart
Einheit
Menge
Lager
Betrag
Fracht

Abb. 49

Die Ablochung der besagten Unterlagen wird mittels *Lochmaschinen* vorgenommen. Die Richtigkeit der vorgenommenen Lochungen wird unter Einsatz besonderer *Prüfmaschinen* Karte für Karte kontrolliert.
Nach Erstellung der Lochkarten werden die dazu verwandten Unterlagen umgehend den zuständigen Stellen zu deren weiteren Verfügung wieder zugestellt. *Die übrige Tätigkeit der Hollerith-Abteilung baut anschließend auf den Lochkarten* — vgl. Abbildungen 48 und 49, Seite 172ff. — *auf.*
Im folgenden ist nun zu trennen zwischen der hollerithmäßigen Verbuchung auf dem Kreditorenkonto und der Auswertung der Lochkarten zum Zweck der Erstellung der Hollerithauszüge, die als Grundlage für die Buchungen auf den entsprechenden Gegenkonten dienen sollen:
Verarbeitung der Kontokorrent-Lochkarten: Jeweils im Anschluß an die Erstellung einer Partie Kontokorrent-Lochkarten werden mittels Tabelliermaschinen deren Angaben auf *Rechnungseingangsjournalbögen* — vgl. Abbildung 50, Seite 175 — übernommen, die nichts anderes darstellen als eine willkürliche Listung der jeweiligen Partie erstellter Lochkarten, den Kontenführern der Kreditorenpersonenkonten als Vergleichsunterlage dienen und deren Endsummen laufend auf ein Werks-Zwischenkonto übernommen werden. Die Rechnungseingangsjournalbögen werden in der Kontokorrentbuchhaltung abgelegt.
Ein besonderer Arbeitsgang besteht darin, daß die Kontokorrent-Lochkarten außerdem ebenfalls wiederum partieweise so, wie sie gelocht wurden, nach Firmenschlüsselnummern, Kontokorrentgruppen, Rechnungsdatum mit Hilfe von Sortiermaschinen sortiert und mittels Tabelliermaschinen gelistet werden. Anhand dieser Listen suchen die zuständigen Kontokorrentkontenführer die entsprechenden Kontenkarten der Rechnungsaussteller heraus und stellen sie der Hollerith-Abteilung zur Verfügung.
Der Vollständigkeit halber muß hier eingefügt werden, daß, um eine rationelle Arbeitsweise zu gewährleisten, *auch die anläßlich der Regulierung fälliger Eingangsrechnungen ausgefertigten Lochkarten* — als Unterlage für die Ablochung des jeweiligen Regulierungsvorganges dienen die Durchschriften der Zahlungsaufträge und so weiter — *mit* in die einzelnen Partien der Kontokorrent-Lochkarten *einsortiert* und gelistet werden.
Bei Vorlage der Kontenkarten — vgl. Abbildung 52, Seite 176 — werden die Angaben der vorsortierten Lochkarten — dabei ist die richtige Reihenfolge entsprechend den vorerwähnten Listen zu beachten — mittels Tabelliermaschinen auf die Kreditorenpersonenkonten übernommen, *ohne* daß auf diesen bereits *die neuen Salden* ausgewiesen werden. Deren Feststellung erfolgt also nicht bei jeder Verbuchung, sondern erst am Schluß einer Periode in der Weise, daß nochmals alle in Frage kommenden Lochkarten, sämtliche Partien der Periode also, nach genauester Vorsortierung einschließlich derjenigen, auf denen die Saldovorträge der vergangenen Periode gelocht

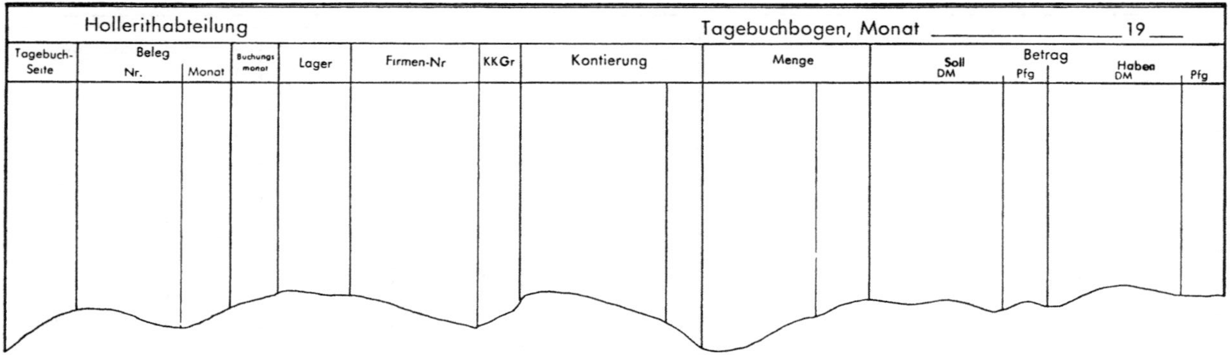
Hollerithabteilung
Tagebuchbogen, Monat 19
Tagebuch-Seite
Beleg
Nr.
Monat
Buchungsmonat
Lager
Firmen-Nr
KKGr
Kontierung
Menge
Betrag
Soll
DM
Pfg
Haben
DM
Pfg

Abb. 50

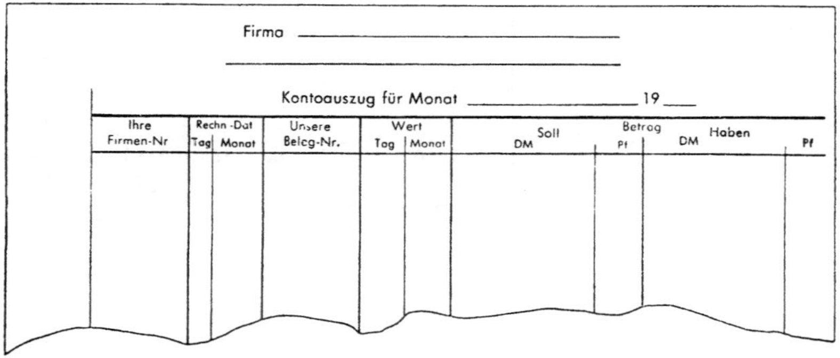
Firma
Kontoauszug für Monat 19
Ihre Firmen-Nr
Rechn.-Dat
Tag
Monat
Unsere Beleg-Nr.
Wert
Tag
Monat
Betrag
Soll
DM
Pf
Haben
DM
Pf

Abb. 51

Firma ....

Wohnort ....

Postscheck-Konto ....

Höchst-Kredit .... Bank-Konto ....

K.-K. Gruppe ...... Zone ......

Firmen-Nr. ....

Geschäftsjahr ...... Seite ......

Firmen-Nr.	Beleg oder Rechnung				Wert		√	Umsatz				Saldo		Gegenkonto
	Tag	Monat	Nr.	Buch-Monat	Tag	Monat		Soll DM		Haben DM		* Soll-schwarz * Haben-rot DM		Werkskonto
Kontenkarte														

Abb. 52

Additional material from *Die Eingangsrechnung im industriellen Unternehmen,* 978-3-663-19959-5 (978-3-663-19959-5_OSFO2), is available at http://extras.springer.com

EXTRA MATERIALS extras.springer.com

sind, durch eine speziell geschaltete Tabelliermaschine laufen gelassen und dabei die Verkehrszahlen der abgeschlossenen Periode nebst den neuen Salden auf die Kontenkarten übernommen werden. Bei diesem Durchlauf der Lochkarten werden unter zusätzlicher Einschaltung eines Dopplers auch bereits die Lochkarten mit den neuen Saldovorträgen, die am nächsten Periodenschluß benötigt werden, erstellt.

Die Kontenkarten werden der Kontokorrentbuchhaltung laufend wieder zur Verfügung gestellt. — Erwähnt sei noch, daß die Hollerith-Abteilung es übernimmt, am Ende jeder Periode oder zwischenzeitlich bei Bedarf *Kontenauszüge* — vgl. Abbildung 51, Seite 175 — auszufertigen: Mit Hilfe von Tabelliermaschinen werden nach vorheriger Sortierung auf Sortiermaschinen die Bewegungen auf den verschiedenen Personenkonten unter Heranziehung der entsprechenden Lochkarten und Verwendung besonderer Vordrucke auszugsweise auf diese übernommen. Die Kontenauszüge werden den Rechnungsausstellern zur Abstimmung zugestellt.

Die Lochkarten können daneben jederzeit nach entsprechender Sortierung für bestimmte statistische Zwecke ausgewertet werden und verbleiben im übrigen in der Registratur der Hollerith-Abteilung.

Der Vollständigkeit halber sei hier angefügt, daß jeweils *am Schluß einer Periode die Endsummen der von der Hollerith-Abteilung erstellten Rechnungseingangsjournalbögen von der Bilanzbuchhaltung auf das Kreditorensachkonto übernommen* werden. Diese Sammelbuchung im Hauptbuch wird selbstverständlich nicht unmittelbar hollerithmäßig durchgeführt.

Auswertung der übrigen Lochkarten (Gegenkonto-Lochkarten): Während die Auswertung der Kontokorrent-Lochkarten, wie im vorstehenden dargestellt, mit Ausnahme der Ermittlung der neuen Salden laufend vorgenommen wird, erfolgt diejenige der übrigen Lochkarten, die der Einfachheit halber als Gegenkonto-Lochkarten bezeichnet werden sollen, erst am Schluß jeder Periode, nachdem sämtliche in die abzuschließende Periode hineingehörenden Eingangsrechnungen und Korrekturbelege abgelocht worden sind. Es geht bei dieser Auswertung darum, das von den Eingangsrechnungen und Korrekturbelegen auf Lochkarten übernommene Zahlenmaterial nach bestimmten Gesichtspunkten *zu sortieren und in Hollerithauszügen zusammenzustellen*, um damit die Unterlagen zu schaffen, von denen aus auf die Hauptbuchkonten in der Bilanzbuchhaltung als Gegenkonten zum Kreditorenkonto gebucht werden kann.

Um eine Abstimmung einmal mit der Endsumme des Lieferanten-Rechnungsbuches, korrigiert um die Endsummen der Rechnungsänderungslisten, und zum anderen mit der Endsumme der Rechnungseingangsjournalbögen herbeiführen zu können, werden zunächst sämtliche Gegenkonto-Lochkarten nach vorheriger Sortierung auf Sortiermaschinen nach Kontenklassen und innerhalb derselben nach Kontengruppen und -arten durch eine Tabelliermaschine laufen gelassen, und es wird auf diese Weise ein *Gesamtauszug* — vgl. Abbildung 53, nach Seite 176 — erstellt. Die Zwischensummen dieses Auszuges können später zur Abstimmung der Endsummen der noch zu behandelnden Spezialauszüge herangezogen werden.

Nach bestimmter Sortierung der Gegenkonto-Lochkarten werden anschließend mit Hilfe von Tabelliermaschinen die *Spezialauszüge* ausgefertigt, bei denen es sich im einzelnen um folgende handelt:

1. In einem Auszug werden die *Bewegungen auf den Anlagekonten* der Klasse 0 festgehalten. Es werden nicht nur die durch Eingangsrechnungen belegten Anlage-Zugänge, sondern auch diejenigen in Form vom selbsterstellten Anlagen einbezogen. Darüber hinaus werden auch gleichzeitig die Abgänge (Abschreibungen, Verkäufe) in besagtem Auszug berücksichtigt. Zu diesem Zweck werden zusammen mit den Gegenkonto-Lochkarten auch diejenigen, die die Anlage-Zugänge in Form selbsterstellter Anlagen, die Abschreibungsquoten und den Verkauf von Anlagen wiedergeben, und schließlich auch die Lochkarten, auf denen die Endbestände der vorigen Periode abgelocht sind, durch die Tabelliermaschine geschickt, nachdem sie vorher entsprechend sortiert wurden. *Als Ergebnis schlagen sich in dem Anlagen-Auszug die alten Bestände, die Zu- und Abgänge sowie die neuen Salden,* unterteilt jeweils nach Kontengruppen und -arten spezifiziert und summarisch *nieder* und können in dieser Form auf die entsprechenden Hauptbuchkonten übernommen werden.
2. In einem weiteren Auszug werden alle Posten, die als *neutraler Aufwand* in die Kontenklasse 2 gehören, zusammengestellt. Auch bei dieser Tabellierung werden die Rechnungs- und Korrekturbeträge bereits mit anderen Werten vermischt, ohne daß jedoch die Möglichkeit abgeschnitten wäre, im Bedarfsfall über die Auszüge anhand der Belegnummern auf die Originalbelege zurückgreifen zu können.
3. Ein Spezialauszug gibt die *Bewegungen auf den Materialkonten* (Kl. 3) wieder: Die entsprechenden Lochkarten der Zugänge (Eingangsrechnungen und Korrekturbelege), der Abgänge (Materialentnahmescheine) sowie der alten Bestände werden gemeinsam nach Kontengruppen, -arten und Warenschlüsselnummern mittels Sortiermaschinen sortiert. Die Tabelliermaschine bringt die gewünschten Endzahlen buchfertig für das Hauptbuch hervor. Diesem Auszug können sowohl die *mengen- als auch wertmäßigen* Bewegungen entnommen werden. — Vgl. Abbildung 54, nach Seite 176!
4. Schließlich wird noch in einem besonderen Auszug der gesamte *Kostenanfall der Periode*, unterteilt nach Kostenarten, innerhalb dieser nach Kostenstellen und -trägern, zusammengestellt. Dieser Auszug bildet die Unterlage für die Belastung der Kostenartenkonten (Kl. 4) des Hauptbuches und außerdem für die weitere Abwicklung der Kostenrechnung. Neben den Rechnungswerten und den in Frage kommenden Berichti-

gungen, die unmittelbar in die Kostenrechnung eingehen, gibt diese Zusammenstellung überhaupt alle Posten mit Kostencharakter wieder. Eine entsprechende Einsortierung aller maßgeblichen Lochkarten muß der Tabellierung natürlich vorausgehen.

Die von der Hollerith-Abteilung am Periodenschluß erstellten Auszüge werden den zuständigen Unterabteilungen der Buchhaltung zur weiteren Auswertung zur Verfügung gestellt.

Be- und Entlastung des Werks-Zwischenkontos: Die Funktion des Werks-Zwischenkontos, das in der Bilanzbuchhaltung geführt wird, ist die eines Sammelkontos, das den am Schluß der Periode endgültig zu belastenden oder zu erkennenden Konten des Hauptbuchs vorgelagert ist. Unter anderem werden dem Werks-Zwischenkonto, wie bereits angedeutet, im Laufe der Periode jeweils die Endsummen der von der Hollerith-Abteilung erstellten Rechnungseingangsjournalbögen belastet beziehungsweise gutgeschrieben, so daß es also unter anderem auch als *provisorisches Gegenkonto zum Kreditorenkonto* fungiert. Wie erwähnt, stellen diese Beträge aber nur einen Teil der sich auf dem Werks-Zwischenkonto ansammelnden Posten dar. *Die Endsummen der auf ihm verbuchten Rechnungs- und Korrekturbeträge* sind wiederum — dazu ist allerdings erforderlich, daß die einzelnen Summen der Rechnungseingangsjournalbögen herausgezogen und addiert werden, da auf dem Konto ja noch andere Posten verbucht sind — *abstimmbar mit*

1. dem Saldo aus den Endsummen des *Lieferanten-Rechnungsbuches und der Rechnungsänderungslisten*,
2. den Endsummen der *Rechnungseingangsjournalbögen*,
3. den Endsummen des *Gesamtauszuges der Hollerith-Abteilung.*

Die Entlastung des Werks-Zwischenkontos am Periodenschluß, soweit sie sich auf die auf diesem Konto verbuchten Rechnungs- und Korrekturbeträge erstreckt, erfolgt auf Grund der der Bilanzbuchhaltung von der Anlage- und Lagerbuchhaltung sowie der Abteilung „Betriebsabrechnung" zugegangenen Meldungen, die ihrerseits wiederum auf den Spezialauszügen der Hollerith-Abteilung basieren. Die entsprechende *Buchung* lautet:

Per folgende Konten an Werks-Zwischenkonto :
Anlagekonten,
Abgrenzungskonten,
Materialkonten,
Kostenartenkonten.

Die nach dieser Entlastung noch auf dem Werks-Zwischenkonto verbleibenden Posten werden im Zuge der Abschlußbuchungen nach Vorliegen der Ergebnisse der Kostenrechnung abgebucht, so daß auf dem Werks-Zwischenkonto letztlich *kein Saldo* verbleibt, was sich ja aus seinem Charakter als Zwischenkonto von selbst ergibt.

Im übrigen vollzieht sich der *Fluß der Rechnungswerte* von den oben angeführten Konten aus *weiter in ähnlicher Weise, wie* dies bereits im Verlauf der Darstellung der beiden Buchungsverfahren *unter a) und b), Seite 145ff. beziehungsweise Seite 154ff. angedeutet* wurde.

Vorverbuchung eines Teils der Eingangsrechnungen: Grundsätzlich ist festzuhalten, daß im Zuge des im vorstehenden dargestellten Buchungsverfahrens die Kontokorrentbuchungen sämtlich bereits vor der Prüfung der Eingangsrechnung durchgeführt werden, während die Vornahme der Gegenbuchungen, soweit dies bei der Zielsetzung eines kurzfristigen, meist monatlichen Abschlusses aus zeitlichen Gründen möglich ist, erst nach vollzogener Prüfung der Eingangsrechnung erfolgt. Diese Einschränkung muß allerdings gemacht werden: Es wurde bereits an anderer Stelle darauf hingewiesen, daß die hollerithmäßige Verbuchung aus naheliegenden Gründen fast ausschließlich in Großunternehmen zum Zuge kommt, in denen ein erheblicher Rechnungsanfall zu verarbeiten ist. Monatliche Rechnungseingänge von 5000 bis 6000 Stück, von denen ein großer Teil eine intensive und zeitraubende Prüfung in Anspruch nimmt, sei es, daß der Rechnungsinhalt als solcher schwierig zu prüfen ist, sei es, daß Prüfungsunterlagen fehlen, oder sei es schließlich, daß langwierige Rückfragen bei den Lieferanten, bei Behörden und anderen zu halten sind, bilden keineswegs eine Seltenheit.

Es kann daher sehr wohl vorkommen, daß Eingangsrechnungen nicht termingerecht geprüft werden können. Die Unternehmen stehen dann vor der *Wahl*, die betreffenden ungeprüften Eingangsrechnungen ganz aus der Periodenrechnung herauszulassen oder aber ungeprüft in sie einzubeziehen. In der Praxis hat man sich mit Recht für die letztere Möglichkeit entschieden, das insbesondere auch deswegen, weil, wie bereits dargelegt, sämtliche Eingangsrechnungen unmittelbar nach Eingang ins Kontokorrent verbucht worden sind und auf der anderen Seite auf dem Werks-Zwischenkonto eine provisorische Gegenbuchung vorgenommen worden ist. Man müßte also, wollte man die am Schluß des Abrechnungszeitraums noch nicht geprüften Eingangsrechnungen aus der Periodenrechnung herauslassen, erst wieder entsprechende Stornierungen vornehmen und die betreffenden Rechnungen in eine spätere Periode hereinnehmen, was keineswegs im Sinne einer richtigen Periodisierung und dazu angetan wäre, den Überblick über die Liquiditätslage des Unternehmens der Wirklichkeit näher zu bringen.

Es ist daher sehr zweckmäßig, den Teil der Eingangsrechnungen, der nicht mehr termingerecht geprüft werden kann — er soll möglichst klein gehalten werden —, am Periodenschluß ungeprüft an die Hollerith-Abteilung zur Ablochung weiterzugeben und damit also auch diese Rechnungen in die Periodenrechnung einzubeziehen. — Sofern sich dann bei ihrer späteren Prüfung Berichtigungen als erforderlich herausstellen sollten, was in aller Regel der Fall sein wird, werden über sie besondere Belege ausgestellt, die dann in der bereits dargestellten Weise unter Verwendung der Rechnungsänderungslisten behandelt werden.

IV. Die Regulierung der Eingangsrechnung

Wenn es auch auf den ersten Blick so scheint, als ob es sich bei der Regulierung der Eingangsrechnung um einen so einfachen Tatbestand handelt, daß seine Behandlung sich hier erübrigt, so hält der Verfasser es doch für angebracht, ihr einen Teil dieser Arbeit zu widmen, weil bei der Regulierung eine Reihe von Fragen auftaucht, die unbedingt verdienen beachtet zu werden und es erforderlich machen, daß zu ihnen kurz Stellung genommen wird. Diese Fragen nehmen in um so stärkerem Maße für ein Unternehmen an Bedeutung zu, je größer bei ihm der zu regulierende Rechnungsanfall wird. Für die übergroße Mehrzahl der industriellen Unternehmen sind sie daher von großem Interesse.
Bei den nun folgenden Ausführungen wird wiederum *unterstellt, daß die zu regulierenden Eingangsrechnungen vor ihrer Regulierung auf dem Kreditorenkonto verbucht worden sind.* Diese Handhabe ist im Hinblick auf die an anderer Stelle bereits herausgestellten Vorzüge des Kontokorrents, von ganz wenigen Fällen, in denen eine Verbuchung der Eingangsrechnung auf dem Kreditorenkonto unterbleibt, abgesehen, allgemein üblich und kann als der Normalfall angesehen werden. — Grundsätzlich hat das nachstehend Ausgeführte natürlich auch für diese Ausnahmefälle Gültigkeit.

1. WAS BEDEUTET „REGULIERUNG DER EINGANGSRECHNUNG“?

Für Güter und Dienste, die von fremden Unternehmen beschafft werden, müssen, sofern nicht der Fall der Schenkung gegeben ist, Gegenleistungen bewirkt werden, und zwar entweder Zug um Zug oder zu einem späteren Zeitpunkt. Dieses *Bewirken der Gegenleistungen*, wozu regelmäßig die Eingangsrechnung in Ur-, Ab- oder Durchschrift als Unterlage dient, *und seine buchhalterische Behandlung sollen unter dem Begriff der Regulierung der Eingangsrechnung verstanden werden.*
Dabei ist es grundsätzlich ohne Bedeutung, ob die Gegenleistungen in Geld (Bar- und Buchgeld, Geldsurrogaten), in der Abtretung von Forderungen oder ihrerseits wiederum in Gütern oder Dienstleistungen bestehen. In der Vielzahl aller Fälle wird in der Industrie die Gegenleistung jeweils

in Geldform, und zwar in der Form des sogenannten Buchgeldes, bewirkt, wohingegen die Hingabe von Gütern und Diensten als Gegenleistung — hierzu ist, streng genommen, auch die Aufrechnung eines Rechnungsempfängers mit einer Gegenforderung gegen eine Forderung des Rechnungsausstellers zu zählen — relativ selten anzutreffen ist. — Eine Mittelstellung nehmen die Gegenleistungen in Form der Geldsurrogate und eine verhältnismäßig unbedeutende Stellung diejenigen in Form des Bargeldes ein.

2. GRUNDSÄTZE DER REGULIERUNG

Drei Grundsätze sind es, die, so selbstverständlich sie auch anmuten, es verdienen, in jeder Finanzbuchhaltung in Plakatform angeschlagen zu werden, auf daß alle an der Regulierung der Eingangsrechnung beteiligten Personen sie ständig vor Augen haben:

1. Grundsatz: *Keine Regulierung der Eingangsrechnung ohne deren vorherige Prüfung*
2. Grundsatz: *Keine Regulierung der Eingangsrechnung ohne deren vorherige Anweisung*
3. Grundsatz: *Unbedingte Einhaltung der vorgeschriebenen Fälligkeitstermine bei der Regulierung.*

Zu diesen drei Grundsätzen sollen im folgenden kurze Erläuterungen gegeben werden.

a) Keine Regulierung ohne Rechnungsprüfung

Hier kann angeknüpft werden an das, was bereits an anderer Stelle dieser Arbeit über die Prüfung der Eingangsrechnung, insbesondere über die Bedeutung der Rechnungsprüfung, ausgeführt wurde. Um ein Unternehmen vor unliebsamen Verlusten zu bewahren, die dadurch entstehen können, daß Gegenleistungen bewirkt werden, die in keinem Verhältnis zu den empfangenen Gütern und Diensten stehen, oder gar Zahlungen durchgeführt werden, denen überhaupt kein Eingang von Gütern und Diensten in das Unternehmen gegenübersteht, ist es unerläßlich, daß zur Regulierung anstehende Eingangsrechnungen vorher einer ordnungsmäßigen Prüfung unterzogen worden sind und einen darauf hinweisenden Prüfungsvermerk tragen. Würde von diesem Grundsatz abgewichen, so wäre der Unsicherheit einerseits und dem Phlegma und der Unlauterkeit unternehmenseigener Personen und der Rechnungsaussteller andererseits in weitem Umfang der Weg geebnet.

Nur in ganz *besonders gelagerten Ausnahmefällen* kann und soll die Regulierung von Eingangsrechnungen erfolgen, ohne daß deren Prüfung vorausgegangen ist, nämlich dann, wenn diese aus triftigen Gründen nicht termingerecht, also nur auf Kosten der Nichteinhaltung der vorgeschriebenen Fälligkeitstermine vorher vorgenommen werden kann. Ist das der Fall, dann ist es angebracht und wird in der Praxis auch so gehandhabt, daß die fraglichen Rechnungen ungeprüft unter Vorbehalt reguliert werden und die Prüfung nachgeholt wird. Stellen sich nachträglich dann Korrekturen als erforderlich heraus, so werden diese bei späteren Regulierungen berücksichtigt oder separat reguliert.

Voraussetzung für eine solche, von dem genannten Grundsatz abweichende Handhabe ist jedoch in jedem Fall, daß es sich bei den betreffenden Rechnungsausstellern aus Gründen der Sicherheit um solche handelt, mit denen intensive Geschäftsverbindungen gepflogen werden oder bei denen zum mindesten keine Bedenken hinsichtlich ihrer Seriösität gegeben sind. Die Entscheidung darüber, ob diese Voraussetzungen im Einzelfall gegeben sind oder nicht, dürfte nicht dem Sachbearbeiter in der Finanzbuchhaltung überlassen bleiben, sondern ist Angelegenheit des Leiters der Buchhaltung oder des Rechnungswesens, mitunter sogar der Unternehmensleitung.

Vor allem sind es die *Skonto-Rechnungen*, bei denen ein Unternehmen oft vor der Frage steht, ob die Regulierung ohne vorherige Prüfung der betreffenden Eingangsrechnungen erfolgen soll, um die meist sehr kurzfristigen Zahlungsziele einhalten zu können und damit in den Genuß der Skonti zu kommen. Unter den aufgezeigten Voraussetzungen ist dann diese Frage regelmäßig zu bejahen. Zu beachten ist aber, daß die *Sicherheit den Vorzug verdient.*

b) Keine Regulierung ohne Anweisung

Es bedeutet keineswegs eine Überzüchtung des Kontrollapparates in einem Unternehmen und ein übertriebenes Mißtrauen dem Personal gegenüber, wenn es in dem zweiten Grundsatz heißt, daß jede Eingangsrechnung, die reguliert werden soll, zur Zahlung angewiesen sein muß. Diese *zusätzliche Sicherung* ist zum Wohle des Unternehmens, in dem tagtäglich große Vermögenswerte bewegt werden, zudem von Personen, die an das Unternehmen vielfach nur durch ihren Dienstvertrag mit ihm und durch nichts mehr gebunden sind, unbedingt notwendig.

Die zuständigen Sachbearbeiter der Regulierungsstelle, in der Regel der Finanzbuchhaltung, müssen strikte Vorschrift haben, nur solche Eingangsrechnungen zu regulieren, die die Unterschrift des Anweisungsberechtigten tragen. Dadurch, daß diesem zum Zweck der Anweisung — hier kann wiederum an die Ausführungen unter II. auf Seite 128ff. angeknüpft werden — neben den Eingangsrechnungen *die kompletten Unterlagen* vorgelegt werden und sozusagen eine nochmalige, wenn auch oberflächlichere

Kontrolle des ganzen Geschäftsvorfalls Platz greift, werden betrügerischen Absichten in hohem Maße Hindernisse in den Weg gelegt — und das hat der besagte Grundsatz ja in erster Linie zum Ziel.

Daneben soll aber auch der Anweisungsberechtigte, bei dem es sich ja in aller Regel um den Leiter der Buchhaltung oder des Rechnungswesens handelt, durch Kenntnisnahme von der beabsichtigten Regulierung in seiner *Dispositionsfähigkeit in bezug auf die Liquidität* des Unternehmens bestärkt werden.

c) Fristgerechte Regulierung

Drei Gründe sprechen in der Hauptsache dafür, daß diesem Grundsatz unbedingt Beachtung geschenkt wird. Es sind dies, ohne mit der folgenden Aufzählung eine Rangordnung festlegen zu wollen:

1. *Der gute Ruf* eines Unternehmens steht auf dem Spiel, wenn Lieferanten aus Gründen, die sie nicht interessieren und meist in keiner Weise zu rechtfertigen sind, auf die Bewirkung der Gegenleistungen für die von ihnen rechtzeitig erstellten Leistungen warten müssen. Es entspricht keineswegs kaufmännischen Gepflogenheiten, den eingegangenen vertraglichen Verpflichtungen nicht zu entsprechen oder sie, was auf dasselbe hinausläuft, nicht so ernst zu nehmen, wie es am Platz wäre.
2. Die nicht fristgerecht Regulierung der Eingangsrechnung kann, was namentlich bei größeren Rechnungsbeträgen ins Gewicht fällt, mit *erheblichen Kosten* verbunden sein. Vertraglich vereinbarte Verzugszinsen, die in der Regel über den Diskontsätzen der Banken liegen, bilden keine Seltenheit und sollten Veranlassung geben, die Regulierung in jedem Fall termingerecht vorzunehmen.
3. Schließlich ist es noch diese Tatsache, die unbedingt auf eine fristgerechte Regulierung hindrängt: *Die Rechnungsaussteller sehen sich vielfach ihrerseits veranlaßt*, auf die Überschreitung der Zahlungsziele durch ihre Kunden in der Form zu reagieren, daß auch sie *den ihnen obliegenden Zahlungsverpflichtungen ihren Lieferanten gegenüber* — wobei sich diese mitunter mit der Person ihrer Kunden decken können — *nicht pünktlich nachkommen*, sei es, daß sie mangels Liquidität dazu nicht in der Lage sind, oder sei es aus einer gewissen Vergeltungstendenz heraus — letzteres namentlich dann, wenn ihre Kunden gelegentlich auch als ihre Lieferanten auftreten. Eine derartige Kettenreaktion, die sich sehr nachteilig auf alle von ihr berührten Unternehmen auswirkt, die namentlich deren Dispositionsfähigkeit auf finanziellem Gebiet lähmt, muß aber unter allen Umständen vermieden werden.

Es fragt sich nun, *was seitens eines Unternehmens getan werden muß, um eine fristgerechte Regulierung zu gewährleisten.* — Darauf kann ganz allgemein gesagt werden, daß dafür gesorgt werden muß, daß einmal im Zeitpunkt der Fälligkeit der Eingangsrechnung die erforderlichen Mittel zur Erfüllung der Verbindlichkeiten bereitstehen, worauf durch eine saubere Finanzplanung hinzuwirken ist, und zum anderen die Behandlung der Eingangsrechnung, ihre Prüfung, Anweisung, ihre Verbuchung und Regulierung, sowie ihr Durchlauf durch alle in Frage kommenden Stellen des Unternehmens überhaupt in einer Weise organisiert sind, daß einer fristgerechten Regulierung keinerlei Hindernisse im Wege stehen. — Auf die Finanzplanung als Mittel für die Gewährleistung des richtigen Liquiditätsgrades soll hier nicht näher eingegangen werden. Wie die Behandlung der Eingangsrechnung und ihr Durchlauf durch ein Unternehmen im Interesse der Befolgung des 3. Grundsatzes zu geschehen haben, wurde bereits im Verlauf der bisherigen Ausführungen versucht darzustellen und wird weiterhin noch im folgenden zu behandeln sein.

3. WAHL DER REGULIERUNGSUNTERLAGEN

Es ist keineswegs so, als ob, was vielleicht naheliegt anzunehmen, als Unterlage für die Regulierung ausschließlich die Originalrechnung jeweils in Frage käme. Vielmehr sind die Unternehmen häufig aus dem Bestreben heraus, die Regulierung der Eingangsrechnung weitgehendst von deren Verbuchung unabhängig zu machen, um Überschneidungen bei der Auswertung der Rechnung durch verschiedene Stellen zu vermeiden, und damit letztlich im Interesse einer fristgerechten Regulierung dazu übergegangen, statt der Originalrechnung andere Unterlagen der Regulierung zugrunde zu legen. Mitunter ergibt sich deren Verwendung aber auch zwangsläufig aus der ganzen Organisation der Behandlung und des Durchlaufes der Eingangsrechnung in einem Unternehmen, wie dies ganz deutlich bei der Verwendung von Schuppenbelegen als Regulierungsunterlage zum Ausdruck kommt.

Die folgenden Möglichkeiten, zu denen im einzelnen nachstehend noch Stellung zu nehmen ist, konkurrieren miteinander:

1. Die Regulierung auf Grund der *Originalrechnungen*,
2. die Regulierung auf Grund von *Duplikat-Rechnungen*,
3. die Regulierung auf Grund von *Schuppenbelegen*,
4. die Regulierung auf Grund der *Kontenkarten der Kreditorenpersonenkonten* und
5. die Regulierung auf Grund *sonstiger Belege*.

Der Fall, daß Eingangsrechnungen mit den erforderlichen Angaben einfach gelistet werden (*Regulierungslisten* nach Art eines Journals) und anhand dieser Listen reguliert wird, sei hier nur der Vollständigkeit halber angefügt.

a) Originalrechnungen als Grundlage

Nach den in der Praxis gemachten Erfahrungen wird *in der Vielzahl aller Fälle* die Originalrechnung als Regulierungsunterlage verwandt und auf die Einschaltung irgendwelcher Hilfsbelege zum Zweck der Regulierung verzichtet, und zwar sowohl in Unternehmen mit geringem als auch in solchen mit erheblichem Rechnungsanfall, worauf besonders hinzuweisen ist, weil vielfach die Ansicht vertreten wird, in Unternehmen mit sehr großem Rechnungsanfall müsse zwangsläufig von einer Regulierung auf Grund der Originalrechnung abgegangen werden.

Voraussetzung für diese ebenso einfache wie zweckmäßige Handhabe ist es jedoch in jedem Fall, daß die Behandlung der Eingangsrechnung, speziell ihre Verbuchung, daß überhaupt der Durchlauf der Rechnung gut organisiert ist: *Verbuchung und Regulierung* der im Regelfall geprüften Eingangsrechnung *müssen zeitlich genauestens aufeinander abgestimmt werden.* Als wichtige Regel hat zu gelten, daß kurzfristig fällige Rechnungen, insbesondere auch Skonto-Rechnungen, und solche, bei denen der Zeitpunkt der Verbuchung möglicherweise mit dem der Regulierung kollidiert, zuerst zu regulieren und anschließend erst zu verbuchen sind und daß andererseits zu einem späteren Zeitpunkt erst fällige Rechnungen zuerst zu verbuchen und dann zu regulieren sind. Die mit der Weiterleitung der Eingangsrechnung nach ihrer Prüfung — unter Umständen auch schon vor ihr — betrauten Stellen des Unternehmens, in der Regel die Rechnungsprüfstelle, haben auf die Einhaltung dieser Regel unter allen Umständen zu achten, wobei es unter anderem auf ein gewisses Fingerspitzengefühl ankommt.

Kritisch ist zu der Verwendung der Originalrechnung als Regulierungsunterlage eigentlich nur Positives zu bemerken: Die Vorteile liegen einmal in der Ersparnis von Arbeit und Papier. Ferner ist das Risiko von Übertragungsfehlern, das zum Beispiel bei der Erstellung besonderer Belege eingegangen wird, nicht gegeben. Jeglicher Anlaß zu Rückfragen infolge mangelhafter oder falscher Angaben auf den Hilfsbelegen durch die Regulierungsstelle bei den jeweiligen Stellen, denen im Augenblick die entsprechenden Originalrechnungen vorliegen, entfällt, da den Eingangsrechnungen alle für die Regulierung wesentlichen Angaben entnommen werden können. Schließlich entfällt auch die Gefahr der Regulierung auf Grund von Belegen, die irrtümlich (zum Beispiel im Falle der doppelten Ausstellung von Belegen für ein und dieselbe Rechnung) oder in betrügerischer Absicht erstellt wurden, ohne daß ihrer Ausstellung regulierungsfähige Eingangsrechnungen zugrunde lagen. — Dieser Gefahr könnte jedoch auch durch einen entsprechenden Hinweis auf die bereits vollzogene Ausfertigung eines Beleges auf den Originalrechnungen und durch strikte Befolgung des Grundsatzes, daß jede Eingangsrechnung beziehungsweise

jeder sie ersetzende Beleg vor der Regulierung unter Vorlage aller dazugehörigen Unterlagen zur Zahlung angewiesen werden muß, begegnet werden.
Von Nachteil ist die Verwendung der Originalrechnung als Regulierungsunterlage lediglich dann, wenn sich auf Grund von Organisationsfehlern Kollisionen zwischen Verbuchung und Regulierung ergeben, wenn sich nämlich herausstellt, daß zum Zeitpunkt der Regulierung die Eingangsrechnung nicht verfügbar ist und umgekehrt. — Dieser Nachteil würde aber nach einer entsprechenden Umorganisation wieder entfallen.

b) Duplikat-Rechnungen als Grundlage

Unternehmen, die sich dieser Regulierungsmethode bedienen, lassen sich die Eingangsrechnung vom Rechnungsaussteller jeweils in zweifacher Ausfertigung zustellen, wovon *die Originalrechnung als Buchungsbeleg, das Duplikat als Regulierungsunterlage* Verwendung findet. Beide Ausfertigungen durchlaufen zunächst die Rechnungsprüfstelle, erhalten entsprechende Prüfungs- und Korrekturvermerke und werden unter Beifügung eventueller Berichtigungsbelege zur Zahlungsanweisung vorgelegt. Erst dann trennt sich ihr Weg, und das Duplikat, durch Stempelaufdruck als solches gekennzeichnet, wird der Finanzbuchhaltung zur Regulierung vorgelegt und verbleibt dort (sofern die Prüfung der Eingangsrechnung nicht noch nachzuholen ist, was, wie bereits angedeutet, in Ausnahmefällen möglich sein kann), während die Originalrechnung in den Buchungsgang eingeht.
Der *Vorteil* des Einschaltens von Duplikat-Rechnungen als Regulierungsunterlage wie auch der Verwendung sonstiger Hilfsbelege als solche liegt darin, daß Verbuchung und Regulierung der Eingangsrechnung unabhängig voneinander vorgenommen werden und Kollisionen sich praktisch nicht einstellen können, wobei jedoch hervorzuheben ist, daß derartige Überschneidungen sich auch auf anderem Wege vermeiden lassen.
Das durch die Einschaltung von Duplikat-Rechnungen bedingte Mehr an Arbeit ist unbedeutend. Jedoch fällt eine Reihe anderer *Nachteile* erheblich ins Gewicht: Es besteht einmal die Gefahr, daß bei der Prüfung der Eingangsrechnung sich als erforderlich herausgestellte Korrekturen auf dem Duplikat nicht in gleicher Weise vermerkt werden wie auf der Originalrechnung, daß also der Inhalt beider sich nicht deckt, daß vielmehr unterschiedliche Werte verbucht und reguliert werden. — Eine weitere Gefahr liegt darin, daß sowohl Original- als auch Duplikat-Rechnung oder mehrere Duplikat-Rechnungen zur Regulierung herangezogen werden, sei es irrtümlicherweise oder aus unlauteren Absichten heraus. — Um diesen Gefahren zu begegnen, muß, wenn ein Unternehmen schon auf der Verwendung von Duplikaten besteht, bei der Prüfung der Eingangsrechnung

dafür gesorgt werden, daß der Inhalt der Original- und Duplikat-Rechnung sich deckt. Ferner muß die Regulierungsstelle strikte Anordnung haben, nur als Duplikat gekennzeichnete und angewiesene Rechnung zu regulieren. — Letztlich müssen bei der Anweisung die Originalrechnung und die kompletten Unterlagen (Bestellakt und so weiter) vorgelegt werden. Jede Anweisung wird jeweils auf der Originalrechnung vermerkt, damit jegliches Dazwischenschieben zusätzlicher Duplikate unmöglich ist.
In Praxis und Literatur ist diese Regulierungsmethode mit Rücksicht auf die mit ihr verbundenen Nachteile *nur sehr selten anzutreffen.*

c) Regulierungsschuppen als Grundlage

Regulierungsschuppen als Unterlage für die Regulierung der Eingangsrechnung finden zwangsläufig dann Anwendung, wenn Unternehmen sich des Schuppenbeleg-Verfahrens bedienen, das auf Seite 154ff. unter *b)* behandelt wurde. An die dortigen Ausführungen kann hier angeknüpft werden.
Die Regulierungsschuppen — vgl. Abbildung 55, Seite 190 — werden nach der Prüfung der Eingangsrechnung zusammen mit den Buchungsschuppen bei der Eintragung jeder Rechnung in das Eingangsrechnungsbuch, die in der Regel in der Rechnungsprüfstelle erfolgt, in Durchschrift erstellt. Sie enthalten alle Angaben, die für die Regulierung von Bedeutung sind und werden der Finanzbuchhaltung laufend zugestellt. — Es sei hier noch einmal daran erinnert, daß sowohl für jede Eingangsrechnung mit ihrem ursprünglichen Betrag als auch über jede vorgenommene Korrektur eine Regulierungsschuppe ausgefertigt wird.
Auch in diesem Fall kann also die Regulierung unabhängig von der Verbuchung der Eingangsrechnung vorgenommen werden, was unbedingt als *Vorteil* gewertet werden muß. Eine weitgehende Arbeitsteilung ist also gewährleistet. Darüber hinaus ist mit dem Einschalten der Schuppenbelege zum Zweck der Regulierung eine Erleichterung der Tätigkeit der Regulierungsstelle insofern verbunden, als die Schuppen ein einheitliches Format und eine einheitliche Anordnung der Beschriftung aufweisen, was sich sehr vorteilhaft beim Registrieren, Suchen sowie bei der Ausstellung von Zahlungsaufträgen und so weiter auswirkt.
Es darf jedoch nicht übersehen werden, daß die Verwendung der Regulierungsschuppen wie überhaupt die Anwendung des Schuppenverfahrens mit einem erheblichen Mehraufwand an Papier und Arbeit verbunden ist. — Bei der Erstellung der Schuppen, also bei der Eintragung der Eingangsrechnung in das Eingangsrechnungsbuch, muß sorgfältig darüber gewacht werden, daß sich keine Übertragungsfehler einschleichen, da sonst sowohl Buchungs- als auch Regulierungsunterlagen sich inhaltlich nicht mit den

Eingangsrechnungen decken. Dasselbe gilt hinsichtlich der Eintragung der Korrekturen. — Schließlich müssen besondere Kontrollmaßnahmen — ähnlich wie die bei der Einschaltung von Duplikat-Rechnungen als Regulierungsunterlage herausgestellten — ergriffen werden, die verhindern, daß für eine Eingangsrechnung mehrere Regulierungsschuppen gleichen Inhalts zur Regulierung vorgelegt und auf diese Weise zum Schaden des Unternehmens Mehrfachzahlungen geleistet werden. Diese Kontrollen haben sich auch auf die Identität des Inhalts der Eingangsrechnung einerseits und der Belege andererseits zu erstrecken, namentlich um betrügerischen Vorhaben den Boden zu entziehen, die beispielsweise darin bestehen können, daß Schuppenbelege nach ihrer Ausstellung inhaltlich gefälscht werden.

Erwähnt sei schließlich noch die Möglichkeit, daß *Regulierungsschuppen auch in Unternehmen* zum Zuge kommen können, *die sich nicht generell des Schuppenverfahrens bedienen:* In diesem Fall werden lediglich die Regulierungsschuppen ausgefertigt, während im übrigen die Verbuchung auf Grund der Originalrechnung erfolgt. — Der erreichte Zweck ist letztlich derselbe.

d) Kontenkarten als Grundlage

Die Regulierung der Eingangsrechnung, ohne diese dafür im Original in Anspruch zu nehmen und ohne statt ihrer eigens zu diesem Zweck erstellte Hilfsbelege oder Duplikat-Rechnungen zu verwenden, kann in der Weise erfolgen, daß als Regulierungsunterlage die entsprechenden Kontenkarten der Kreditorenpersonenkonten der Rechnungsaussteller herangezogen werden. Die Eingangsrechnung selbst läuft dann nach ihrer Verbuchung aus.

Dieses Verfahren setzt aber einmal voraus, daß die zur Regulierung anstehenden Eingangsrechnungen (zum mindesten auf dem Kreditorenkonto) bereits verbucht sind, was vor allem bei Rechnungen mit kurzfristiger Fälligkeit regelmäßig mit Schwierigkeiten verbunden ist. Es empfiehlt sich daher, sofern bei der Regulierung in dieser Weise vorgegangen werden soll, im Interesse der Einhaltung der Fälligkeitstermine unmittelbar an die Prüfung der Eingangsrechnung ihre kontokorrentmäßige Verbuchung anzuschließen. Es wird sich aber nicht vermeiden lassen, *in Ausnahmefällen trotzdem die Originalrechnung* zur Hand zu nehmen. Eine weitere Voraussetzung ist die, daß die auf das Kreditorenkonto übernommenen Rechnungs- und Korrekturbeträge hieb- und stichfest sind und daß die Kontenkarten darüber hinaus alle Angaben enthalten, die für die Regulierung von Bedeutung sind, wie Fälligkeit, Datum, laufende Rechnungsnummer und Rechnungsnummer des Ausstellers, Bank- und Postscheckverbindung und andere.

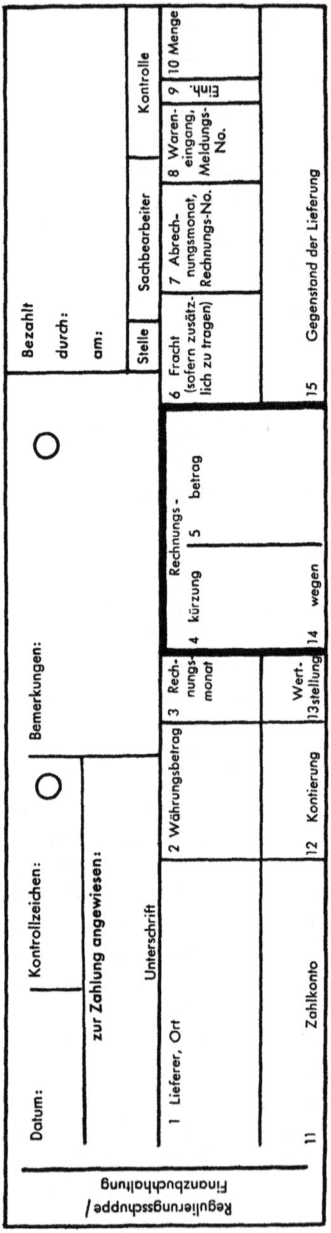
Regulierungsschuppe /
Finanzbuchhaltung
Datum:
Kontrollzeichen:
Bemerkungen:
Bezahlt
durch:
am:
zur Zahlung angewiesen:
Unterschrift
Stelle
Sachbearbeiter
Kontrolle
1 Lieferer, Ort
2 Währungsbetrag
3 Rech-nungs-monat
Rechnungs-
4 kürzung
5 betrag
6 Fracht (sofern zusätzlich zu tragen)
7 Abrechnungsmonat, Rechnungs-No.
8 Waren-eingang, Meldungs-No.
9 Einh.
10 Menge
11 Zahlkonto
12 Kontierung
13 Wert-stellung
14 wegen
15 Gegenstand der Lieferung

Abb. 55

Daß dieses Regulierungsverfahren der Kontrolle in erhöhtem Maße bedarf und große Anforderungen an die Zuverlässigkeit der Sachbearbeiter stellt, braucht nicht weiter erörtert zu werden.

e) Sonstige Belege als Grundlage

Schließlich ist noch die Möglichkeit gegeben, die allerdings mit der der Verwendung von Regulierungsschuppen sehr eng verwandt ist, für jede Eingangsrechnung einen besonderen Beleg zu erstellen, der dann zur Regulierung herangezogen wird. Bei diesem Beleg, zu dessen Ausstellung man sich im übrigen zweckmäßig eines besonderen Vordruckes bedient — vgl. Abbildung 56, Seite 192 —, handelt es sich um eine eigens auf den Zweck der Regulierung abgestellte, komprimierte Rechnungsabschrift, die nur die notwendigsten Angaben der Originalrechnung wiedergibt. Die Erstellung der Regulierungsbelege kann im Anschluß an die Prüfung der Eingangsrechnung von der Rechnungsprüfstelle oder auch von der Regulierungsstelle selbst vorgenommen werden.
Hinsichtlich der mit der Verwendung dieser Belege verbundenen *Vor- und Nachteile* gilt dasselbe, was bereits im vorstehenden über die Regulierungsschuppen angeführt wurde.
Zusammenfassend kann zu den aufgezeigten Möglichkeiten hinsichtlich der Verwendung von Regulierungsunterlagen gesagt werden, daß *grundsätzlich anzustreben* ist, *bei der Regulierung von der Originalrechnung auszugehen*, sofern nicht unternehmens-individuelle Gegebenheiten dem entgegenstehen, wozu man auf keinen Fall eine mangelhafte Organisation der Behandlung und des Durchlaufs der Eingangsrechnung zu zählen hat.

4. BEI DER REGULIERUNG ZU BEACHTENDE ERFORDERNISSE

a) Berücksichtigung von Gegenforderungen

Nicht selten kommt es vor, daß in einem Unternehmen Eingangsrechnungen zur Regulierung anstehen, gegen deren Aussteller noch Gegenforderungen im Soll des betreffenden Debitorenkontos offenstehen. Sofern es sich bei diesen Gegenforderungen um solche handelt, die im rechtlichen Sinne aufrechnungsfähig sind, unterbleibt natürlich eine Regulierung der Eingangsrechnung in Form der Barzahlung, Banküberweisung und so weiter in Höhe der festgestellten Gegenforderungen, und mit diesen wird gegen die Verpflichtungen gegenüber den Rechnungsausstellern aufgerechnet. — Etwa verbleibende Salden werden dann normal reguliert. —

Regulierungsbeleg

Ausstellungsdatum ....

Rechnung vom .... Rechnungs-Nr. des Ausstellers ....

Laufende Rechnungs-Nr. ....

Rechnungs-Aussteller ....

Rechnungsgegenstand ....

Rechnungsbetrag		DM ....
·/. Teilzahlungen	....	DM ....
	....	DM ....
	....	DM ....
± Berichtigungen		DM ....
(Skonto besonders ausweisen!)		DM ....
Zu zahlen		DM ....

Zur Zahlung angewiesen* ....

Die Rechnung ist fällig am ....

Bezahlt durch	Landes-Zentral-Bank Rhein-Ruhr-Bank Bankverein Westdeutschland Postscheck Wechsel Verrechnung	Raum für „Bezahlt-Stempel“

* (und auf Originalrechnung notiert)

Abb. 56

Es muß *unter allen Umständen* vermieden werden, daß zu einer Eingangsrechnung beispielsweise ein Zahlungsauftrag ausgestellt wird, während statt dessen eine Aufrechnung hätte Platz greifen können und müssen.
Aus diesem Grund ist jede Eingangsrechnung — oder der sie bei der Regulierung ersetzende Hilfsbeleg — im Zuge ihrer Regulierung dem in Frage kommenden Kontenführer der Debitorenpersonenkonten vorzulegen, der festzustellen hat, ob und in welcher Höhe Gegenforderungen vorliegen, und einen entsprechenden Vermerk auf dem der jeweiligen Eingangsrechnung beizulegenden Regulierungszettel zu machen hat. — Hierüber wird im folgenden noch näher auszuführen sein, wenn es gilt, einen geschlossenen Regulierungsablauf beispielhaft darzustellen.

b) Berücksichtigung von Last- und Gutschriften

Im Regelfall ist es so, daß, falls sich bei der Prüfung der Eingangsrechnungen Berichtigungen des Rechnungsbetrages als erforderlich herausgestellt haben, diese Korrekturen auf den Eingangsrechnungen selbst und auf besonderen Korrekturbelegen sowie, falls spezielle Regulierungsunterlagen statt der Originalrechnungen Anwendung finden, auch auf diesen vermerkt werden. Auf jeden Fall kann und muß die Regulierungsstelle aus den vorliegenden Regulierungsunterlagen ersehen, welcher Rechnungsbetrag jeweils für die Regulierung in Betracht kommt.
In allen Fällen aber, in denen Eingangsrechnungen erst nach ihrer Regulierung korrigiert werden, sei es, weil sich erst nachträglich Beanstandungen der berechneten Leistungen ergeben haben, sei es im Fall der Verpackungsrücksendung oder sei es schließlich, weil die Eingangsrechnungen infolge ihrer kurzfristigen Fälligkeit bereits vor ihrer Prüfung reguliert wurden, werden über die nachträglich festgestellten Korrekturbeträge wie in jedem Fall separate Last- und Gutschriftsanzeigen ausgestellt, die dann im Kontokorrent und auf den Gegenkonten — meist ohne Vorlage der Rechnungen selbst — gesondert verbucht werden (müssen) und bei späteren Regulierungen, sofern das Unternehmen mit dem Rechnungsaussteller in laufender Geschäftsverbindung steht, zu berücksichtigen sind. Ist eine spätere Verrechnung nicht möglich, erfolgt Rückforderung des zuviel Geleisteten oder Nachzahlung.
Zum Zweck der Berücksichtigung derartiger nachträglicher Berichtigungen von Eingangsrechnungen muß jede zu regulierende Rechnung oder der sie vertretende Hilfsbeleg vor Ausstellung des Zahlungsauftrages, vor der Aufrechnung und so weiter dem zuständigen Kontenführer der Kreditorenpersonenkonten vorgelegt werden, der ebenfalls wiederum auf einem sogenannten Regulierungszettel vermerkt, welche Last- und Gutschriftsanzeigen auf den jeweiligen Konten noch offenstehen oder eventuell noch

unverbucht vorliegen. Auf diese Weise ist die Gewähr dafür gegeben, daß laufend ein Ausgleich der noch abzurechnenden Posten auf dem Kreditorenkonto erfolgt.

c) Berücksichtigung von Raten- und Abschlagszahlungen

Eingangsrechnungen, auf die bereits Raten- oder Abschlagszahlungen geleistet wurden, sind bei Vorlage zur Regulierung — in der Regel durch die Rechnungsprüfstelle — durch Stempelaufdruck als solche gekennzeichnet. Auf den Rechnungen ist ferner vermerkt, in welcher Höhe bereits Zahlungen geleistet wurden. Die Finanzbuchhaltung hat also weiter nichts zu tun, als darauf zu achten, daß jeweils der richtige Rechnungsbetrag zur Regulierung herangezogen wird.
Es empfiehlt sich aber trotzdem aus Gründen der Sicherheit, daß sich die Regulierungsstelle durch Einsichtnahme in die den betreffenden Eingangsrechnungen, Regulierungsbelegen und so weiter zugrunde liegenden Bestellunterlagen sowie in die Teilzahlungskartei darüber Gewißheit verschafft, ob die auf den zur Regulierung vorliegenden Unterlagen vermerkten Teilzahlungen in bezug auf Vollständigkeit und Richtigkeit den Tatsachen entsprechen. Diese zusätzliche Sicherung ist ganz besonders im Hinblick auf die im Regelfall erhebliche Höhe der bereits bewirkten und noch zu bewirkenden Teil-Gegenleistungen angebracht. Die damit verbundene Mehrarbeit ist ohne weiteres tragbar, zumal erfahrungsgemäß nur verhältnismäßig wenige Eingangsrechnungen des gesamten Rechnungsanfalls von Teilzahlungen berührt werden.

d) Berücksichtigung von Zessionen

Es kann sehr wohl der Tatbestand vorliegen, daß ein Rechnungsaussteller seine ihm gegen den Rechnungsempfänger zustehende Forderung an einen Dritten abgetreten hat. Eine diesbezügliche Anzeige des Zedenten oder die Vorlage einer Abtretungsurkunde durch den Zessionar wird sofort auf dem betreffenden Kreditorenpersonenkonto des Rechnungsausstellers unter Angabe des neuen Gläubigers vermerkt.
Auch aus diesem Grund ist es daher erforderlich, daß jede Eingangsrechnung, die zur Regulierung ansteht, oder jeder Regulierungsbeleg vorher dem zuständigen Kontenführer der Kreditorenpersonenkonten vorgelegt wird, damit dieser gegebenenfalls in den Regulierungsunterlagen auf die stattgefundene Zession hinweist. Dadurch wird vermieden, daß unter Umständen zu Unrecht an den Rechnungsaussteller, als den alten Gläubiger, gezahlt wird. Die nachteiligen Folgen, die sich an Fehlregulierungen dieser Art knüpfen können, sollte man nicht unterschätzen.

e) Sinnvolle vorübergehende Ablage der Regulierungsunterlagen

Die beste Organisation der Behandlung und des Durchlaufes der Eingangsrechnung, unter Umständen auch die Einschaltung von Hilfsbelegen, verfehlt hinsichtlich des Zweckes der fristgerechten Regulierung ihre Wirkung, wenn in der Finanzbuchhaltung vom Zeitpunkt ihres dortigen Eintreffens bis zur Fälligkeit nicht eine sinnvolle vorübergehende Ablage der Eingangsrechnung oder des sie ersetzenden Beleges — für beide trifft sinngemäß das gleiche zu — Platz greift.

Diese vorübergehende Ablage hat *unter besonderer Berücksichtigung zweier Gesichtspunkte* zu erfolgen: Einmal muß ein Überblick über die verschiedenen Fälligkeitstermine und darüber gegeben sein, welche Eingangsrechnungen zu den jeweiligen Terminen fällig sind. Zum anderen muß im Falle von auftretenden Rückfragen jederzeit feststellbar sein, welche Eingangsrechnungen bestimmter Firmen noch zur Regulierung anstehen — eventuell ohne daß deren Fälligkeit bekannt ist. Bei sorgfältiger Beachtung dieser Gesichtspunkte sind ein Übersehen fälliger Rechnungen sowie langwieriges Suchen ausgeschlossen.

Eine Möglichkeit, die vorübergehende Ablage der Regulierungsunterlagen in dem dargestellten Sinne vorzunehmen, wird im folgenden unter 5. beispielhaft darzustellen sein. — Es sei hier nur ergänzend eingefügt, daß die allgemein übliche Methode der Ablage der Eingangsrechnung vor der Regulierung nach Fälligkeiten und innerhalb derselben nach Firmen den an sie gestellten Anforderungen nicht ganz gerecht wird, jedoch nicht gänzlich abzulehnen ist. Es versagt bei ihr aber die Möglichkeit des schnellen Heraussuchens von Eingangsrechnungen oder sonstigen Regulierungsunterlagen bestimmter Firmen, wenn die Fälligkeitstermine nicht bekannt sind.

f) Notwendigkeit der Belegkennzeichnung nach der Regulierung

Als letzter wesentlicher Punkt ist schließlich herauszustellen, daß aus Sicherheitsgründen, um zu vermeiden, daß eine mehrfache Regulierung ein und derselben Eingangsrechnung vorgenommen wird, jede Rechnung oder der sie vertretende Beleg nach der Regulierung, ganz gleich, in welcher Form diese auch stattgefunden hat, als solche(r) kenntlich gemacht wird. Die Praxis spricht bei diesem Akt sachlich sehr richtig von der „*Entwertung*“ der Regulierunterlagen.

Als sehr zweckmäßig hat sich die Verwendung eines *Lochstempels* herausgestellt, mittels dessen die regulierten Eingangsrechnungen oder Belege mit dem Aufdruck „bezahlt“ und dem Regulierungsdatum in perforierter Schrift versehen werden.

5. BEISPIEL ZUR GESTALTUNG DES ARBEITSABLAUFS BEI DER REGULIERUNG

Nachstehend soll eine Möglichkeit dafür aufgezeigt werden, wie die Regulierung der Eingangsrechnung abgewickelt werden kann. — *Dabei wird davon ausgegangen, daß die Originalrechnung bei der Regulierung zugrunde gelegt wird.* Es sei also unterstellt, daß die im vorstehenden bereits mehrfach angedeuteten Voraussetzungen dafür gegeben, daß namentlich Verbuchung und Regulierung zeitlich sorgfältig aufeinander abgestimmt sind.

Die Regulierung wird in dem folgenden Beispiel durch die *Finanzbuchhaltung* vorgenommen. In Unternehmen, deren Organisationsplan keine entsprechende Unterteilung der Hauptabteilung Buchhaltung vorsieht, würde an deren Stelle die Regulierungsstelle treten. Diese Bezeichnung und „Finanzbuchhaltung" wurden und werden synonym verwandt.

Im übrigen basieren die folgenden Ausführungen wiederum auf Erfahrungsmaterial, das im Verlauf von in industriellen Unternehmen verschiedener Art und Größe angestellten Untersuchungen gesammelt wurde.

Der wirklichen Zeitfolge entsprechend — bietet sich mit Vorteil dieser Ablauf an:

Vorübergehende Ablage der zu regulierenden Eingangsrechnung: Hier kann angeknüpft werden an die Ausführungen auf Seite 195 ff. unter *e)*!

Die laufend der Finanzbuchhaltung zur Regulierung zugeleiteten Eingangsrechnungen, bei denen es sich also um geprüfte (= Regelfall) und ungeprüfte einerseits und verbuchte und noch nicht verbuchte andererseits handeln kann, werden hier zunächst in folgender Weise abgelegt[68]: Die Rechnungen werden nach Rechnungsausstellern sortiert und in die für diese vorgesehenen Mappen eingeordnet. Bei letzteren — vgl. Abbildung 57, Seite 197 — handelt es sich um *Spezialmappen*, die den Charakter von Karteikarten tragen und auch wie solche in besonderen Kästen abgestellt werden. Entsprechend der jeweiligen Fälligkeit wird jede Mappe mit einem speziellen Reiter markiert, dessen Farbe, je nachdem, welcher Fälligkeitstermin in Frage kommt — beispielsweise bei Fälligkeit am Ende des laufenden Monats = rote Reiter, bei Fälligkeit am Anfang des laufenden Monats = weiße Reiter, bei Fälligkeit am 15. des Monats = grüne Reiter —, verschieden gewählt wird. Eine weitere Markierung mittels besonderer Reiter kann vorgenommen werden, wenn bei der Regulierung irgendwelche wichtigen Punkte zu beachten sind, wie bevorzugte Regulierung wegen Einräumung von Skonti und Boni, Beachtung von Gegen-

[68] Vgl. *Josef Wieler*, Vereinfachung der Regulierungsarbeit, in: Zeitschrift für Organisation, 7. Jahrgang, 1933, Seite 106 ff.

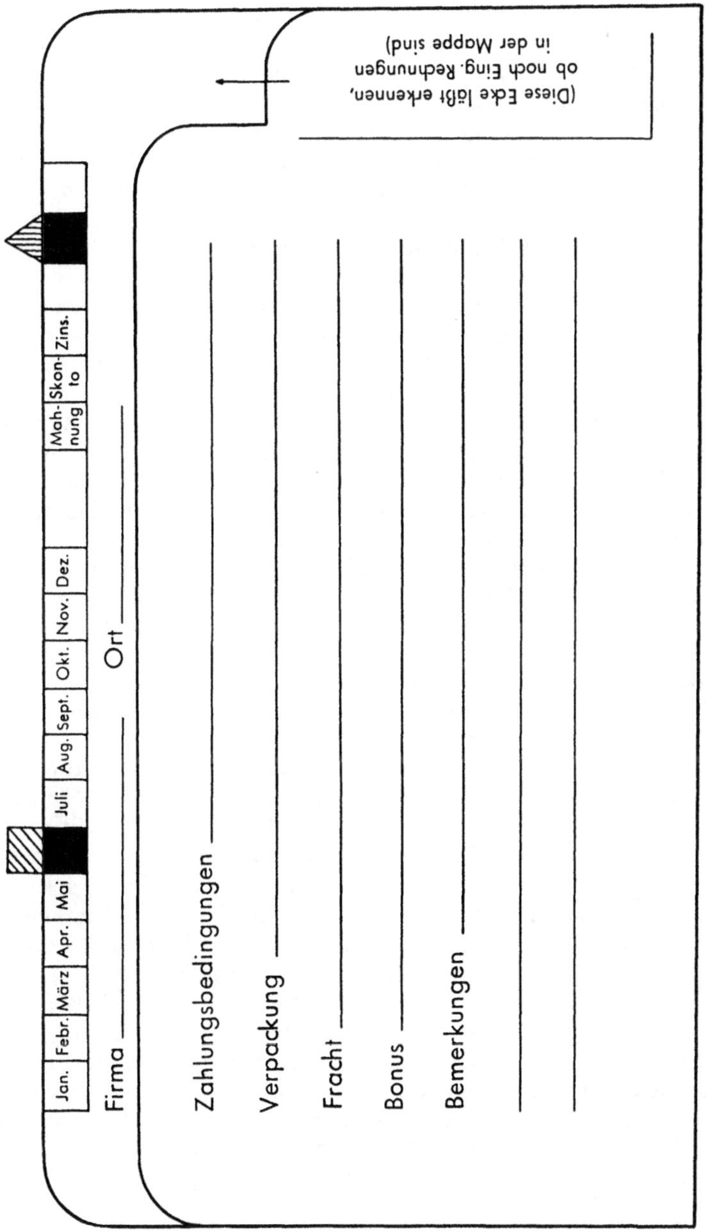

Jan.
Febr.
März
Apr.
Mai
Juli
Aug.
Sept.
Okt.
Nov.
Dez.
Mah-nung
Skon-to
Zins.
Firma
Ort
Zahlungsbedingungen
Verpackung
Fracht
Bonus
Bemerkungen
(Diese Ecke läßt erkennen, ob noch Eing. Rechnungen in der Mappe sind)

Abb. 57

forderungen, Gefahr hoher Verzugszinsen und andere. — Falls für einen Rechnungsaussteller mehrere Fälligkeitstermine zutreffen, ist eine entsprechende Anzahl Mappen anzulegen, beispielsweise für den Lieferanten L. eine Mappe für am 15. jeden Monats fällige und eine solche für am Ende jeden Monats fällige Eingangsrechnungen, weil gemäß Vereinbarung Eingangsrechnungen über geliefertes Halbzeug am 15., solche über Gießereierzeugnisse aber erst am Ende jeden Monats, der der Lieferung folgt, zu regulieren sind. Beide Mappen werden dann je durch einen Reiter von entsprechend den Fälligkeitsterminen unterschiedlicher Farbe gekennzeichnet.

Die Spezialmappen werden, wie bereits erwähnt, in Karteikästen senkrecht mit der längsseitigen Öffnung nach oben aufbewahrt, und zwar alphabetisch nach Firmen geordnet. Anordnung und Farbe der Reiter ermöglichen es jederzeit, die zu einem bestimmten Termin fälligen Eingangsrechnungen, nach Rechnungsausstellern getrennt, aufzufinden und zur Regulierung bereitzustellen. Unabhängig davon kann im Fall von Rückfragen ohne Kenntnis der Fälligkeit eine Rechnung mühelos herausgesucht werden.

Die Mappen tragen zudem auf ihrer Vorderseite wichtige, bei der Regulierung zu beachtende Hinweise.

Die in der dargestellten Weise geführte Mappenkartei wird von den zuständigen Sachbearbeitern der Finanzbuchhaltung täglich durchgesehen, und die jeweils fälligen — die Aussonderung erfolgt in der Regel etwa zwei Tage vor der Fälligkeit — Eingangsrechnungen werden aussortiert, wobei ein besonderes Augenmerk auf kurzfristig fällige, insbesondere Skonto-Rechnungen, gerichtet wird. Mit den aussortierten Rechnungen wird dann weiter wie folgt verfahren:

Vorlage der fälligen Eingangsrechnung bei den Kontenführern der Debitoren- und Kreditorenpersonenkonten: Wie im vorstehenden unter 4. Seite 191 ff. dargestellt, ist es erforderlich, daß die Eingangsrechnung im Zuge der Regulierung den Kontenführern der Debitoren- und Kreditorenpersonenkonten zur Einsicht vorgelegt wird. Die ersteren haben, um es kurz zu wiederholen, festzustellen, ob aufrechnungsfähige Gegenforderungen gegen den jeweiligen Rechnungsaussteller vorliegen, während die letzteren zu prüfen haben, ob auf dem Kreditorenkonto noch Last- oder Gutschriftsanzeigen offenstehen, und weiterhin, ob seitens der Rechnungsaussteller Zessionen vorgenommen worden sind. Eventuelle Gegenforderungen sowie bei der Regulierung zu berücksichtigende Last- und Gutschriftsanzeigen werden von den besagten Kontenführern auf besonderen *Regulierungszetteln* — vgl. Abbildung 58, Seite 199 — vermerkt und diese den Eingangsrechnungen beigefügt. Stattgefundene Zessionen werden auf den entsprechenden Rechnungen selbst vermerkt.

Regulierungszettel ...., den.................... 19........

Firma ....

....

Es sind zu kürzen - zu vergüten

1. DM .... für ....

2. „ .... „ ....

3. „ .... „ ....

4. „ .... „ ....

5. „ .... „ ....

6. „ .... „ ....

7. „ .... „ ....

....

Kontenführer

Abb. 58

Anläßlich der Vorlage der Eingangsrechnung bei den Kontenführern zu den dargestellten Zwecken wird noch ein Zweifaches durchgeführt: Einmal wird die beabsichtigte Regulierung bereits von Hand auf den in Frage kommenden Kreditorenpersonenkonten vorgemerkt — Grund: Schaffung der Möglichkeit der Auskunftserteilung im Fall von Rückfragen und Vermeidung von Doppelverrechnungen der Last- und Gutschriften sowie von Gegenforderungen. Zum anderen werden im Fall, daß Gegenforderungen vorliegen, zu der vorzunehmenden Buchung: „Per Kreditoren- an Debitorenkonto“ entsprechende Buchungsbelege ausgestellt.

Von der Kontokorrentbuchhaltung gehen die Eingangsrechnungen laufend wieder zur weiteren Behandlung der Finanzbuchhaltung zu.

Kontrolle der geleisteten Teilzahlungen: In den Fällen, in denen auf Eingangsrechnungen bereits Raten- oder Abschlagszahlungen geleistet wurden, was aus den betreffenden Rechnungen hervorzugehen hat, ist es nun Angelegenheit der Finanzbuchhaltung, die Richtigkeit dieser Zahlungen durch Einsichtnahme in die Bestellunterlagen und in die Teilzahlungskartei zu prüfen und auf den Belegen zu bestätigen.

Abrechnung: Unter Heranziehung der Eingangsrechnung — falls mehrere Rechnungen desselben Ausstellers zur gleichen Zeit zur Regulierung anstehen, sind diese einfachheitshalber zusammen abzufertigen — und

des vorerwähnten Regulierungszettels (Abb. 58) wird je Rechnungsaussteller eine Zusammenstellung vorgenommen, zweckmäßig auf Additionsstreifen mit Durchschrift, die den Brutto-Rechnungsbetrag, falls mehrere Eingangsrechnungen desselben Kreditors zu regulieren sind, die Brutto-Rechnungsbeträge, bereits geleistete Zahlungen, gegebenenfalls Last- und Gutschriften sowie eventuelle Gegenforderungen umfaßt.
Diese Zusammenstellung, auch als „Abrechnung" bezeichnet, wird jedem Rechnungsaussteller schriftlich in spezifizierter Form auf besonderem Vordruck — vgl. Abbildung 59, Seite 201 — zur Kenntnis gegeben, wobei in die „Abrechnung" noch aufgenommen wird, in welcher Weise, ob durch Kasse, Überweisung, Scheck, Wechsel und so weiter, der sich aus ihr ergebende Saldobetrag zugunsten des Rechnungsausstellers beglichen wird.
Die „Abrechnung", die für beide Teile eine wichtige Unterlage für die Bereinigung der Konten bildet, wird dem Rechnungsaussteller im übrigen zweifach zugestellt mit der Bitte um Bestätigung auf der Zweitschrift. Mit dieser Handhabe verbindet sich eine wesentliche Kontrollmaßnahme: Die bestätigte Zweitschrift wird nach ihrer Rücksendung unmittelbar der Rechnungsprüfstelle zur Einsichtnahme zugeleitet. Diese hat sodann die Möglichkeit, die Richtigkeit der vorgenommenen Regulierung unter Heranziehung der entsprechenden Eingangsrechnung und Belege und unter Einsichtnahme in das Kontokorrent zu prüfen, so daß ungerechtfertigte Regulierungen zum Schaden oder Vorteil des Unternehmens bei strikter Durchführung dieser Kontrollmaßnahme durch die Rechnungsprüfstelle aufgedeckt würden.
Schlußphase der Regulierung: Im Regelfall ergibt sich bei der soeben behandelten „Abrechnung" jeweils ein Saldo zugunsten des Rechnungsausstellers, der nicht selten mit dem ursprünglichen Rechnungsbetrag, falls mehrere Eingangsrechnungen desselben Rechnungsausstellers zur gleichen Zeit reguliert werden, mit der Summe der ursprünglichen Rechnungsbeträge, identisch ist, immer dann nämlich, wenn keinerlei Korrekturen, Gegenforderungen und so weiter zu berücksichtigen sind.
Die *Begleichung dieses Saldos* kann nun *alternativ oder nebeneinander in folgender Weise* vorgenommen werden, wobei jedoch seitens der Finanzbuchhaltung etwa mit dem Rechnungsaussteller hinsichtlich der Regulierungsform getroffene Vereinbarungen oder dessen besondere Wünsche, die vielleicht aus den Rechnungen hervorgehen, zu beachten sind:
1. Der häufigste Fall ist der, daß die Form der *Überweisung von Konto zu Konto* gewählt wird. Zu diesem Zweck werden Zahlungsaufträge an eine oder mehrere Banken oder an das zuständige Postscheckamt ausgestellt, deren Auswahl vorher unter Berücksichtigung der Höhe der bei diesen im Zeitpunkt der Regulierung vorhandenen Guthaben oder zahlungstechnischer Gesichtspunkte stattgefunden hat. Dabei finden nahezu ausschließlich

(Anschr. des Rechnungs-Empf.)

Draht Fernspr. Fernschr.

Ans chr. des Rechngs. Austell.)

Ihre Zeichen | Ihre Nachr. vom | Uns. Hausruf | Uns. Abt. u. Zeichen | ...., den...........

Betr. Abrechnung

Rechnung vom	DM	Rechnung vom	DM
		Übertrag	
Übertrag		Se.	

Bereits reguliert durch:

offene Lastschriften ....

Gegenforderungen ....

geleistete Teilzahlungen ....

Nebenstehenden Restbetrag in Höhe von ....
vergüten wir Ihnen durch:

Landeszentralbank
Rhein.-Westf. Bank
Rhein-Ruhr-Bank
Bankverein Westdeutschland
Städt. Sparkasse
Postscheck
Wechsel
Zession folg. Forderung.

Um **Bestätigung** auf anliegender Zweitschrift wird gebeten!

Abb. 59

von den genannten Instituten zur Verfügung gestellte Vordrucksätze Verwendung. Eine Kopie derselben dient später in Verbindung mit einer Durchschrift der „Abrechnung" sowie den bei der Zusammenstellung angefallenen Additionsstreifen als Buchungsunterlage für die Verbuchung der durchgeführten Zahlungen zu Lasten des Kreditorenkontos und zu Gunsten des oder der in Frage kommenden Finanzkontos(en), auf die aber in dieser Arbeit nicht näher eingegangen werden soll.

2. Erheblich seltener wird infolge des Vorherrschens des bargeldlosen Zahlungsverkehrs die *Regulierung in bar* vorgenommen. In diesem Fall wird eine interne Anweisung an die Kasse ausgefertigt, auf Grund deren diese die Zahlung an den Rechnungsaussteller bewirkt und die ebenfalls später als Buchungsunterlage für die Verbuchung des Zahlungsvorganges herangezogen wird.

3. Soll die Regulierung in Form der *Hingabe von Geldsurrogaten* (Schecks, Wechsel) durchgeführt werden, so erfolgt deren Ausstellung und Begebung. Bei der Verbuchung derartiger Regulierungen dienen später Wechsel- und Scheck-Kopierbücher als Buchungsunterlage.

4. Ist schließlich die Entscheidung hinsichtlich der Regulierungsform auf die *Zession* einer oder mehrerer Forderungen gefallen, so wird den betreffenden Rechnungsausstellern jeweils eine Abtretungsurkunde an die Hand gegeben, von der eine Durchschrift als Buchungsbeleg für die Verbuchung der Abtretung zu Lasten des Kreditorenkontos und zu Gunsten des Debitorenkontos Verwendung findet.

In welcher Form auch immer der Saldo zu Gunsten eines Rechnungsausstellers beglichen werden mag, in jedem Fall ist es selbstverständlich, daß der Zahlungsauftrag an die eine oder andere Bank, die Anweisung an die Kasse, der Wechsel und so weiter unter Beifügung der entsprechenden Eingangsrechnung(en) sowie der dazugehörigen „Abrechnung" den zuständigen Persönlichkeiten zur Unterschrift vorgelegt werden.

Unmittelbar an die Bewirkung der dem Unternehmen obliegenden Gegenleistungen hat sich die *Entwertung der Eingangsrechnung* anzuschließen, was dadurch geschieht, daß diese durch Stempelaufdruck, zweckmäßig unter Verwendung eines Lochstempels, als „bezahlt" kenntlich gemacht wird.

Nach der Regulierung der Eingangsrechnung kann, soweit Prüfung und Verbuchung bereits vorausgegangen sind, ihre Ablage, die im folgenden noch zu behandeln ist, erfolgen. — Muß die Eingangsrechnung dagegen noch geprüft und/oder verbucht werden, so wird sie umgehend den zuständigen Stellen des Unternehmens zugeleitet.

Abschließend ist festzuhalten: Bei der im vorstehenden dargestellten Möglichkeit der Abwicklung der Regulierung handelt es sich nicht um eine solche, von der in dieser reinen Form in der Praxis Gebrauch gemacht wird und die hier lediglich wiedergegeben wurde. Vielmehr ist

in ihr das Ergebnis einer Reihe von Untersuchungen und der aus ihnen gezogenen Erkenntnisse zu sehen.
Anhand dieses Beispiels sollte versucht werden aufzuzeigen, wie die Regulierung im ganzen organisatorisch gestaltet werden kann, um den Anforderungen hinsichtlich Einfachheit, Zweckmäßigkeit, Sicherheit und letztlich den Grundsätzen der Regulierung zu entsprechen. Dem angeführten Beispiel soll der Charakter eines Wegweisers, nicht der einer Schablone innewohnen.

V. Die Ablage der Eingangsrechnung

Die folgenden Ausführungen befassen sich ausschließlich mit der *Ablage der Originalrechnung*. Sie können aber auch — allerdings mit gewissen Einschränkungen — sinngemäß auf die Ablage von — je nach den gewählten Buchungs- und Regulierungsverfahren — neben der Originalrechnung zur Anwendung kommenden Hilfsbelegen (Duplikat-Rechnung, Schuppenbelege usw.) bezogen werden, insbesondere, was die Ausführungen über das „Wie" der Ablage anbelangt. Darauf braucht also nachstehend im Text nicht mehr von Fall zu Fall hingewiesen zu werden.

1. BEDEUTUNG

Sehr häufig wird in der Praxis die Ansicht vertreten, daß die Ablage des in einem Unternehmen anfallenden Schriftgutes nur als Nebenarbeit, sozusagen als ein unvermeidliches Übel anzusehen ist. Entsprechend dieser der Ablage beigelegten untergeordneten Rolle wird sie vielfach auf Lehrlinge oder für andere Arbeiten nicht verwendungsfähige Hilfskräfte abgewälzt, woraus sich dann die unliebsamen und von vornherein absehbaren Folgen ergeben, von denen jeder zu sagen weiß, der einmal stundenlang oder gar vergeblich auf der Suche nach einem bestimmten Schriftstück gewesen ist.
In einer Einstellung zur Ablage, wie sie oben angedeutet wurde, liegt aber eine vollkommene Verkennung ihrer Bedeutung. Schriftgut ablegen heißt, dieses nach bestimmten Gesichtspunkten hin ordnen und in geordneter und dazu übersichtlicher Form griffbereit halten, kurz, ein ständiges Nachschlagewerk für ein Unternehmen schaffen, das in die Lage versetzt, bei Bedarf jederzeit auf bestimmte Geschäftsunterlagen ohne langwieriges Suchen zurückgreifen zu können. — So gesehen, stellt die Ablage *keineswegs eine bloße Nebenarbeit* dar, welchem Umstand bei ihrer Durchführung selbst und bei der Auswahl der mit ihr betrauten Personen Rechnung zu tragen ist.

Was nun speziell die Eingangsrechnung, als einen Teil des in einem Unternehmen anfallenden Schriftgutes, angeht, so kommt deren Ablage im Regelfall von zwei Seiten her Bedeutung zu: Einmal wird die Eingangsrechnung bei den einzelnen Stellen, die sie zu bearbeiten, zu prüfen, zu verbuchen, zu regulieren haben, abgelegt. Hier liegt also der Fall einer nur *vorübergehenden Ablage* vor. Zum anderen hat nach Beendigung des vorgesehenen Durchlaufs der Eingangsrechnung und ihrer Auswertung durch alle in Frage kommenden Stellen des Unternehmens ihre *endgültige Ablage* zu erfolgen. — In beiden Fällen ist die Bedeutung der Ablage darin zu sehen, daß sie ein müheloses, jeden Zeitverlust ausschließendes Auffinden der Rechnung, sei es als Prüfungs-, Buchungs- oder Regulierungsunterlage, sei es schließlich zum Zweck der späteren Einsichtnahme im Zuge der Auswertung der Kostenrechnung oder um Preisvergleiche durchzuführen und anderes, gewährleisten soll.
Welche Möglichkeiten nun in Erkenntnis der Bedeutung der Ablage gegeben sind, die Eingangsrechnung abzulegen, wird im folgenden dargestellt werden, um daran anschließend auf der Grundlage in der Praxis gesammelten Erfahrungsmaterials aufzuzeigen, in welcher Weise die Ablage der Eingangsrechnung am zweckmäßigsten vorzunehmen ist.

2. DAS WANN, WO UND WIE DER RECHNUNGSABLAGE

a) Zeitpunkt

Je nachdem, ob die Eingangsrechnung an einer Stelle oder nacheinander an mehreren Stellen des Unternehmens nur vorübergehend, gewöhnlich kurzfristig, abgelegt wird oder ob die Ablage endgültig, zum mindesten aber für einen längeren Zeitraum, erfolgt, ist, wie bereits vorstehend angedeutet, zwischen der vorübergehenden und der Daueablage zu unterscheiden. Diese Unterscheidung zieht sich durch die folgenden Ausführungen hindurch.

aa) Fall der vorübergehenden Ablage

Eine vorübergehende Ablage der Eingangsrechnung greift jeweils dann Platz, wenn diese den in Frage kommenden Stellen des Unternehmens (Rechnungsprüfstelle, Kontokorrentbuchhaltung, Abt. „Betriebsabrechnung", Anlage- und Lagerbuchhaltung, Regulierungsstelle) zur Bearbeitung zugegangen ist, und zwar jeweils für die Dauer ihres Verbleibens bei diesen Stellen, also vom Zeitpunkt ihres Eintreffens bis zu ihrer Weiterleitung an die im Rechnungsdurchlauf vorgesehene nachfolgende Stelle, mit Ausnahme der Zeit, während der die Eingangsrechnung der Bearbeitung und Auswertung unterzogen wird.

Wie oft eine derartige vorübergehende Ablage erfolgt, hängt naturgemäß von der Zahl der eingeschalteten Stellen ab, die die Eingangsrechnung zu durchlaufen hat, damit insbesondere von der Art der gewählten Prüfungs-, Buchungs- und Regulierungsverfahren, also davon, in welchem Umfang die Eingangsrechnung als Originalunterlage herangezogen wird.

Die vorübergehende Ablage ist zwangsläufig unumgänglich. Der Tatbestand aber, daß unter Umständen die Möglichkeit besteht, daß eine Eingangsrechnung alternativ bei mehreren Stellen des Unternehmens vorübergehend abgelegt sein kann, was das Suchen nach einer bestimmten Rechnung zweifellos sehr erschwert, sollte allen in Betracht kommenden Stellen Veranlassung geben, *die Ablagedauer so kurz wie möglich zu halten*, d.h. den Durchlauf der Eingangsrechnung zu beschleunigen. Dadurch würde gleichzeitig auch anderen wichtigen Erfordernissen Rechnung getragen.

bb) Fall der Dauerablage

Als Dauerablage oder endgültige Ablage der Eingangsrechnung soll, um dies noch einmal klar herauszustellen, diejenige Ablage begriffen werden, bei der der Rechnung an einer bestimmten Stelle des Unternehmens, nach bestimmten Gesichtspunkten eingeordnet, ein bestimmter Platz für einen längeren Zeitraum (mehrere Jahre) zugewiesen wird. Eine Entnahme der Eingangsrechnung nach ihrer Ablage erfolgt dann nur noch bei Vorliegen besonderer Anlässe, beispielsweise im Fall der Klärung von Rückfragen, der Heranziehung der Eingangsrechnung zum Preisvergleich oder zur Interpretation der Kostenrechnung.

Wann die endgültige Ablage der Eingangsrechnung Platz greifen kann, richtet sich zwangsläufig nach dem Zeitpunkt, zu dem diese als ablagereif angesehen werden kann, zu dem sie alle in Frage kommenden Stellen durchlaufen hat, denen sie zwecks Auswertung vorzulegen war. Dieser *Zeitpunkt* wird wiederum durch die Art der Prüfung, Verbuchung und Regulierung bestimmt, *läßt sich also nicht allgemein festlegen.*

In der Hauptsache sind es *die folgenden Zeitpunkte*, die — in Anlehnung an die im Verlaufe der vorangegangenen Abschnitte gemachten Ausführungen über die verschiedenen Möglichkeiten der Prüfung, Verbuchung und Regulierung der Eingangsrechnung — für die Dauerablage zur Wahl stehen:

1. Die endgültige Ablage wird bereits *nach der Prüfung* der Eingangsrechnung vorgenommen. Diese Regelung greift in den Fällen Platz, in denen die Verbuchung und Regulierung der Rechnung auf Grund von Hilfsbelegen oder die Verbuchung auf der Grundlage von Hilfsbelegen und die Regulierung etwa unter Heranziehung der Kontenkarten der Kreditorenpersonenkonten

erfolgen. Hier sei insbesondere auf das Seite 154 ff. unter *b)* dargestellte Schuppenverfahren verwiesen, bei dem dieser Ablagezeitpunkt regelmäßig zum Zuge kommt.

2. Die Dauerablage der Eingangsrechnung kann *nach deren Prüfung und Verbuchung im Kontokorrent* erfolgen. Dieser Ablagezeitpunkt kommt dann zum Zuge, wenn die Sollbuchungen sowie die Regulierung unter Einschaltung besonderer Hilfsbelege oder die Regulierung unter Zugrundelegung der Kontenkarten der Kreditorenpersonenkonten vorgenommen werden.

3. Die Eingangsrechnung kann ferner endgültig abgelegt werden, nachdem sie geprüft und den in Frage kommenden Konten gutgeschrieben beziehungsweise belastet worden, *nachdem also die Verbuchung restlos erfolgt ist.* In dieser Weise wird vorgegangen, wenn bei der Regulierung auf die Eingangsrechnung als Originalbeleg verzichtet wird und an ihre Stelle Hilfsbelege oder die Kontenkarten der Kreditorenpersonenkonten treten.

4. Als letzte, in der Praxis sehr häufig vorkommende Möglichkeit hinsichtlich der Wahl des Ablagezeitpunktes ist die zu nennen, daß die Eingangsrechnung *erst nach erfolgter Prüfung, Verbuchung und Regulierung* für die Dauer abgelegt wird. Dieser Zeitpunkt muß zwangsläufig dann gewählt werden, wenn die Eingangsrechnung im Original alle in Betracht kommenden Stellen des Unternehmens durchläuft und von diesen ausgewertet wird.

Daß, je weiter der Zeitpunkt der Dauerablage der Rechnung seit ihrem Eingang hinausgerückt wird und je öfter eine vorübergehende Ablage bei den einzelnen Stellen Platz greifen muß, die Gefahr immer größer wird, daß besagtes Schriftstück sich erforderlichenfalls nur mit Schwierigkeiten oder gar überhaupt nicht auffinden läßt, ist offensichtlich. Es gibt aber Mittel und Wege, um dieser Gefahr zu begegnen: Ein solches Mittel ist eine den Erfordernissen in jeder Hinsicht gerecht werdende vorübergehende Ablage der Eingangsrechnung. Weitere Wege werden bei der Behandlung des „Wie“ der Ablage noch aufzuzeigen sein.

b) Ort

Auch hier gilt es wiederum, einen Unterschied zwischen der vorübergehenden und der Dauerablage zu machen.

aa) Fall der vorübergehenden Ablage

Dieser Fall kann eine ganz *eindeutige Behandlung* erfahren: Die vorübergehende Ablage der Eingangsrechnung hat jeweils bei den Stellen des Unternehmens zu erfolgen, denen die Rechnung gemäß den gewählten Prüfungs-, Buchungs- und Regulierungsverfahren zur Bearbeitung vorzulegen ist.

Ort der vorübergehenden Ablage kann also sein

1. *die Rechnungsprüfstelle* oder eine andere mit der Prüfung der Eingangsrechnung beauftragte Stelle des Unternehmens, zum Beispiel die Einkaufsabteilung, die Buchhaltung, die Lagerverwaltung,
2. *die Buchhaltung*, und zwar die verschiedenen Unterabteilungen derselben, sofern der Organisationsplan eine solche Gliederung vorsieht,
3. *sonstige Stellen des Unternehmens*, denen die Eingangsrechnung zur Einsicht und Stellungnahme zugeleitet worden ist.

Für die Zahl der Ablagestellen ist zwangsläufig wiederum die Art der Behandlung der Eingangsrechnung hinsichtlich Prüfung, Verbuchung und Regulierung bestimmend.

bb) Fall der Dauerablage

Zu diesem Fall ist eine *ausführliche Stellungnahme erforderlich*. Die Ansichten darüber, wo die Eingangsrechnung nach Beendigung ihres Durchlaufs durch die jeweiligen Stellen endgültig abzulegen ist, gehen in der Praxis weit auseinander.

Zunächst geht es um die Frage: Soll das in einem Unternehmen anfallende gesamte Schriftgut und mit ihm also auch die Eingangsrechnungen zentralisiert, mithin an einer Stelle, in der Registratur des Unternehmens, oder aber dezentralisiert, d. h. jeweils bei der Stelle, die hauptsächlich mit dem betreffenden Schriftgut zu tun hatte und noch hat, abgelegt werden? — Oder soll als dritte Möglichkeit diejenige Platz greifen, die vorsieht, daß die Ablage des Schriftgutes zunächst für eine bestimmte Zeit dezentralisiert und später, etwa nach 1 bis 2 Jahren, zentral in der Registratur des Unternehmens erfolgt?

Speziell auf die Ablage der Eingangsrechnung bezogen, würden sich also *folgende Möglichkeiten* bieten:

1. Die Eingangsrechnung wird nach ihrer Behandlung, d. h. spätestens nach ihrer Regulierung, zusammen mit dem übrigen in dem Unternehmen anfallenden Schriftgut in der Registratur, also sozusagen an einem neutralen Ort, *zentral* abgelegt. Der Vorteil der zentralen Ablage ist in folgendem zu sehen: Die Auffindbarkeit der abgelegten Unterlagen ist unbedingt gewährleistet. Alle zu einem Geschäftsvorgang gehörigen Unterlagen, zum Beispiel alle Unterlagen, die sich auf einen Beschaffungsakt beziehen, können an einer Stelle eingesehen werden. — Die gesamte Schriftgutablage kann einem Fachmann, bei Bedarf auch mehreren Fachleuten, unterstellt werden. — Vorhandene technische Hilfsmittel können besser ausgenutzt werden. — Die übrigen Stellen des Unternehmens, denen sonst die Ablage zugefallen wäre, erfahren eine spürbare Entlastung. — Diesen Vorteilen steht jedoch der Nachteil gegenüber, daß es Zeit- und Kraftvergeudung bedeutet, wenn eine

Stelle, die häufig noch auf Rechnungen zurückgreifen muß, sich jeweils von Fall zu Fall in die Registratur zwecks Einsichtnahme in eben diese oder zwecks Entnahme dieser Belege bemühen muß.

2. Die endgültige Ablage wird *dezentralisiert* — bezogen auf das gesamte Schriftgut des Unternehmens — vorgenommen. Das bedeutet also, daß die Eingangsrechnung nach ihrer Behandlung bei einer Stelle verbleibt, deren Auswahl noch zu erfolgen hat, und nicht der Registratur zugeleitet wird. Über die hierbei bestehenden, miteinander konkurrierenden Möglichkeiten wird an anderer Stelle noch auszuführen sein.

Was bei der zentralisierten Ablage als Vorteil herausgestellt wurde, ist hier mit negativem Vorzeichen zu nennen. — Auf der anderen Seite entfällt aber der unter 1. aufgezeigte Nachteil.

3. Die Eingangsrechnung wird nach ihrem Durchlauf *zunächst* nicht in der Registratur des Unternehmens, sondern bei einer anderen Stelle, von denen mehrere, wie noch zu zeigen sein wird, zur Auswahl stehen, abgelegt, und zwar nur für eine bestimmte Zeit, deren Dauer sich nach den räumlichen Ablagemöglichkeiten und ferner danach richtet, wie lange erfahrungsgemäß unter Umständen noch von der ablegenden Stelle auf die Eingangsrechnung zurückgegriffen werden muß. — Nach Ablauf dieser Zeit erfolgt *dann* eine Verlagerung der Rechnungsablage in die Registratur.

Falls von den vorstehend aufgezeigten Möglichkeiten der Dauerablage unter 2. und 3. Gebrauch gemacht werden soll, taucht als weitere Frage die auf, ***welche Stelle statt der zentral orientierten Registratur mit der Ablage der Eingangsrechnung betraut werden soll?*** Auf diese Frage mag folgender Katalog Antwort geben:

1. Am naheliegendsten erscheint es, daß die Eingangsrechnung endgültig dort abgelegt wird, wo sie nach ihrem Durchlauf durch die einzelnen in Frage kommenden Stellen des Unternehmens ausläuft, also dort, wo sich, was die Masse der Rechnungen angeht, die Schlußetappe ihrer Behandlung vollzieht: Das dürfte in der Vielzahl aller Fälle *die Buchhaltung*, wenn eine entsprechende Abteilungsgliederung gegeben ist, die Finanzbuchhaltung sein. Mit der Buchhaltung wäre als Ablageort gleichzeitig eine Stelle des Unternehmens gewählt, für die die Eingangsrechnung als Buchungs- und Regulierungsbeleg die weitaus größte Bedeutung hat. Über die Vorzüge, die mit der Wahl dieses Ablageortes verbunden sind, wird im einzelnen noch an anderer Stelle auszuführen sein.

2. Im Fall des Verzichtes auf den Durchlauf der Eingangsrechnung im Original und der Einschaltung von Buchungs- und Regulierungsschuppen könnte zweckmäßigerweise die *Rechnungsprüfstelle*, die ja regelmäßig die Ausfertigung der Schuppenbelege übernimmt, als Ort der Dauerablage vorgesehen werden. Damit ist dann der Rechnungsprüfstelle gleichzeitig die Möglichkeit gegeben, jederzeit ohne Inanspruchnahme der Buchhaltung

oder der Stelle, die sonst mit der Ablage betraut worden wäre, auf die Eingangsrechnung zwecks Klärung irgendwelcher Rückfragen oder zu Vergleichszwecken zurückzugreifen. Außerdem bedeutet die Wahl dieses Ablageortes eine gewisse Entlastung in räumlicher und arbeitsmäßiger Hinsicht anderer Stellen, die ohnehin in der Regel schon einen erheblichen Schriftgutanfall abzulegen haben.
Aber auch dann, wenn in Unternehmen das Schuppenverfahren nicht zum Zuge kommt, stößt man in der Praxis häufig darauf, daß die Rechnungsprüfstelle als Ablageort für die Eingangsrechnung gewählt worden ist, ohne daß für eine derartige Handhabe mitunter triftige Gründe vorliegen.
3. Eine weitere Möglichkeit der Dauerablage hinsichtlich ihres Ortes ist mit der Ablage der Eingangsrechnung in der *Einkaufsabteilung* gegeben. Auf sie wird verschiedentlich in der Literatur hingewiesen, während in der Praxis von ihr kaum Gebrauch gemacht wird. — Man könnte so argumentieren, daß die Eingangsrechnung sozusagen den Schlußstein des Beschaffungsvorganges bildet und mithin zu den Einkaufsunterlagen gehört, auf daß diese sich jemandem, der bei Bedarf später die genannten Unterlagen einzusehen wünscht, komplett darbieten. So bestechend und vielleicht sachlich richtig dieses Argument auch im Augenblick erscheinen mag, so viel Einwände lassen sich aber aus Gründen der Zweckmäßigkeit dagegen machen. Diese Einwände werden klar in Erscheinung treten und Gehalt bekommen, wenn an anderer Stelle die zweckmäßige Ablage der Eingangsrechnung darzustellen ist.
4. Der Vollständigkeit halber sei ferner noch die Möglichkeit der Dauerablage der Eingangsrechnung in der *Lagerverwaltung* angeführt, die aber sowohl in der Praxis als auch in der Literatur sehr stiefmütterlich behandelt wird. Es lassen sich auch schwerlich Gründe anführen, die die Wahl dieses Ablageortes rechtfertigen oder gar fordern.
5. Erwähnenswert ist schließlich noch die folgende Handhabe:
Bislang wurden — bezogen auf das gesamte in einem Unternehmen anfallende Schriftgut — die zentralisierte, dezentralisierte und kombinierte Ablage (Dauerablage) sowie die bei den letzteren beiden gegebenen Alternativen hinsichtlich der Wahl der Stellen, die mit der Ablage betraut werden können, aufgezeigt. Darüber hinaus kann aber auch noch so vorgegangen werden, daß, statt die Eingangsrechnung an einer Stelle, zum Beispiel in der Buchhaltung, der Rechnungsprüfstelle, der Einkaufsabteilung, endgültig abzulegen — die zentralisierte Ablage in der Registratur scheidet in diesem Zusammenhang aus —, die *Dauerablage an verschiedenen Orten* erfolgt. Als Einteilungsgesichtspunkt kann dabei zum Beispiel der Rechnungsgegenstand, genauer gesagt, die Zugehörigkeit zu den einzelnen Kontenklassen des Kontenrahmens, gewählt werden. Die Eingangsrechnung

würde dann entsprechend diesem Kriterium bei der Stelle jeweils abzulegen sein, für die sie als Buchungsbeleg eine wichtige Unterlage und zugleich Ergänzung ihrer Aufzeichnungen bedeutet, also beispielsweise in der Anlage- und Lagerbuchhaltung sowie in der Abteilung „Betriebsabrechnung“ und eventuell auch in der Bilanzbuchhaltung. — Dabei bleibt zu berücksichtigen, daß eine derartige Handhabe zweifellos einen Vorteil für die betreffende Stelle des Unternehmens darstellt. Zugleich birgt sie aber auch Nachteile für andere Stellen, z. B. für die Kontokorrent- und Finanzbuchhaltung, für die Rechnungsprüfstelle und den „Einkauf“. Es kommt jedoch auf eine optimale Lösung der Ablagefrage, auf die Wahl eines für alle in Frage kommenden Stellen günstigen Ablageortes an. Diese Lösung dürfte bei Beschreiten des zuletzt aufgezeigten Weges nicht gegeben sein.

c) Gestaltung

Professor *Schmalenbach*[69] weist hinsichtlich der Art und Weise, wie vielfach die Eingangsrechnung abgelegt wird, mit Recht darauf hin, daß hier oft der Zufall am Werk ist, weniger das Streben nach Zweckmäßigkeit. Gewöhnlich seien die Kenntnisse und die Gewohnheit der maßgebenden Persönlichkeiten ausschlaggebend, die die Einrichtungen mitgebracht haben, vielfach auch Eigensinn und eine gewisse Unlust, sich Neuerungen zu eigen zu machen. — In der Tat unterstreicht ein Blick in die Praxis diesen Hinweis nur zu deutlich. Es läßt sich sonst schwerlich eine Begründung für die Vielfältigkeit an angewandten Ablageverfahren finden.

Im folgenden soll kurz ein Überblick über die Lösungsmöglichkeiten hinsichtlich der Frage, wie bei der Ablage der Eingangsrechnung vorgegangen werden kann, gegeben werden, ohne in die Darstellung jeweils bereits eine bis ins einzelne gehende wertende Stellungnahme einzubeziehen.

aa) Geheftete oder ungeheftete Aufbewahrung der Eingangsrechnung?

Es ist grundsätzlich die Möglichkeit gegeben, die Eingangsrechnung geheftet oder ungeheftet aufzubewahren. Im letzteren Fall stehen dann wiederum mehrere Möglichkeiten miteinander in Konkurrenz.

Eine in der Praxis *sehr seltene Handhabe* ist die, der geheftete n Aufbewahrung, d. h., die Eingangsrechnung nach bestimmten, im folgenden noch näher zu bezeichnenden Gesichtspunkten zu sortieren — sie unter Umständen eine Zeitlang lose aufzubewahren, etwa den Rechnungsanfall einer Periode zu sammeln — und anschließend zu Akten zusammenzu-

[69] Vgl. *Eugen Schmalenbach*, Regulierung und Verbuchung eingehender Rechnungen im Fabrikbüro, in: Zeitschrift für Handelswissenschaftliche Forschung, 1. Jahrgang, 1906/07, Seite 121 ff.

heften, diese entsprechend ihrem Inhalt zu beschriften und gemäß den gewählten Gesichtspunkten abzulegen. Diese Heftmethode ist jedoch eher bei der Ablage des zu einem Geschäftsvorfall gehörigen kompletten Schriftguts anwendbar und selbst dann als *unwirtschaftlich* zu bezeichnen. — Das Moment der Sicherheit im Hinblick auf unbefugte Entnahme einzelner Rechnungen ist jedoch nicht abzuleugnen. — Daß die geheftete Aufbewahrung der Eingangsrechnung, wenn überhaupt, so nur für die Dauerablage in Frage kommt, versteht sich von selbst.

Im Rahmen der ungehefteten Aufbewahrung der Eingangsrechnung kann *in folgender Weise* verfahren werden:

1. Als primitivste und für ein fortschrittliches Unternehmen zugleich undiskutabelste Form der ungehefteten Aufbewahrung ist hier die *Bündelung* zu nennen, die in einem bloßen Sortieren, Aufeinanderschichten und Bündeln der Eingangsrechnungen mit Bindfaden, eventuell auch unter Kennzeichnung der einzelnen Bündel durch Anhängezettel, zu sehen ist.
2. Ähnlich primitiv stellt dich die *lose Aufbewahrung* in Regalen mit Fächereinteilung, in Kästen oder Kartons dar.
3. Eine inzwischen veraltete, weil in höchstem Maße unwirtschaftliche Art der *Aufbewahrung* der Eingangsrechnung ist die *unter Verwendung von Falzmappen:* Hierbei werden die Eingangsrechnungen in Spezialmappen — ähnlich den Briefmarken-Alben — eingefalzt. Die Vermeidung unbefugter Entnahmen von Rechnungen stand auch hier im Vordergrund und überflügelte jegliche Wirtschaftlichkeitsüberlegungen.
4. Den entschieden breitesten Raum nimmt bei der Aufbewahrung der Eingangsrechnung, wie die Erfahrung lehrt, die *Verwendung von Schnellheftern und insbesondere Ordnern* (Hebelordnern) ein. Die einfache Unterbringungsmöglichkeit der Eingangsrechnung in Schnellheftern und Ordnern einerseits und die verschiedenen Handhabungsmöglichkeiten dieser andererseits haben hier *bahnbrechend* gewirkt. Die zuletzt genannte Art der Aufbewahrung der Rechnung ist für die vorübergehende und auch für die Dauerablage gleichermaßen geeignet, wenn auch für die erstere unter Umständen eine noch zweckmäßigere Aufbewahrung empfehlenswert ist.

Zur Aufbewahrung der Eingangsrechnung können *auch* Ordner und Schnellhefter *in kombinierter Form* Verwendung finden: Die Rechnungen werden zunächst in Schnellheftern und diese wiederum in Ordnern untergebracht, wobei hinsichtlich der Aufteilung des Ablagegutes die verschiedensten Gesichtspunkte maßgebend sein können, auf die im folgenden noch eingegangen wird.

5. Auf einige *Sonderarten der Aufbewahrung* sei hier letztlich noch hingewiesen, die allerdings nur bei der vorübergehenden Ablage der Eingangsrechnung zum Zuge kommen: Da ist einmal die Verwendung von Spezialmappen (Regulierungs-Mappen) zu nennen, die im Zuge der Regulierung

sich bestens bewährt haben. (Vgl. die Ausführungen auf Seite 196 ff. und die dazugehörige Abbildung 57!) — Zum anderen ist hier die Aufbewahrung der Eingangsrechnung in Alphabet-Fächermappen, auch Vorordner genannt, einzureihen, die zweckmäßig anläßlich der Prüfung der Rechnung von der Rechnungsprüfstelle und auch anläßlich der Verbuchung von den Kontenführern benutzt werden. Die Inanspruchnahme besagter Mappen hat zunächst einmal eine erhebliche Arbeitsersparnis und eine bessere Übersicht über die zur Erledigung anstehenden Rechnungen zur Folge. Daneben ermöglichen sie noch ein schnelles Komplettieren der Eingangsrechnung mit den übrigen Unterlagen, die zu ihrer Bearbeitung herangezogen werden müssen.

bb) Ablagerichtungen

Es können die folgenden *drei Grundrichtungen* unterschieden werden:

α) Horizontal-Ablage

Hauptmerkmal dieser Ablagerichtung ist, daß das Ablagegut (die lose Eingangsrechnung, die Schnellhefter, die Ordner und anderes) waagerecht in der Regel in Regalen oder Schränken gelagert wird. Sofern zur Aufbewahrung der Eingangsrechnung Schnellhefter oder Ordner herangezogen werden, erfolgt deren Ablage so, daß die Rücken nach vorne gerichtet sind, um ihre Beschriftung einsehen zu können. Im Fall der losen Aufbewahrung oder der Bündelung bedient man sich entsprechend beschrifteter Anhängezettel oder kennzeichnet die Regal- oder Schrankfächer. — Die Horizontal-Ablage ist aus naheliegenden Gründen *nicht allzu beliebt*, wenigstens nicht in industriellen Unternehmen, wohl häufig bei Behörden im Zuge der gehefteten oder gebündelten Aufbewahrung des Ablagegutes.

β) Vertikal-Ablage

Die Eingangsrechnung wird senkrecht, entweder nach vorheriger Einordnung in Schnellhefter, Spezialmappen und so weiter oder lose in Kästen (Karteikästen) oder in Regalen und Schränken, die in der Regel mit Schubfächern, mitunter auch mit einer Hängevorrichtung ausgestattet sind, untergebracht. Dabei kann das Ablagegut einmal *hintereinander oder nebeneinander* eingeordnet werden, und zum anderen können, falls keine lose Ablage der Eingangsrechnung erfolgt, die *Rücken* der Schnellhefter, Ordner, Mappen und so weiter *nach unten oder* — wie im Fall der Verwendung von Hängevorrichtungen — *nach oben* gerichtet sein.
Die Vertikal-Ablage hat sich *vor allem in Form der Hänge-Registratur* durchgesetzt, bei der die Eingangsrechnungen zunächst in eigens für diesen Zweck eingerichtete Schnellhefter eingeordnet und diese in mit Schienen ver-

sehenen Regalen oder Schränken aufgehängt werden. — Ferner findet die Vertikal-Ablage im Fall der Verwendung von Regulierungsmappen, auf die an anderer Stelle ausführlich eingegangen wurde, Anwendung. Darüber hinaus kommt diese Ablagerichtung in industriellen Unternehmen, namentlich was die Eingangsrechnung anbelangt, nur selten zum Zuge.

γ) Bibliothekarische Ablage
Diese Ablage kann zwangsläufig nur dann Anwendung finden, wenn zur Aufbewahrung der Eingangsrechnung Ordner, zum mindesten aber Schnellhefter herangezogen werden. Das Charakteristikum dieser Ablagerichtung ist darin zu sehen, daß die Ordner oder Schnellhefter, deren Unterbringung wiederum zweckmäßig in Regalen oder Schränken erfolgt, wie Bücher nebeneinander mit dem Rücken jeweils nach vorn angeordnet werden.
Aus noch aufzuzeigenden Gründen hat diese Form der Ablage die *weiteste Verbreitung* gefunden.

cc) Ordnungsgesichtspunkte

Es gilt schließlich zu der Frage Stellung zu nehmen, welche Ordnungsgesichtspunkte bei der Ablage der Eingangsrechnung zur Wahl stehen, und zwar sowohl hinsichtlich der Aufteilung der abzulegenden Rechnungen auf Schnellhefter, Ordner, Mappen und so weiter, sofern solche Verwendung finden, als auch hinsichtlich der Anordnung der Rechnungen in denselben.

α) Chronologische Ablage
Ordnungsgesichtspunkt ist in diesem Fall die Zeit. Dabei kann zunächst so vorgegangen werden, daß alle in einem bestimmten Zeitraum, in einem Geschäftsjahr, Vierteljahr, Monat, anfallenden Eingangsrechnungen getrennt von den in der vorangegangenen und folgenden Periode angefallenen beziehungsweise anfallenden abgelegt werden. Darüber hinaus kann innerhalb des gewählten Zeitraums eine Ablage der Eingangsrechnung ebenfalls nach zeitlichen Gesichtspunkten, beispielsweise nach dem Eingangs-, Ausstellungs- oder Buchungsdatum der Rechnung, erfolgen, und zwar entweder in der Weise, daß die älteste Eingangsrechnung zuunterst oder hinten und die jüngste oben oder vorne zu liegen beziehungsweise zu stehen kommt oder in der umgekehrten Weise.
Die Zeit als Ordnungsgesichtspunkt bei der Ablage kommt isoliert in der Regel kaum zum Zuge, wohl dagegen *als übergeordneter und teilweise auch als ergänzender Gesichtspunkt* in Kombination mit anderen Ordnungsmaßstäben. Als übergeordneter Gesichtspunkt kommt der Zeit nahezu in allen

Fällen der Praxis *große Bedeutung* zu: Zum mindesten eine geschäftsjahrweise Ablage der Eingangsrechnung ist fast in jedem Unternehmen zu Hause.

β) Alphabetische Ablage

Weiteste Verbreitung hat die Ablage der Eingangsrechnung nach den Anfangsbuchstaben des Rechnungsausstellers gefunden. Dabei ist zwischen einer *Grob- und einer Feinaufteilung* des Ablagegutes zu unterscheiden. Die erstere stellt lediglich eine Aufteilung der Eingangsrechnung nach den jeweiligen Anfangsbuchstaben der Rechnungsaussteller dar, während bei der letzteren eine weitere Aufteilung der abzulegenden Rechnungen nach dem zweiten, dritten und so weiter Buchstaben erfolgt.
Sofern Ordner, Schnellhefter und andere Verwendung finden, kann so vorgegangen werden, daß je Ordner zum Beispiel ein bestimmter Buchstabe oder eine Buchstabengruppe vorgesehen wird, und innerhalb des Ordners dann unter Verwendung alphabetischer Leitblätter eine Feinaufteilung Platz greift.
Erwähnt sei an dieser Stelle noch, daß es bei der Ablage der Eingangsrechnung nach dem Alphabet in hohem Maße darauf ankommt, daß die mit der Ablage betrauten Personen mit äußerster Sorgfalt ans Werk gehen, um zu vermeiden, daß Rechnungen falsch eingeordnet werden. Es ist zum Beispiel erforderlich, daß bis ins letzte darüber Klarheit besteht, wie Eingangsrechnungen von Firmen abzulegen sind, die einen doppelten Firmennamen oder einen solchen aufweisen, der sich aus mehreren Einzelnamen (Vor- und Zuname sowie einer sachlichen Firmenbezeichnung) zusammensetzt. Noch weitere Punkte ließen sich anführen, aus denen sich leicht Gefahren für ein einwandfreies Ablegen herleiten lassen. — *Empfehlenswert* ist daher im Fall der alphabetischen Ablage, in knapper Form *Richtlinien festzulegen*, an die sich alle beteiligten Personen im Interesse einer einheitlichen und jeden Zeitverlust ausschließenden Ablage der Eingangsrechnung zu halten haben. — Derartige Richtlinien erscheinen übrigens nicht nur im Fall der alphabetischen Ablage, sondern generell durchaus nicht als überflüssig und vielleicht allzu bürokratisch.

γ) Firmenweise Ablage

Der alphabetischen Ablage verwandt ist die nach dem Firmennamen des Rechnungsausstellers. In der Regel sieht diese Ablage so aus, daß für jede Firma, von der Eingangsrechnungen erwartet werden oder bereits vorliegen, ein Schnellhefter oder Ordner — möglich ist auch eine Kombination beider — angelegt wird, in die jeweils die zur Ablage anstehende Eingangsrechnung eingeordnet wird. Statt für jede Firma einen Schnellhefter oder Ordner vorzusehen, kann dabei auch eine Beschränkung auf solche Rechnungsaussteller Platz greifen, deren Anteil an dem abzulegen-

den Rechnungsanfall erfahrungsgemäß sehr groß ist und die Belegung eines besonderen Ordners zum Beispiel rechtfertigt. Für die übrigen Firmen werden dann Sammelordner angelegt, und im übrigen wird in der unter β) dargestellten Weise verfahren. — Natürlich kann die firmenweise Ablage auch dann zum Zuge kommen, wenn keine Ordner, Schnellhefter und so weiter Verwendung finden.
Vielfach stößt man in der Praxis auf eine *Mischung zwischen alphabetischer und firmenweiser Ablage*, wie dies oben bereits angedeutet wurde. Zu einer derartigen Regelung können die verschiedensten Anlässe gegeben sein.

δ) *Ablage nach Sachkonten*

Die Ablage der Eingangsrechnung kann auch in der Weise erfolgen, daß eine Trennung der Rechnungen gemäß den einzelnen Konten, denen die Rechnungsbeträge jeweils belastet wurden, Platz greift. Dabei kann die kontenmäßige Aufteilung des Ablagegutes unterschiedlich weit getrieben werden: In Anlehnung an den im Unternehmen gegebenen Kontenplan ist eine Ablage der anstehenden Eingangsrechnungen nach Kontenklassen und innerhalb derselben nach Kontengruppen und schließlich nach Kontenarten möglich.
Zu beachten ist jedoch, daß sich bei der Ablage der Eingangsrechnung nach Sachkonten insofern Schwierigkeiten ergeben können, als der Betrag einer Rechnung unter Umständen — was nicht selten der Fall ist — mehreren Konten belastet wurde, so daß also hinsichtlich der Ablage solcher Eingangsrechnungen mehrere Möglichkeiten gegeben sind. In derartigen Fällen müssen notgedrungen Rechnungs-Duplikate, -abschriften oder Hinweiszettel zu Hilfe genommen werden, oder man geht dazu über, Rechnungen, die mehrere Konten berühren, separat abzulegen, um die Auffindbarkeit derselben zu gewährleisten.
Daß mit steigender Differenziertheit der Sachkonten die Gefahr einer falschen Ablage und die an das Ablagepersonal hinsichtlich Sorgfalt und Sachkenntnis zu stellenden Anforderungen wachsen, liegt auf der Hand.

ε) *Nummernmäßige Ablage*

Die Ablage der Eingangsrechnung kann schließlich nummernweise erfolgen. Es fragt sich nur, nach welchen Nummern abgelegt werden soll. — Die Rechnungsnummern der Rechnungsaussteller scheiden als Ordnungsgesichtspunkt aus. Es bleibt also nur die interne Rechnungsnummer, auch laufende Rechnungsnummer des Rechnungsempfängers genannt, als Ordnungsmaßstab übrig. Meist ist die interne Rechnungsnummer mit der Belegnummer identisch; so sollte es jedenfalls aus Gründen der Zweckmäßigkeit sein. — Trifft das zu, so zieht sich die interne Rechnungs- oder Belegnummer wie ein roter Faden durch die verschiedenen Etappen der

Behandlung der Eingangsrechnung, von ihrem Eingang bis zu ihrer Ablage, und findet in den Büchern, auf den Konten und in den Hilfsbelegen, soweit solche Verwendung finden, ihren Niederschlag.
Da die laufende Numerierung der Eingangsrechnungen periodenweise neu einsetzt — die laufende Rechnungsnummer einer Periode wird zur Kennzeichnung mit einer entsprechenden Index-Ziffer versehen, beispielsweise die in die Periode Januar 1952 hineingehörige Rechnung No. 1 mit dem Index I/52 — muß zwangsweise mit der nummernmäßigen Ablage eine chronologische Hand in Hand gehen, wobei die Zeit den übergeordneten Ordnungsmaßstab liefert.
Als ein *Sonderfall* der nummernmäßigen Ablage der Eingangsrechnung, der gleichzeitig oder primär als ein Fall der bereits unter γ) behandelten firmenweisen Ablage anzusehen ist, sei noch die Ablage der Rechnungen *nach Firmennummern* erwähnt: Jeder Rechnungsaussteller erhält eine solche Firmennummer, mitunter auch als Firmenschlüsselnummer bezeichnet, und die Eingangsrechnungen werden, eben nach diesen Nummern geordnet, abgelegt.

ζ) Sonstige Ordnungsgesichtspunkte
Neben die unter α) bis ε) dargestellten Ordnungsgesichtspunkte treten einige andere, die aber weniger von Bedeutung und daher hier nicht eingehend zu behandeln sind. — Zu nennen sind noch eine getrennte Ablage der Eingangsrechnung nach *Inland- und Ausland-Rechnungen* sowie eine solche nach *Fremd- und Konzern-Rechnungen* (soweit Konzernverbindungen bestehen). — Diese Ordnungsmaßstäbe finden aber in der Regel nur in der Weise Anwendung, daß sie den großen Rahmen für die Ablage abgeben, während innerhalb desselben nach anderen Gesichtspunkten vorgegangen wird, ähnlich, wie dies auch bei der Zeit als Ordnungsmaßstab der Fall ist.

d) Sonderfrage: Isolierte oder verbundene Ablage?

Diese Fragestellung ist *nicht aus der räumlichen Perspektive* aufzufassen. — Vielmehr geht es um die folgenden beiden Möglichkeiten:
Die Ablage der Eingangsrechnung kann einmal isoliert vorgenommen werden, indem diese eben *losgelöst von jeglichen sonstigen Unterlagen*, zu denen sie in irgendeiner mehr oder weniger engen Verbindung steht, abgelegt wird, also in besonderen Schnellheftern, Ordnern, Mappen und so weiter. — Zum anderen kann die Ablage aber auch in der Weise vorgenommen werden, daß die Eingangsrechnung *zusammen mit anderen Unterlagen* — hier kämen in erster Linie die Bestellunterlagen der Einkaufsabteilung in Frage — in denselben Heftern, Ordnern und so weiter abgelegt und aufbewahrt wird. Im letzteren Fall würde dann eine verbundene Ablage gegeben

sein. — Sofern sie zum Zuge kommt, ist grundsätzlich wiederum die Möglichkeit gegeben, die Gestaltung der Ablage hinsichtlich ihrer Zweckmäßigkeit primär an den Bedürfnissen der Eingangsrechnung oder denjenigen der übrigen Unterlagen, mit denen zusammen abgelegt werden soll, auszurichten.
In diesen Zusammenhang gehören *nicht* die Fälle, in denen mit der Eingangsrechnung zusammen irgendwelche Hilfsbelege, Korrekturbelege und so weiter abgelegt werden.

3. DIE FRAGE NACH DER ZWECKMÄSSIGSTEN ABLAGE DER EINGANGSRECHNUNG

Aus den im vorstehenden aufgezeigten Möglichkeiten, wann, wo und wie die Eingangsrechnung abgelegt werden kann, läßt sich naturgemäß eine *Vielzahl von Kombinationen* herleiten. Tatsächlich ist auch in der Praxis das Bild recht bunt. Eine nacheinander in einer Reihe industrieller Unternehmen angestellte Untersuchung ergab, daß noch nicht zwei Unternehmen festgestellt werden konnten, die bei der Ablage der Eingangsrechnung in genau derselben Weise vorgingen. Zum Teil zeigten sich ganz erhebliche Abweichungen.
Der Verfasser hat sich daraufhin bemüht, aus den aufgezeigten Möglichkeiten im folgenden eine Auswahl in Richtung auf eine zweckmäßige Ablage zu treffen, wobei er sich streng an die in der Praxis gemachten Erfahrungen hielt, um auf den aus ihnen gezogenen Erkenntnissen seine Ausführungen aufzubauen. — Dabei soll der folgende Versuch nicht das Gepräge einer starren Schablone tragen. Wäre dem so, dann wäre er verfehlt, denn es muß Raum gegeben sein für unternehmungsindividuelle Verhältnisse.

a) Untersuchung der vorübergehenden Ablage

aa) Allgemeine Stellungnahme

Hier zu der Frage Stellung zu nehmen, wann und wo die vorübergehende Ablage der Eingangsrechnung zweckmäßig zu erfolgen hat, würde gleichzeitig bedeuten, sich für einen bestimmten Durchlauf derselben durch das Unternehmen und für eine bestimmte Behandlungsweise der Rechnung zu entscheiden. Das kann aber aus naheliegenden Gründen nicht geschehen und würde auch den Rahmen dieser Arbeit sprengen. Daher soll in diesem Zusammenhang der Beantwortung besagter Fragen kein Raum gewährt werden, zumal sich hinter ihnen auch keine besonderen Probleme

erkennen lassen. — So viel mag jedoch gesagt werden, daß eine vorübergehende Ablage der Eingangsrechnung jeweils dann und dort zweckmäßig erfolgt, wann und wo die für die zweckmäßigste erachtete Behandlung — vgl. hierzu die vorangegangenen Ausführungen über die Prüfung, Verbuchung und Regulierung der Eingangsrechnung — und der zweckmäßigste Durchlauf derselben — vgl. die Ausführungen über den Durchlauf der Eingangsrechnung am Schluß der Arbeit — dies erfordern.
Die Frage nach dem zweckmäßigsten „Wie" der Ablage braucht an dieser Stelle ebenfalls nicht eingehend behandelt zu werden, da bereits bei anderer Gelegenheit, und zwar jeweils im Verlauf der Darstellung der möglichen Prüfungs-, Verbuchungs- und Regulierungsverfahren, darauf hingewiesen und zum Teil ausführlich dargelegt wurde, wie die vorübergehende Ablage der Eingangsrechnung zweckmäßig gestaltet werden kann. — Vgl. Seite 111, Seite 147 und Seite 196 ff.!
Auszugsweise sei der besseren Übersicht wegen im folgenden noch einmal kurz umrissen, wie die vorübergehende Ablage bei den in Frage kommenden Stellen — wobei unterstellt sei, daß die Eingangsrechnung im Original durchläuft, geprüft, verbucht und reguliert wird — zweckmäßig erfolgt.

bb) Zweckmäßigste Gestaltung

Mit Vorteil erfolgt die Ablage der Eingangsrechnung gelegentlich ihrer Prüfung in der Weise, daß die Rechnung bis zur Prüfung nach vorheriger Aufteilung gemäß den gewählten Gesichtspunkten (zum Beispiel firmenweise, nach den berechneten Leistungen) auf die Rechnungsprüfer durch diese und bei ihnen in *Spezialmappen* (Alphabet-Fächerordnern) alphabetisch eingeordnet und aufbewahrt wird. Die zu prüfende Eingangsrechnung befindet sich dann stets griffbereit beim zuständigen Sachbearbeiter, der so jederzeit einen Überblick über das noch zu bewältigende Arbeitspensum hat. Zudem eignen sich die besagten Mappen sehr gut zum Komplettieren der zur Prüfung der Rechnung erforderlichen Unterlagen, die sukzessiv bei ihrem Eintreffen der entsprechenden Eingangsrechnung zugeordnet werden können.
Statt in der aufgezeigten Weise kann aber auch, namentlich in Unternehmen mit großem Rechnungsanfall, so verfahren werden, wie dies auf Seite 111 ff. dargestellt wurde: Die vorübergehende Ablage der Eingangsrechnung in der Rechnungsprüfstelle erfolgt zunächst bis zum Eintreffen aller Prüfungsunterlagen ebenfalls unter Verwendung der Alphabet-Fächerordner nicht bei dem zuständigen Prüfer, sondern zentral bei eigens damit beauftragten Hilfskräften, die das Reklamieren und Komplettieren der Unterlagen besorgen. Sobald diese restlos vorliegen, werden sie einschließlich der Eingangsrechnung an den Rechnungsprüfer weitergeleitet und

bei diesem ebenfalls in einer Spezialmappe abgelegt, um dann laufend geprüft zu werden. Diese Handhabe bedeutet eine wesentliche Entlastung des Prüfpersonals.
Auch für die vorübergehende Ablage der Eingangsrechnung anläßlich ihrer Verbuchung, und zwar sowohl ins Kontokorrent als auch auf die in Frage kommenden Gegenkonten, eignen sich die vorerwähnten *Spezialmappen* sehr wohl. Sie werden zweckmäßig den Kontenführern, den Führern der Anlage- und Lagerkarteien und den mit der Abwicklung der Kostenrechnung betrauten Sachbearbeitern an die Hand gegeben, die ein Einordnen der Rechnung nach den für sie maßgeblichen Gesichtspunkten vornehmen. Gegebenenfalls kann an die Stelle der vorübergehenden Ablage nach dem Alphabet eine solche nach Kontierungsgesichtspunkten treten. Zu diesem Zweck wird dann eine entsprechende Umbeschriftung der einzelnen Fächer der Spezialmappen vorgenommen.
Damit ist ein übersichtliches und reibungsloses Arbeiten gewährleistet. Aus Gründen der Arbeit- und Materialersparnis ist den Alphabet-Fächerordnern der Vorzug vor anderen ablagetechnischen Hilfsmitteln zu geben, zumal es sich ja in der Regel nur um eine kurzfristige Ablage der Eingangsrechnung handelt.
Soweit in einem Unternehmen die hollerithmäßige Verbuchung zum Zuge kommt, ist auch für die vorübergehende Ablage der Eingangsrechnung in der Hollerith-Abteilung bis zur Ablochung, sofern nicht einfachheitshalber überhaupt eine bloße Bündelung der Rechnungen als auskömmlich erscheint, die Verwendung der oben erwähnten Spezialmappen empfehlenswert.
Der Gestaltung der Rechnungsablage gelegentlich der Regulierung kommt, wie bereits an anderer Stelle erwähnt, erhöhte Bedeutung zu. Als sehr zweckmäßig haben sich die Unterbringung der Eingangsrechnung in *Regulierungs-Mappen*, firmenweise und nach Fälligkeiten geordnet, und deren Aufstellung in Karteikästen herausgestellt. — Im übrigen sei hier auf die Ausführungen Seite 196 ff. verwiesen.

b) Untersuchung der endgültigen Ablage

aa) Zweckmäßigster Ablagezeitpunkt

Die Wahl des zweckmäßigsten Ablagezeitpunktes muß ganz eindeutig auf den Zeitpunkt fallen, zu dem die Eingangsrechnung alle vorgesehenen Stellen des Unternehmens durchlaufen, alle Etappen ihrer Bearbeitung und Auswertung, abgesehen von einer eventuellen späteren Inanspruchnahme, die sich auf Grund von Rückfragen, aus einem Informationsbedürfnis heraus und so weiter ergeben kann, hinter sich gebracht hat. Ob dieser

Zeitpunkt, vom Eingang der Rechnung an gesehen, früher oder später fällt, hängt, wie bereits erwähnt, von der gewählten Behandlungsweise der Eingangsrechnung ab.

bb) Zweckmäßigster Ablageort

Die Dauerablage der Eingangsrechnung hat aus Zweckmäßigkeitsgründen bei der Stelle des Unternehmens zu erfolgen, die die intimsten Verbindungen materieller Art zur Rechnung aufzuweisen hat. Diese spielt aber primär die Rolle des Buchungs- und Zahlungsbelegs — zum mindesten als Ur- oder Grundbeleg. Mithin wohnt der Eingangsrechnung die wichtige Funktion der Ergänzung und Fundierung der Konten der Buchhaltung inne. — Was liegt näher, als der *Buchhaltung* auf Grund dessen das Privileg der endgültigen Ablage der Eingangsrechnung einzuräumen, wobei, falls in einem Unternehmen die Buchhaltung als Hauptabteilung in verschiedene Abteilungen und Unterabteilungen aufgeteilt sein sollte, räumliche Gesichtspunkte oder die Antwort auf die Frage, welche Unterabteilung die Eingangsrechnung erfahrungsgemäß nach ihrer Ablage noch am häufigsten in Anspruch zu nehmen pflegt, darüber entscheiden können beziehungsweise kann, ob Kontokorrent-, Finanz-, Bilanzbuchhaltung oder die eine oder andere Stelle der Betriebsbuchhaltung die Ablage der Rechnung übernimmt. — Der Buchhaltung ist als Ablageort also in jedem Fall vor anderen Stellen, wie der Rechnungsprüfstelle, der Einkaufsabteilung, dem Lager, der Vorzug zu geben.
Nun erscheint es weiterhin als zweckmäßig, die Dauerablage der Eingangsrechnung *nicht für unbegrenzte Zeit* in der Buchhaltung zu belassen. Dem stehen in der Regel schon die räumlichen Verhältnisse entgegen. Man wird vielmehr gut daran tun, die endgültige Ablage an der benannten Stelle auf den Zeitraum des laufenden und allenthalben noch des folgenden Geschäftsjahres zu beschränken, weil während dieser Zeit erfahrungsgemäß noch häufig ein Rückgriff auf bereits abgelegte Eingangsrechnungen Platz greift. Nach Ablauf dieser Zeit ist es dann angebracht, die Dauerablage in die *Zentralregistratur*, sofern eine solche existiert, zu verlagern.

cc) Zweckmäßigste Gestaltung

Aus Wirtschaftlichkeitserwägungen heraus gebührt der *ungehefteten Aufbewahrung* der Eingangsrechnung vor der gehefteten der Vorrang, und zwar hat sich im Rahmen der ersteren die Unterbringung der abzulegenden Rechnung *in Hebelordnern* in der Praxis bestens bewährt, nicht zuletzt, weil mit ihr Arbeits- und Papierersparnis in hohem Maße verbunden sind. Schließlich ist mit der Verwendung der Hebelordner auch der Grundstein zu einer

übersichtlichen und damit den an sie gestellten Anforderungen gerecht werdenden Ablage gelegt.
Hat man sich somit für die Aufbewahrung der Eingangsrechnung in Hebelordnern entschieden. so bedarf es bei der Wahl der Ablagerichtung keiner langen Überlegung mehr: Die Wahl muß zwangsläufig auf die *bibliothekarische Ablage* fallen. Die Ordner werden wie Bücher nebeneinander in Regalen oder Schränken aufgestellt. Damit ist die Übersicht in weitem Umfang gewährleistet. Ein Blick auf die auf den Rücken der Ordner angebrachte Beschriftung genügt, um schnellstens die gewünschte Eingangsrechnung ausfindig zu machen.
Bereits im Verlauf der Ausführungen über den zweckmäßigsten Ablageort unter bb) wurde darauf hingewiesen, daß die Eingangsrechnung als Buchungs- und Zahlungsbeleg für die Buchhaltung von besonderer Bedeutung ist. Sie ist es, die jederzeit schnellstens die Möglichkeit haben muß, von den Konten aus in die Belege einsteigen zu können, sei es, daß sich später nach Ablage der Eingangsrechnung noch Rückfragen ergeben, sei es ferner, daß im Zuge der Kostenauswertung auf sie zurückgegriffen werden muß und anderes. — An dieser Tatsache hat sich auch die Wahl der zweckmäßigen Ordnungsgesichtspunkte zu orientieren: Zwecks Herstellung eines möglichst engen Kontaktes zwischen den einzelnen Konten einerseits und der abgelegten Rechnung andererseits ist es angebracht, die Eingangsrechnung *nach der laufenden Rechnungsnummer* = Belegnummer abzulegen. Da diese Numerierung in der Regel periodenweise erfolgt, ist damit *gleichzeitig eine chronologische Ablage* verbunden. Im Falle der Durchführung eines monatlichen Abschlusses würden also die Eingangsrechnungen eines jeden Monats getrennt abgelegt, und zwar innerhalb dieses Zeitraumes nach Belegnummern. Der gesamte zur Ablage anstehende Rechnungsanfall einer Periode, nach Belegnummern sortiert, wird auf eine erforderliche Anzahl Ordner verteilt, und diese werden entsprechend beschriftet.
Da regelmäßig die Belegnummer jeweils in das Journal, auf die Konten und in die sonstigen Aufzeichnungen übernommen zu werden pflegt, kann von dort aus ohne Schwierigkeiten auf die Eingangsrechnung zurückgegangen werden. Darüber hinaus kann aber auch, falls zum Beispiel die Rechnungsprüfstelle oder die Einkaufsabteilung eine bestimmte Eingangsrechnung einzusehen wünscht, ohne daß ihnen die jeweilige Belegnummer bekannt ist, schnell die betreffende Rechnung herausgesucht werden: Da der Rechnungsaussteller — zum mindesten aber das Rechnungsdatum — in solchen Fällen meist bekannt sein dürfte, ist nur ein Blick auf die betreffende Kontenkarte des Kreditorenpersonenkontos oder in das Journal erforderlich, um die Belegnummer der gesuchten Eingangsrechnung zu erfahren. Anhand deren kann auf die Rechnung selbst zurückgegriffen werden. — Die Durchführung einer *Doppel-Ablage* in der Form, daß die Originalrechnung

nach der laufenden Rechnungsnummer, das Duplikat, das eigens vielleicht zu diesem Zweck vom Rechnungsaussteller angefordert werden müßte, dagegen alphabetisch abgelegt wird, um auch den anderen Stellen, die eventuell nach Ablage der Eingangsrechnung diese noch einmal in Anspruch nehmen müssen, gerecht zu werden, insbesondere um diese Stellen von der Belegnummer unabhängig zu machen, erscheint nicht erforderlich und im Hinblick auf die mit der Verwendung von Rechnungs-Duplikaten verbundenen Gefahren auch nicht empfehlenswert.

Die Vorteile der nummernmäßigen Ablage sind über die Anpassung an die Bedürfnisse der Buchhaltung hinaus einmal darin zu sehen, daß bei der Ablage Irrtümer ausgeschlossen sind. Es gehören keine großen Sachkenntnisse dazu, um jeder Eingangsrechnung gemäß ihrer Nummer den richtigen Platz anzuweisen. Zum anderen birgt die Ablage der Eingangsrechnung nach ihrer Nummer den großen Vorteil, daß sich mühelos feststellen läßt, ob alle Rechnungen einer Periode lückenlos abgelegt wurden und welche Rechnungsnummern fehlen.

Auf Grund der der Eingangsrechnung innewohnenden Funktionen sowie der im vorstehenden herausgestellten Gesichtspunkte ergibt sich von selbst, daß eine verbundene Ablage der Rechnung in dem auf Seite 216ff. unter *d)* dargestellten Sinne als nicht zweckmäßig anzusehen ist. Den mit dieser für die eine oder andere Stelle des Unternehmens vielleicht verbundenen Vorteilen stehen zu große Nachteile gegenüber. Sie sind für die Bejahung der *isolierten Ablage* entscheidend.

An dieser Stelle sei noch auf folgendes hingewiesen: In den meisten Unternehmen wird von der Rechnungsablage, als einem Nachschlagewerk für die verschiedensten Zwecke, von vielen Stellen gern und oft Gebrauch gemacht. Mitunter bleibt es bei einer bloßen Einsichtnahme, häufig — nicht immer vermeidbar — werden Eingangsrechnungen der Ablage wieder entnommen, und zwar in nicht seltenen Fällen für immer. — Das darf aber nicht sein, und hier scheint es geboten, ein gut Teil Disziplin an den Tag zu legen und, soweit diese nicht geübt wird, nachdrücklichst zu fordern. Es darf nicht dazu kommen, daß eine so wichtige Unterlage wie die Eingangsrechnung den Weg in die Schubladen und Postkörbchen einzelner, später unbekannter Personen oder gar in deren Papierkörbe nimmt, auf daß andere Stellen des Unternehmens, die die Rechnungen dringend benötigen, das Nachsehen haben.

Als eine *sehr zweckmäßige Handhabe* ist nun die zu bezeichnen, wonach derjenige, der der Ablage eine Eingangsrechnung entnimmt, was, wie gesagt, nur aus triftigen Gründen erfolgen sollte, an die Stelle der entnommenen Rechnung jeweils einen *Fehlzettel* einlegt, der praktisch eine Art Rechnungsabschrift in Kurzform zum Zwecke der Orientierung darstellt. — Er sollte etwa folgenden Inhalts sein:

FEHLZETTEL

Rechnung d. Firma ....

....

Rng.-Dat. ....

Rng.-No. ....

Rng.-Betrag DM ....

Rng.Inh. ....

....

ENTNOMMEN:

von: .... am: ....

Abb. 60

Die mit dieser Regelung verbundene Mehrarbeit wird bei weitem durch das Ausschalten langen Suchens oder eines spurlosen Verschwindens von Eingangsrechnungen kompensiert.

B. DER RECHNUNGSDURCHLAUF

Bei den bisherigen Ausführungen dieses zweiten Hauptteils ging es darum, die einzelnen Stadien der Behandlung der Eingangsrechnung, ihre Prüfung, Verbuchung und so weiter, isoliert und eingehend zu untersuchen, verschiedene Behandlungsmethoden aufzuzeigen und zu versuchen, an ihnen den Maßstab der Zweckmäßigkeit anzulegen. — Im folgenden nun wird dazu übergegangen, *die bislang für sich dargestellten Behandlungsetappen in einem organisatorischen Zusammenhang* zu sehen: Der Durchlauf der Eingangsrechnung durch das Unternehmen, der Fluß der Rechnung zwischen den einzelnen Stellen, die an der Behandlung und Auswertung derselben in irgendeiner Form beteiligt sind, soll hier in den Vordergrund treten. Es werden Überlegungen darüber anzustellen sein, worauf es beim Rechnungsdurchlauf ankommt, und darüber hinaus werden einige Beispiele für Durchlaufwege kurz zu umreißen sein, was auf der breiten Ebene der bereits im vorstehenden festgehaltenen Einzeluntersuchungen geschehen wird. Dabei wird es mitunter unvermeidbar, ja sogar erforderlich sein, daß bereits an früherer Stelle Dargestelltes in zusammengedrängter, gleichzeitig aber auch in zusammenhängender Form wiederholt wird.

Es sei noch darauf hingewiesen, daß die nun folgenden Ausführungen, wie dies auch größtenteils bei den vorherigen Kapiteln geschehen ist, ausschließlich auf Verhältnisse in Unternehmen zugeschnitten sind, in denen die Behandlung der Eingangsrechnung von ihrem Eingang an bis zu ihrer Ablage nicht nur an einer Stelle des Unternehmens oder gar von einer Person, sondern von mehreren Abteilungen arbeitsteilig durchgeführt wird, was in industriellen Unternehmen nahezu die Regel sein dürfte. Für Unternehmen mit einfacher gelagerten Verhältnissen werden die weiteren Ausführungen von weniger großem Interesse sein. — Vielleicht verdient die eine oder andere Erkenntnis es aber dennoch, auch von solchen Unternehmern beachtet und nutzbringend ausgewertet zu werden. Einleitende Gedanken zum Rechnungsdurchlauf klangen im übrigen bereits auf Seite 45ff.: VIII. Die Sonderstellung der Eingangsrechnung im industriellen Unternehmen, an.

I. Grundregeln

Zwei Fragen sind es, die sich sofort aufdrängen und dazu angetan sind, den Weg aufzuzeigen, der im folgenden bei der Darstellung des organisatorischen Problems des Rechnungsdurchlaufs beschritten werden soll:
Kommt dem Rechnungsdurchlauf eine Bedeutung zu, und, wenn ja, worin liegt diese?
Wovon hängt es ab, daß sich der Durchlauf der Eingangsrechnung so vollziehen kann, wie es seiner Bedeutung entspricht und diese es fordert?
Zu obigen Fragen ist im einzelnen nun Stellung zu nehmen.

1. DIE BEDEUTUNG DES RECHNUNGSDURCHLAUFS

Auf den ersten Blick neigt man vielleicht dazu, dem Vorgang des Flusses der Eingangsrechnung von Abteilung zu Abteilung jede Bedeutung abzusprechen oder diese zum mindesten doch zu bagatellisieren. Nichts liegt näher, denn man sieht bei oberflächlicher Betrachtung ja auch nur das bloße Weiterleiten, ja eigentlich nur sozusagen den Transport der Rechnung von Abteilung zu Abteilung und in dem, was dem Fluß vorausgegangen ist, und dem, was ihm folgt, jeweils etwas Abgeschlossenes. *Nichts wäre aber falscher als eine Negierung oder Bagatellisierung der Bedeutung des Rechnungsdurchlaufs.*
Hier sei nun zunächst nur die Richtung angedeutet, in der diese Bedeutung zu suchen ist: Der Durchlauf der Eingangsrechnung ist in der Hauptsache *in zweifacher Hinsicht bedeutungsvoll*, einmal für die Einhaltung bestimmter, vorgeschriebener Termine und zum anderen als selbständiges Kontrollmittel. — In diese Richtung wird nunmehr die weitere Untersuchung zu lenken sein.

a) Das Erfordernis der Termineinhaltung

Es ist keineswegs so — und auf diesen Umstand wurde auch bereits verschiedentlich im Verlauf dieser Arbeit hingewiesen —, daß die eingegangene Rechnung zwecks Bearbeitung oder Auswertung von den damit betrauten Stellen zeitlich unbegrenzt und zu beliebiger Zeit in Anspruch genommen werden kann, vielmehr hat sich diese Inanspruchnahme hinsichtlich ihrer Dauer und ihres Zeitpunktes in erster Linie an zwei Terminen auszurichten: Es sind dies einmal der *Abschlußtermin* und zum anderen der jeweilige *Zeitpunkt der Fälligkeit* der einzelnen Eingangsrechnung. Beide Termine pflegen meist kurzfristiger Natur zu sein und stellen, auch was den Abschlußtermin anbelangt, da die kurzfristige Erfolgsrechnung, und zwar die auf den Konten der Buchhaltung aufbauende, immer größere Verbreitung gefunden hat, für die Vielzahl der industriellen Unternehmen Daten dar, die längst als

Dreh- und Angelpunkt eines organisatorischen Problems in der Praxis erkannt worden sind.

Behält man diese Termine, die sich im übrigen zeitlich decken oder auch auseinanderfallen können, im Auge und stellt man demgegenüber noch einmal Überlegungen darüber an, wieviele Etappen der Behandlung eine Eingangsrechnung auf der Stufe weitestgehender, aber vor Überspitzungen zu bewahrender Arbeitsteilung zu durchlaufen hat, wie dabei die beteiligten Stellen auf Grund gegenseitiger Abhängigkeit aufs engste aufeinander angewiesen sind, sei es, daß die eine Abteilung die Vorbedingungen für das Tätigwerden einer anderen oder mehrerer anderer schafft, sei es, daß die eine Stelle nicht tätig werden kann, weil der zu bearbeitende Gegenstand sich bei einer vorgeschalteten oder sonstigen Stelle befindet, so kann man folgende Tatsache nicht übersehen:

Die Einhaltung des Abschlußtermins und die Beobachtung der Fälligkeitstermine der Eingangsrechnung — auf beide ist aus dargestellten und naheliegenden Gründen aber größter Wert zu legen — stehen und fallen mit einem Rechnungsdurchlauf, der sich an ihnen orientiert oder nicht.

In einer *zweckentsprechenden Abstimmung von Durchlauf und Terminen* liegt das Problem. Es nützt nichts, die Behandlung der Eingangsrechnung, ihre Prüfung, Verbuchung, Regulierung, auf den einzelnen Stufen isoliert vollendet durchzuorganisieren und in die Hände bewährten Personals zu legen, ohne auf die terminlich bedingte und zugleich in der Natur der Eingangsrechnung begründete Abhängigkeit der Stufen untereinander zu achten, wenn auch in der Tatsache, daß die einzelnen Behandlungsstadien organisatorisch gesund sind, bereits ein wesentlicher Schritt in Richtung auf einen der Termineinhaltung gerecht werdenden Rechnungsdurchlauf gesehen werden muß.

Zur Verdeutlichung des bislang Ausgeführten möge noch das Folgende dienen: Was kann es beispielsweise nützen, daß die Rechnungsprüfstelle bis zum Abschlußtermin, also zum Beispiel bis zum Monatsende, alle eingegangenen Rechnungen vorschriftsmäßig geprüft und an die Buchhaltung weitergeleitet hat, wenn dieser aber ein Großteil der Rechnungen erst so spät vorliegt, daß seine Verbuchung ohne Verzögerung des Abschlusses nicht mehr möglich ist. Oder was kann es ferner nützen, daß die Verbuchung der Eingangsrechnung termingemäß durchgeführt, der Abschluß also gesichert ist, wenigstens von dieser Warte aus, wenn auf der anderen Seite die Regulierung nicht zu den vorgeschriebenen Zeitpunkten vorgenommen werden kann, weil die Eingangsrechnung zur fraglichen Zeit anderwärts mit Beschlag belegt ist. Ähnliche Beispiele für möglicherweise und in der Praxis nicht selten auftretende Disharmonien, die primär regelmäßig in einem nicht auf Termineinhaltung abgestellten Rechnungsdurchlauf begründet liegen, ließen sich noch anführen.

Die Forderung muß daher notwendig lauten:
Der Durchlauf der Eingangsrechnung muß sich in der Weise vollziehen, daß einmal jede beteiligte Stelle, wenn die Bearbeitung oder Auswertung der Eingangsrechnung durch sie einsetzen soll, die Voraussetzungen vorfindet, die zu ihrem Tätigwerden erforderlich sind, und daß zum anderen zeitliche Kollisionen zwischen den verschiedenen Stellen vermieden werden. Jeder Versuch, den Abschluß rechtzeitig durchzuführen und zugleich fälligkeitsgemäß zu regulieren, muß von vornherein scheitern, wenn dieser Forderung nicht entsprochen wird.
Zweifellos ist eine Lenkung des Rechnungsflusses durch ein Unternehmen in diesem Sinne nicht leicht. Die dabei auftretenden Schwierigkeiten sind um so größer, je umfangreicher der Rechnungsanfall ist und je weiter bei seiner Behandlung die Arbeitsteilung vorgetrieben wird, je komplizierter sich also der Rechnungsdurchlauf gestaltet, weshalb man in industriellen Unternehmen dem aufgezeigten organisatorischen Problem ernsthaft zu Leibe zu rücken bemüht ist. Noch problematischer erscheint der an sich so einfache Vorgang des Rechnungsdurchlaufs, wenn man — wie im folgenden — seine Bedeutung als Kontrollmittel in die Betrachtung einbezieht.

b) Das Erfordernis der Kontrolle

Die Eingangsrechnung bildet eine wichtige Unterlage für Vermögensdispositionen. Auf diese Tatsache kann nicht oft genug mit Nachdruck hingewiesen werden. Sie ist es auch, die Veranlassung gibt, bei allen Gelegenheiten, bei denen die Funktionen der Eingangsrechnung zur Geltung kommen, auf den Einbau von Sicherungen bedacht zu sein.
Kontrollen, wie die Prüfung der Eingangsrechnung, ihre Anweisung zur Zahlung und andere, auf die ausführlich bereits eingegangen wurde, lassen sich aus einem fortschrittlichen Unternehmen mit Recht nicht mehr fortdenken. — Man muß sich jedoch die Frage vorlegen, ob damit das Repertoire an möglichen Sicherungsmaßnahmen erschöpft ist, ob die genannten Kontrollen genügen? — Schätzt man die Ehrlichkeit und Zuverlässigkeit der in einem Unternehmen tätigen, namentlich der mit der Eingangsrechnung entscheidend in Berührung kommenden Menschen nicht allzu hoch ein — zu einem übertriebenen Optimismus in dieser Hinsicht geben die gemachten Erfahrungen leider keine Veranlassung —, so kommt man um eine Verneinung der gestellten Frage nicht herum.
Auf der Suche nach weiteren Sicherungsmaßnahmen, insbesondere solchen, deren Erfolg nicht um den Preis grober Verstöße gegen das Gebot der Wirtschaftlichkeit erkauft wird, bedarf es keiner langen und tiefen Überlegungen, um darauf zu kommen, daß der Durchlauf der Eingangsrechnung sich als ein wirksames Kontrollmittel anbietet.

Dabei handelt es sich um eine Sicherung, die ohne viel Umstände und vor allen Dingen ohne eine wesentliche Mehrbelastung des Verwaltungskostenkontos durchgeführt werden kann. Es kommt lediglich darauf an, den Durchlauf der Rechnung bei gleichzeitiger Anwendung einer gewissen Vordrucktechnik entsprechend zu organisieren, wofür an anderer Stelle dieser Arbeit noch ein Vorschlag zu unterbreiten sein wird.
Des besseren Verständnisses wegen muß nun hier bereits etwas vorweggenommen werden, was mit Rücksicht auf seine sachliche Zugehörigkeit teilweise erst im folgenden unter 2. zur Darstellung hätte gelangen dürfen: Soll dem Rechnungsdurchlauf die Funktion eines selbständigen Kontrollmittels innewohnen, so geht es ganz einfach darum, die Eingangsrechnung in einer bestimmten Reihenfolge die einzelnen Behandlungsstadien durchlaufen, daneben gewisse Vordrucke Verwendung finden zu lassen, die ebenfalls in vorgeschriebener Weise zirkulieren, und schließlich eine Reihe von Abstimmungsmöglichkeiten einzubauen, mit anderen Worten, den Durchlauf der Eingangsrechnung so anzulegen und vordrucktechnisch und abstimmungsmäßig auszustatten, daß möglichst jeder jeden kontrolliert und Unzuverlässigkeit und Unredlichkeit praktisch nur zum Zuge kommen können, wenn alle beteiligten Stellen, was sehr schwer halten dürfte, sich untereinander verständigen und einig sind. Es liegt hier der *typische Fall einer Kontrolle vor, die wenig kostet, streng objektiv ist und tätig wird, ohne den Arbeitsfluß nennenswert zu stören.*
Wesentlich für die Praxis ist zu erkennen, daß ein Arrangieren des Rechnungsdurchlaufs in der Weise, daß seine Kontrollfunktion wirksam zur Geltung kommt, keineswegs mit einem solchen in dem unter *a)* dargestellten Sinne kollidieren muß. *Der Rechnungsdurchlauf kann vielmehr sehr wohl so organisiert werden, daß beide Ziele erreicht werden.*

2. ORGANISATORISCHE KONSEQUENZEN

a) Ausrichtung des Durchlaufs auf die Termineinhaltung

Geht man an die Untersuchung der Frage heran, wovon es abhängt, daß sich der Durchlauf der Eingangsrechnung so vollziehen kann, daß die Einhaltung der fraglichen Termine sichergestellt ist, so lassen sich hauptsächlich *fünf Voraussetzungen* erkennen:

aa) Rechtzeitige Bereitstellung der Eingangsrechnung und sonstigen benötigten Unterlagen

Als erste und zwangsläufig als *Grundvoraussetzung* ist zu nennen, daß einmal die Lieferanten ihre Rechnungen so früh zustellen, daß eine termingerechte

Behandlung und Auswertung durch den Empfänger überhaupt noch möglich ist, und daß zum anderen die Bereitstellung bei der Behandlung benötigter Unterlagen, beispielsweise der für die Prüfung der Eingangsrechnung erforderlichen Leistungsnachweise und Bestellunterlagen, in einer Weise erfolgt, die sich nicht hemmend auf den Rechnungsdurchlauf auswirkt.
Es bedarf keiner weiteren Ausführungen darüber mehr, daß, wenn Lieferanten ihre Rechnungen, möglichst noch in erheblicher Menge, erst am Periodenschluß, zum Beispiel am Monatsschluß, zuzustellen pflegen und wenn dies bei der Mehrzahl der Lieferanten eines Unternehmens Sitte ist, der bestorganisierte Rechnungsdurchlauf nicht in der Lage ist, noch einen termingerechten Abschluß und eine pünktliche Regulierung herbeizuführen. Dieser in der Praxis sehr häufig anzutreffenden Unsitte gilt es zunächst abzuhelfen.
Was nun die rechtzeitige Bereitstellung bei der Behandlung der Eingangsrechnung benötigter Unterlagen angeht, so sind mit letzteren, wie bereits angedeutet, in erster Linie die Leistungsnachweise (Wareneingangsmeldungen, Aufmaßlisten, Stundennachweise und andere) sowie die Bestellunterlagen gemeint, ohne die eine Prüfung der Rechnung, wenn man von der abzulehnenden Methode des „In-den-Betrieb-Schickens“ der Eingangsrechnung absieht, nicht denkbar ist. Die Prüfung der Eingangsrechnung bildet aber ihrerseits wiederum im Regelfall die erste Etappe des Durchlaufs und schafft zugleich die Voraussetzungen für das Tätigwerden anderer Stellen. Eine Verzögerung bei der Prüfung der Eingangsrechnung, hervorgerufen durch verspätetes Bereitstellen der besagten Unterlagen, muß zwangsläufig eine Verzögerung des Rechnungsdurchlaufs im ganzen zur Folge haben.
Darum gilt es, den Hebel bereits bei den Stellen anzusetzen, die an der Bereitstellung der Prüfungsunterlagen beteiligt und dafür verantwortlich sind (Warenannahmestelle, Läger, Betriebsstellen, Einkaufsabteilung).
Was vorstehend hinsichtlich der Bereitstellung der Prüfungsunterlagen ausgeführt wurde, gilt in gleichem Maße auch hinsichtlich der Bereitstellung anderer Unterlagen, soweit solche bei der Behandlung der Eingangsrechnung auf den einzelnen Stufen zum Zuge kommen oder soweit solche etwa an deren Stelle treten (Hilfsbelege zum Beispiel).

bb) Möglichst kurze Behandlungsfristen

Keine der in den Rechnungsdurchlauf eingeschalteten Stellen darf eine Eingangsrechnung länger in Anspruch nehmen, als dies unbedingt erforderlich ist, wobei jedoch eine Verkürzung der Dauer der Inanspruchnahme auf keinen Fall auf Kosten der Qualität der durchzuführenden Arbeiten gehen darf. Damit diese Voraussetzung gegeben sei, ist wiederum notwendig, daß

jede in Frage kommende Stelle in einem Maße personell besetzt und mit technischen Hilfsmitteln ausgestattet ist, wie es den von ihr zu bewältigenden Aufgaben entspricht.
Alle Abteilungen, ob Rechnungsprüfstelle, Finanz-, Kontokorrent- und Betriebsbuchhaltung mit ihren Unterabteilungen, müssen sich dessen bewußt sein, in welchem organisatorischen Zusammenhang und unter welcher Zielsetzung sich ihre Tätigkeit vollzieht. Für einen durch nichts zu motivierenden Abteilungsegoismus darf kein Platz sein.

cc) Schnellste Weiterleitung der Eingangsrechnung

Häufig genug kann die Beobachtung gemacht werden, daß der Durchlauf der Eingangsrechnung, obwohl sonst organisatorisch sorgfältig durchdacht und aufgezogen, an einem Fehler krankt, dessen Nichtvorhandensein an und für sich etwas so Selbstverständliches ist, daß man gar nicht daran denkt, dieser Fehler könne überhaupt gegeben sein: Gemeint ist die verzögerte Weiterleitung der Eingangsrechnung und auch der sonstigen Unterlagen, soweit sie in diesem Zusammenhang von Interesse sind. Kein Sachbearbeiter, ob Rechnungsprüfer, Kontenführer und so weiter, sollte die Mühe scheuen, von ihm bearbeitete Rechnungen und sonstige Unterlagen demjenigen, der ihrer nach ihm bedarf, persönlich auszuhändigen oder aber zum mindesten, namentlich wenn die räumlichen Verhältnisse dem entgegenstehen, persönlich dafür zu sorgen, daß die Schriftstücke durch vertrauenswürdige Personen und Einrichtungen ihrer Bestimmung zugeführt werden. Absolut verfehlt ist zum Beispiel die verbreitete Handhabe, Rechnungen, einzeln oder gebündelt, eventuell auch in Mappen, auszuzeichnen, in Postkörbe zu legen und sie dann ihrem Schicksal zu überlassen. Unter solchen Umständen nimmt es dann nicht wunder, daß nach Tagen oder Wochen von irgendeiner im Rechnungsdurchlauf überhaupt nicht vorgesehenen Stelle des Unternehmens eine Anfrage bei der absendenden Stelle erfolgt, was mit den dort eingetroffenen Unterlagen zu geschehen habe.
In der Regel ist es nur Bequemlichkeit, die es an der oben aufgezeigten Voraussetzung fehlen läßt. Bequemlichkeit sollte aber doch am wenigsten Anlaß zu einem fehlerhaften Durchlauf der Eingangsrechnung und den dadurch bedingten Folgen in termineller Hinsicht geben.

dd) Vermeidung von Umwegen

Grundsätzlich sollten Eingangsrechnungen in einem Unternehmen nur jeweils die Stellen, die unbedingt zu ihrer Bearbeitung oder Auswertung herangezogen werden müssen, durchlaufen. Welche und wieviel Stellen das im einzelnen sind, hängt einmal davon ab, in welchem Maße und in welcher

Form im Zuge einer funktionellen und sachlich-orientierten Arbeitsteilung der gesamte Prozeß der Behandlung der Eingangsrechnung zerlegt wird und die Einzelfunktionen bestimmten Stellen übertragen werden, und zum anderen davon, inwieweit statt der Originalrechnung Hilfsbelege bei der Verbuchung und Regulierung eingeschaltet werden. Diese beiden den Durchlauf bestimmenden Tatbestände sind ihrerseits wiederum bedingt durch die Größe eines Unternehmens und den zu verarbeitenden Rechnungsanfall — beide stehen regelmäßig, aber nicht immer in einem gewissen Zusammenhang —, teilweise auch durch die in dem Unternehmen herrschende Abteilungsgliederung sowie durch Wirtschaftlichkeits- und Sicherheitsgesichtspunkte.

Einen allgemeingültigen Durchlaufweg aufzuzeigen, ist in Anbetracht der Notwendigkeit der Berücksichtigung in einem Unternehmen gegebener individueller Verhältnisse *nicht möglich*. Welche Vielzahl von Möglichkeiten gegeben ist, kann aus den Ausführungen des Abschn. A. über die einzelnen Behandlungsetappen unschwer abgeleitet werden.

Wenn auch eine Schematisierung des Durchlaufweges völlig unangebracht ist, so kann dieser doch insofern allgemeingültig vorgezeichnet werden, als der Durchlauf der Eingangsrechnung sich so vollziehen muß, daß keine Umwege eingeschlagen werden. Solche Umwege liegen jedesmal dann vor, wenn in den Rechnungsdurchlauf Stellen eingeschaltet werden, die, streng genommen, überhaupt nicht mit der Eingangsrechnung in Berührung zu kommen brauchen. Das ist zum Beispiel dann der Fall, wenn, wie es in der Praxis häufig anzutreffen ist, Eingangsrechnungen bestimmten Betriebsstellen, der Lagerverwaltung, der jeweiligen Empfangsstelle und anderen, zum Zweck der Information, Prüfung, Genehmigung und so weiter zugeleitet werden. — Derartige Umwege geben erfahrungs- und naturgemäß zu unliebsamen Verzögerungen und Terminschwierigkeiten Anlaß und sind daher unter allen Umständen zu vermeiden. — Sofern überhaupt die Notwendigkeit vorliegt, daß sich bestimmte Stellen über die eingegangenen Rechnungen informieren, sie zusätzlich prüfen, genehmigen und so weiter — regelmäßig ist diese Notwendigkeit zu verneinen —, gibt es andere Möglichkeiten als die, den Durchlaufweg der Rechnung unnötig zu verlängern.

ee) Richtige Lenkung der Eingangsrechnung

Was bedeutet in diesem Zusammenhang: Richtige Lenkung der Rechnung durch die einzelnen Etappen? — Den Rechnungsfluß richtig lenken, heißt nichts anderes, als dafür zu sorgen, daß die Eingangsrechnung die einzelnen Stellen des Unternehmens, die arbeitsteilig an ihrer Behandlung beteiligt sind, in einer Weise durchläuft, die die Gewähr dafür bietet, daß einmal *jede vorgeordnete Stelle die notwendigen Voraussetzungen für das Tätigwerden der nachgeordneten Stelle schafft* — Beispiel: Prüfung als Voraussetzung für die Regulierung — und daß ferner die beteiligten Stellen die Eingangsrechnung jeweils zu einem Zeitpunkt in Anspruch nehmen, zu dem diese nicht gerade von einer anderen Stelle dringend benötigt wird, daß also bei der Behandlung der Eingangsrechnung auf den einzelnen Stufen *keine zeitlichen Kollisionen* auftreten.

In der Praxis hat man das Problem der richtigen Lenkung der Eingangsrechnung vielfach so zu lösen versucht, daß man neben der und/oder statt der Originalrechnung Hilfsbelege in verschiedener Form und verschiedenem Umfang in den Durchlauf eingeschaltet hat. In der Tat läßt sich das Problem in dieser Weise lösen: Die einzelnen Stellen können dann innerhalb gewisser Grenzen unabhängig voneinander tätig werden, und einem pünktlichen Abschluß und fristgerechter Regulierung steht von dieser Seite aus nichts mehr im Wege. Es bleibt aber die Frage offen, ob die gefundene Lösung der Kritik aus der Richtung der Wirtschaftlichkeit und Sicherheit standhält. Eine derartige Kritik muß aber in jedem Fall positiv ausfallen, wenn eine Lösung des Problems in dieser Weise erfolgen oder beibehalten werden soll. Die Kritik kann positiv ausfallen, tut es aber häufig nicht, ohne daß man sich daran stört.

Soll aber auf die Einschaltung von Hilfsbelegen verzichtet werden, soll die Eingangsrechnung also im Original alle in Frage kommenden Stellen durchlaufen, so kommt es im Interesse einer im dargestellten Sinne richtigen Lenkung des Rechnungsflusses im wesentlichen auf die *Bestimmung der richtigen Reihenfolge an, in der die Rechnung durchzulaufen hat:* Der Durchlauf beginnt zweckmäßig mit der Prüfung der Eingangsrechnung, da sie grundsätzlich die Voraussetzung für die Verbuchung und Regulierung sein soll, und endet naturgemäß mit der Ablage. Zwischen diese beiden Etappen schieben sich Zahlungsanweisung, Verbuchung und Regulierung, und zwar in der Weise, daß sich zunächst an die Prüfung die Anweisung der Eingangsrechnung zur Zahlung anschließt, da grundsätzlich wiederum keine Regulierung ohne diese erfolgen soll und in der Regel die Zahlungsanweisung auch gleichzeitig Freigabe der Rechnung zur Verbuchung bedeutet. — Ob im Anschluß hieran zunächst verbucht oder reguliert wird, richtet sich nach der Aufeinanderfolge von Abschluß- und Fälligkeitstermin. Eingangsrechnungen, die erst nach dem Abschlußtermin fällig werden, durchlaufen zuerst die Stellen, die die Verbuchung durchzuführen haben, und danach erst die Regulierungsstelle. Dasselbe gilt für solche Rechnungen, die zwar vor dem Abschlußtermin fällig werden, deren Verbuchung aber, ohne die fristgerechte Regulierung zu gefährden, noch vor der Regulierung erfolgen kann. In umgekehrter Reihenfolge durchlaufen diejenigen Eingangsrechnungen die in Frage kommenden Stellen, die zu einem Zeitpunkt zu regulieren sind, der es nicht zuläßt, daß die Verbuchung infolge der dazu erforderlichen Zeitspanne vorher durchgeführt wird. Gerade darin, der gegebenen Aufeinanderfolge von Abschlußtermin und Fälligkeitstermin Rechnung zu tragen durch entsprechende Lenkung des Rechnungsflusses, liegen zweifellos Schwierigkeiten, um die zu meistern es eines gehörigen Quantums Erfahrungen und zudem eines gewissen Fingerspitzengefühls bedarf.

Sieht man von den Fällen ab, in denen der Rechnungsfluß durch die Einschaltung von Hilfsbelegen ein besonderes Gepräge erhält und damit die Frage der richtigen Lenkung erheblich an Bedeutung verliert, so kann grundsätzlich dann von einer richtigen Lenkung der Eingangsrechnung in dem dargestellten Sinne gesprochen werden, wenn der oben aufgezeigte Weg eingeschlagen wird. Sicherlich können geringfügige Abweichungen ebenso Platz greifen, wie unter Umständen bestimmte Eingangsrechnungen eine besondere Behandlung erfahren müssen, wenn die gegebenen Umstände dies erfordern, ohne daß damit gleich der Rechnungsdurchlauf im Hinblick auf das gesteckte Ziel zum Scheitern verurteilt wäre.

Es kann ferner gesagt werden, daß es gar nicht unbedingt der Einschaltung von Hilfsbelegen bedarf, um Kollisionen zwischen den an der Behandlung der Eingangsrechnung beteiligten Stellen zu vermeiden. Es kommt vielmehr darauf an, die Rechnung richtig zu lenken. — Wie dies zu geschehen hat, wurde im vorstehenden angedeutet und wird später noch beispielhaft zu belegen sein.

b) Ausrichtung des Durchlaufs auf die Kontrolle

Die Voraussetzungen, die gegeben sein müssen, wenn dem Rechnungsdurchlauf gleichzeitig die Funktion der Kontrolle innewohnen soll, wurden bereits im Verlauf der vorausgegangenen Ausführungen über die Bedeutung des Rechnungsdurchlaufs als Kontrollmittel benannt. Der Vollständigkeit halber seien sie hier noch einmal eingefügt.

Voraussetzung ist,

1. daß beim Durchlauf der Eingangsrechnung durch die in Frage kommenden Stellen eine Reihenfolge gewahrt wird, die gewährleistet, daß *die einzelnen Stellen sich möglichst gegenseitig kontrollieren*, wobei sich in jedem Fall die Frage vorzulegen ist, ob der als Kontrollmittel geeignete Rechnungsdurchlauf auch in der Lage ist, die Termineinhaltung sicherzustellen,
2. daß der Rechnungsdurchlauf mit einer *zweckentsprechenden Vordrucktechnik* ausgestattet wird, die es gleichzeitig erlaubt, die Mitwirkung auch außerhalb des Rechnungsdurchlaufs stehender Stellen, ja selbst des Rechnungsausstellers zum Zweck der Kontrolle herbeizuführen, und zwar in nicht zu unterschätzender Weise, wobei allerdings das Gebot der Wirtschaftlichkeit nicht außer acht gelassen werden darf,

3. daß im Verlauf des Durchlaufs *Abstimmungsmöglichkeiten* zwischen den einzelnen Stellen geschaffen werden, durch die Abweichungen, mögen sie auf gewollt oder ungewollt fehlerhafter Behandlung der Eingangsrechnung durch die eine oder andere Stelle beruhen, schnellstmöglich aufgedeckt werden.

Auf die vorstehenden Voraussetzungen soll hier nicht näher eingegangen werden. Eine gewisse Erläuterung wird noch das weiter unten darzustellende Beispiel bringen.

c) Planung des Rechnungsdurchlaufs

Das, was bislang im Verlauf dieses Kapitels über die Bedeutung des Rechnungsdurchlaufs und über die Voraussetzungen, die im Hinblick auf diese gegeben sein müssen, ausgeführt wurde, läßt mit Recht zu der Überzeugung kommen, daß der Durchlauf der Eingangsrechnung sich nicht selbst überlassen werden darf, daß die Ansicht, Unebenheiten werden sich im Laufe der Zeit von selbst glätten, absolut falsch ist.

Wer einmal in den Verwaltungsapparat eines industriellen Unternehmens, das nicht gerade als Kleinunternehmen zu bezeichnen ist, hineingeschaut und speziell versucht hat, hier den Rechnungsfluß zu verfolgen, weiß um die Kompliziertheit gerade dieses Teiles des von ihm in Augenschein genommenen Organismus.

In Anbetracht dessen kann nicht nur empfehlenswert darauf hingewiesen, sondern muß als weitere und nicht als letzte Voraussetzung herausgestellt werden, daß ein *Rechnungsdurchlaufplan aufzustellen* ist, nach dem sich der Durchlauf zu vollziehen hat, wenn

1. der Bedeutung des Rechnungsdurchlaufs in vollem Umfang entsprochen werden soll,
2. im Hinblick darauf alle benannten Organisationsregeln Beachtung finden sollen,
3. die erforderliche Übersicht vorliegen soll und alle Beteiligten wissen sollen, in welchem Zusammenhang sie tätig sind — worum es geht.

Ein solcher Plan kann in der Weise aufgestellt werden, daß er nur in groben Zügen den Weg aufzeigt. Er kann aber auch alle Einzelheiten, einschließlich der Arbeitsabläufe, wie sie sich bei den verschiedenen Stellen ergeben, beinhalten.

Wichtig ist, daß besagter Plan nicht als starr angesehen, sondern flexibel gehalten wird: Es muß jeweils eine Anpassung an sich ändernde Gegebenheiten Platz greifen.

In regelmäßigen Abständen ist festzustellen, ob und inwieweit sich der wirkliche Durchlaufweg abweichend vom geplanten vollzieht, und die Ursachen für eventuell festgestellte Abweichungen sind zu ergründen. Entweder bedarf dann der Plan oder der Rechnungsdurchlauf einer Korrektur.

II. Beispiele für den Durchlauf der Eingangsrechnung

Abschließend werden insgesamt drei Beispiele folgen. Bei den *Beispielen 1. und 2.* handelt es sich um solche, die primär zeigen sollen, in welcher Weise der Rechnungsdurchlauf sich vollziehen kann, damit die *Termineinhaltung* gewährleistet ist. Das *Beispiel 3.* ist in erster Linie darauf zugeschnitten erkennen zu lassen, wie der Rechnungsdurchlauf zweckmäßig anzulegen ist, damit seine *Kontrollfunktion* zur Geltung kommt.

Was die beiden Beispiele 1. und 2. angeht, so wurde ihre Auswahl bewußt so getroffen, daß einmal ein kurzer Durchlauf unter Einschaltung von Hilfsbelegen und zum anderen ein langer Durchlauf der Eingangsrechnung sich gegenüberstehen. Auf die Darstellung weiterer Beispiele, die dem Verfasser als Ergebnis zahlreicher Untersuchungen im Konzept zur Verfügung stehen, muß, um den Umfang der Arbeit zu beschränken, hier leider verzichtet werden.

Im Verlauf der folgenden Beispiele werden nicht nur jeweils die Durchlaufswege umrissen, sondern die bei den in den Durchlauf eingeschalteten Stellen durchzuführenden Arbeitsgänge in gedrängter Form des Zusammenhanges wegen wiedergegeben werden.

Um keine Unklarheiten aufkommen zu lassen, sei noch dieses *vorausgeschickt:* Bei sämtlichen Beispielen wird unterstellt, daß die einzelnen Durchläufe sich jeweils in einem Unternehmen vollziehen, in denen — soweit sie in diesem Zusammenhang von Interesse ist — *folgende Abteilungsgliederung* gegeben ist:

Es steht eine Rechnungsprüfstelle zur Verfügung, die unmittelbar dem Leiter des Rechnungswesens unterstellt ist. Es ist weiterhin eine Warenannahmestelle gegeben, die selbständig arbeitet und dem Leiter der Hauptabteilung Materialwirtschaft untersteht. — Die Hauptabteilung Buchhaltung ist in der Weise untergliedert, wie dies auf Seite 146 ff. unter bb) bereits aufgezeigt wurde. — Daß schließlich noch eine Einkaufsabteilung vorgesehen ist, bedarf an und für sich keiner besonderen Erwähnung.

Es wird weiterhin von der Annahme ausgegangen, daß in dem Unternehmen, dessen Rechnungsdurchlauf jeweils darzustellen ist, zum Zweck der Durchführung der kurzfristigen Erfolgsrechnung ein *monatlicher Abschluß der Konten* erfolgt. Auch hier sei wiederum davor gewarnt, die wiedergegebenen Organisationsbilder als Schablonen zu betrachten. Es sind vielmehr nur Beispiele in des Wortes wahrster Bedeutung

1. KURZER DURCHLAUF MIT EINSCHALTUNG VON HILFSBELEGEN

a) Vorbemerkung

Bei diesem Beispiel handelt es sich um einen Rechnungsdurchlauf, wie er sich vollzieht, wenn das auf Seite 136 unter 2. angedeutete und auf Seite 154 ff. unter *b)* ausführlich behandelte *Schuppenverfahren* Anwendung findet.

Die folgende Darstellung wird daher zwangsläufig eine weitgehende Anlehnung an diese und andere frühere Ausführungen erfahren, und es wird der Einfachheit halber häufig auf letztere zu verweisen sein, namentlich wenn es um die Vermeidung einer mehrmaligen Wiedergabe von Vordrucken geht.

Es werden zunächst der normale Durchlaufweg und danach einige in besonders gelagerten Fällen zum Zuge kommende Abweichungen aufzuzeigen sein.

b) Normaler Durchlauf

Etappe 1: Die Prüfung der Eingangsrechnung (Beteiligte Stelle — *Rechnungsprüfstelle)*

1) Abstempeln der Eingangsrechnung. Sämtliche eingegangenen Rechnungen werden nach Posteingang sofort der Rechnungsprüfstelle zugeleitet und mit folgenden Stempeln versehen:

1. *Monats-Stempel,*
2. *Anweisungs-Stempel* (vgl. Abbildung 31, Seite 113),
3. *Skonto-Stempel* (soweit es sich um Skonto-Rechnungen handelt).

Die laufende Rechnungsnummer wird in diesem Fall aus bestimmten Gründen erst später aufgestempelt.

2) Aufkleben des Rechnungsprüfzettels. Vgl. Abbildung 32, Seite 114! — Weiterer Erläuterungen bedarf es hier nicht.

3) Aufteilung der Eingangsrechnungen auf die zuständigen Rechnungsprüfer. Im Anschluß an das Abstempeln wird der tägliche Rechnungsanfall entsprechend den festgelegten Arbeitsbereichen der einzelnen Prüfer — vgl. hierzu das Aufteilungsschema Seite 113ff. — auf diese aufgeteilt. Die Rechnungen verbleiben zunächst bei den zuständigen Rechnungsprüfern und werden von diesen in Alphabet-Fächerordnern aufbewahrt.

4) Komplettieren der Prüfungsunterlagen. Die zur Prüfung der Rechnung benötigten Unterlagen werden durch Hilfspersonen bei der Einkaufsabteilung in Empfang genommen, soweit sie nicht direkt der Rechnungsprüfstelle zugestellt werden, und an die zuständigen Rechnungsprüfer verteilt, die sie in die besagten Ordner einordnen. — Wegen der Bereitstellung der Prüfungsunterlagen wird auf die Ausführungen auf Seite 91 ff. unter dd) und Seite 98 ff. unter *b)* verwiesen.

5) Die eigentliche Prüfung. Sobald die Prüfungsunterlagen restlos zur Stelle sind, erfolgt sukzessiv die eigentliche Prüfung der Eingangsrechnung in sachlicher, preislicher und sonstiger Hinsicht in der auf Seite 115 ff. unter bb) aufgezeigten Form, gegebenenfalls unter Heranziehung von Preislisten, Abschlußunterlagen usw., wobei kurzfristig fällige Eingangsrechnungen, insbesondere Skonto-Rechnungen, bevorzugt behandelt werden.

Geprüfte und für richtig befundene Positionen werden abgehakt, festgestellte Fehler auf der Rechnung markiert.

Falls Korrekturen erforderlich sind, werden über die entsprechenden Beträge detailliert Korrekturschuppen — vgl. Abbildung 34, Seite 117 — ausgestellt und den Eingangsrechnungen beigefügt.

Nach erfolgter Prüfung werden die vorgeschriebenen Eintragungen in den vorerwähnten Anweisungs-Stempel gemacht, es wird der Prüfzettel ausgefüllt, und beide werden mit der Unterschrift des jeweiligen Prüfers versehen.

Der Leiter der Rechnungsprüfstelle hat sowohl die Angaben in dem Anweisungs-Stempel als auch diejenigen auf dem Prüfzettel zu überprüfen und gegenzuzeichnen.

6) Durchführung erforderlicher Nebenarbeiten. Die folgenden im einzelnen auf Seite 120 ff. unter cc) ausführlich behandelten Nebenarbeiten werden anschließend, soweit in Frage kommend, durchgeführt:

1. Falls an Eingangsrechnungen Korrekturen vorgenommen wurden, entsprechende *Benachrichtigung der Rechnungsaussteller* unter Verwendung vorgedruckter Karten — vgl. Abbildung 39, Seite 126 —,
2. *Entwertung der Bestellunterlagen und Leistungsnachweise,*
3. gegebenenfalls *Aufteilung von Rechnungsbeträgen,*
4. *Veranlassung der Rücksendung des Leergutes* und
5. bei Skonto-Rechnungen erforderlichenfalls *Ausstellung von Zahlungsaufträgen.*

Vgl. auch die auf Seite 120 ff. dargestellten, zu den Ausführungen über die „Nebenarbeiten“ gehörigen Vordruckmuster!

Etappe 2: Eintragung der geprüften Eingangsrechnung in das Eingangsrechnungsbuch (Beteiligte Stelle — *Rechnungsprüfstelle)*

1) Eintragung der Eingangsrechnung in das Eingangsrechnungsbuch. Unmittelbar nach ihrer Prüfung wird jede Eingangsrechnung mit den für ihre spätere Behand ur ; wesentlichen Angaben in ein Eingangsrechnungsbuch, das in Lose-Blatt-Form geführt wird, unter fortlaufender Numerierung, die

monatlich neu beginnt, eingetragen. Dabei gelangen Vordrucksätze — vgl. Abbildung 44, nach Seite 156 —, bestehend aus dem Original und drei Schuppendurchschriften von verschiedener Farbe (rot, grün und gelb), zur Verwendung. Die Originale ergeben in komplettierter Form das Eingangsrechnungsbuch, während die Schuppendurchschriften aufgeteilt in noch darzustellender Weise verarbeitet werden. Die Eintragung erfolgt durch Hilfspersonen mittels normaler Schreibmaschinen.
Eventuelle Korrekturen werden separat wie die Eingangsrechnung eingetragen. Diese Eintragungen erhalten die laufende Nummer der dazugehörigen Eingangsrechnung unter Hinzufügung des Indexes a, b, c und so weiter.
Die Endsummen der einzelnen Seiten des Eingangsrechnungsbuches werden laufend vorgetragen, so daß am Monatsschluß die Gesamtsumme der eingetragenen Rechnungs- und Korrekturbeträge abgelesen werden kann. Sie wird zu Abstimmungszwecken später herangezogen.
Wegen weiterer die Eintragung der Eingangsrechnung betreffender Einzelheiten sei auf die Ausführungen auf Seite 156ff. verwiesen.
2) Numerierung der Eingangsrechnung. Nach der Eintragung in das Eingangsrechnungsbuch wird die dabei vollzogene Numerierung auf die Eingangsrechnung und auch auf die Korrekturschuppe übernommen, wobei ein automatischer Nummern-Stempel Verwendung findet.
3) Überprüfung der Eintragung. Um später eine fehlerhafte Verbuchung und Regulierung von vornherein auszuschalten, wird die vorgenommene Eintragung in das Eingangsrechnungsbuch von dem zuständigen Rechnungsprüfer noch einmal auf ihre Identität mit den Rechnungsangaben hin überprüft.

Etappe 3: Vorlage der Eingangsrechnung zur Zahlungsanweisung (Beteiligte Stelle — *Leitung des Rechnungswesens)*

Unter Beifügung der entsprechenden kompletten Bestellunterlagen, einschließlich der Leistungsnachweise sowie der besagten Vordrucksätze des Eingangsrechnungsbuches, legt die Rechnungsprüfstelle täglich die von ihr bearbeiteten Eingangsrechnungen dem Leiter des Rechnungswesens oder dessen Stellvertreter vor, der den Prüfungsvorgang nebst den vollzogenen Eintragungen in das Eingangsrechnungsbuch noch einmal kontrolliert und bei Richtigbefund seine Unterschrift in den Anweisungs-Stempel auf den Eingangsrechnungen selbst sowie auf die (roten) Regulierungsschuppen setzt. Mit dieser Unterschriftsleistung ist einmal die Freigabe der Rechnungen zur Verbuchung und zum anderen die zur Zahlung erfolgt.
Die kompletten Unterlagen werden anschließend wieder der Rechnungsprüfstelle zugeleitet.

Etappe 4: Weiterleitung der Schuppenbelege und Prüfungsunterlagen (Beteiligte Stelle — *Rechnungsprüfstelle)*

1) Aufteilung der Schuppenbelege und ihre Weiterleitung. Die bei der Eintragung der Eingangsrechnung in das Eingangsrechnungsbuch in dreifacher Durchschrift erstellten Schuppenkopien werden laufend aufgelöst und die einzelnen Schuppen in folgender Weise verteilt:

1. Die *gelben Schuppen* werden der *Kontokorrentbuchhaltung,*
2. die *grünen Schuppen* den drei Unterabteilungen der *Betriebsbuchhaltung,*
3. die *roten Schuppen der Finanzbuchhaltung* zugeleitet.

Auf die Behandlung der einzelnen Schuppen bei den genannten Stellen wird an anderer Stelle noch einzugehen sein.

2) Weiterleitung der Prüfungsunterlagen. Die *Originalrechnung* wird zur Ablage an die Kontokorrentbuchhaltung weitergeleitet.

Die *Bestellunterlagen* werden einschließlich der Leistungsnachweise an die Einkaufsabteilung zurückgegeben.

3) Komplettierung des Eingangsrechnungsbuches. Die Originale des verwendeten Vordrucksatzes „Eingangsrechnungsbuch" werden in besonderen Mappen monatsweise gesammelt und dienen als Nachschlagewerk sowie hauptsächlich zur Abstimmung mit der Kontokorrent- und der Betriebsbuchhaltung.

Etappe 5: Ablage der Eingangsrechnung (Beteiligte Stelle — *Kontokorrentbuchhaltung)*

Die Originalrechnung wird in der Kontokorrentbuchhaltung laufend so, wie sie hier eingeht, getrennt nach Monaten und innerhalb derselben nach der laufenden Rechnungsnummer eingeordnet, unter Verwendung von Hebelordnern abgelegt, und zwar für die Dauer des laufenden und folgenden Geschäftsjahres, um dann der Registratur übergeben zu werden.

Die Originalrechnung scheidet damit aus dem weiteren Prozeß aus. An ihre Stelle treten die besagten Schuppenbelege.

In den *Etappen 6 bis 8* geht es nun um *den Durchlauf und die Behandlung der Schuppenbelege.* — Zu beachten ist, daß die in Frage kommenden Stellen unabhängig voneinander tätig werden und sich mithin keine zeitlichen Kollisionen ergeben können. Es kommt lediglich darauf an, daß die Hilfsbelege den einzelnen Stellen im Hinblick auf den Abschluß einerseits und die Regulierung andererseits rechtzeitig vorliegen, wofür die Rechnungsprüfstelle, sozusagen als Schlüsselstelle, die Verantwortung zwangsläufig zu übernehmen hat.

Etappe 6: Die Verbuchung anhand der gelben Schuppenbelege im Kontokorrent (Beteiligte Stelle — *Kontokorrentbuchhaltung)*

1) Aufteilung der Schuppen auf die Kontenführer. Die der Kontokorrentbuchhaltung zugeleiteten Schuppenbelege werden zunächst nach Alphabetgruppen auf die zuständigen Kontenführer der Kreditorenpersonenkonten aufgeteilt und von diesen gesammelt, bis genügend Buchungsstoff vorliegt, damit ein rationelles Buchen gewährleistet ist. Der Arbeitsrhythmus sieht dann gewöhnlich so aus, daß etwa alle zwei bis drei Tage die Konten auf den neuesten Stand gebracht werden.

2) Heraussuchen der Kontenkarten. Vor der Verbuchung suchen die Kontenführer nach vorheriger Sortierung der Belege nach dem Alphabet die entsprechenden Kontenkarten heraus und übergeben diese mit den Schuppenbelegen den für die technische Durchführung der Verbuchung zuständigen Schreibkräften.

3) Verbuchung. Die Verbuchung erfolgt mittels elektrischer Buchungsmaschinen mit automatischem Saldierwerk. Nähere Einzelheiten wurden bereits auf Seite 159 ff. ausgeführt. — Vgl. hierzu ergänzungshalber auch die Ausführungen daselbst über die Zwischenverbuchung auf dem Sammelkonto „Betrieb"!

4) Die Kontrolle der durchgeführten Buchungen. Die Kontenführer haben anschließend zu prüfen, ob der Buchungstext laut Kontenkarten jeweils mit dem Inhalt der Belege übereinstimmt. — Eventuelle Fehler werden sofort berichtigt.

5) Ablage der Schuppenbelege. Im Anschluß an die Verbuchung können die gelben Schuppen in der Kontokorrentbuchhaltung monats- und firmenweise abgelegt werden. Nach Ablauf der Geschäftsperiode werden sie vernichtet, da ja jederzeit bei Bedarf auf die Originalrechnung zurückgegriffen werden kann.

6) Abstimmung am Monatsende. Am Schluß jeden Monats stimmt die Kontokorrentbuchhaltung — zu diesem Zweck haben die Kontenführer sich zusammenzutun — die Summe der von ihnen in der Periode verbuchten Beträge einmal mit der Endsumme des Eingangsrechnungsbuches und zum anderen mit den Summen der von der Bilanzbuchhaltung (Hauptbuch) auf die Hauptbuchkonten auf Grund der Abschlußmeldungen der Unterabteilungen der Betriebsbuchhaltung übernommenen Beträge ab. Aus Sicherheitsgründen ist diese Handhabe unumgänglich.

Darüber hinaus prüfen die Kontenführer laufend die Identität der durch die Finanzbuchhaltung regulierten Beträge mit den von ihnen ursprünglich auf Grund der gelben Schuppen verbuchten, und zwar gelegentlich der Verbuchung der durchgeführten Regulierung auf den Kreditorenpersonenkonten. Die sich entsprechenden Beträge werden laufend als solche gekennzeichnet.

7) Meldung an die Bilanzbuchhaltung. Zwecks Übernahme der im Laufe der Periode auf den Personenkonten gebuchten Werte auf das Kreditorensachkonto des Hauptbuches werden der Bilanzbuchhaltung am Periodenschluß jeweils die Endsummen des Lieferersammelkontos — vgl. hierzu auf Seite 159 ff. — gemeldet.

Etappe 7: Auswertung der grünen Schuppenbelege durch die Betriebsbuchhaltung (Beteiligte Stellen — als Unterabteilungen der Betriebsbuchhaltung die *Lager- und Anlagebuchhaltung* sowie die *Abteilung „Betriebsabrechnung"*)

Die Auswertung der grünen Schuppenbelege vollzieht sich parallel *in drei Unteretappen*, und zwar wie folgt:

Schuppenbelege, welche Rechnungswerte beinhalten, die Anlagekonten zu belasten sind, werden von der *Anlagebuchhaltung* statistisch ausgewertet.

Schuppenbelege, die Lagerkonten angehen, werden in der *Lagerbuchhaltung* der statistischen Verbuchung zugrunde gelegt.

Schuppenbelege schließlich mit Rechnungswerten, die abzugrenzen sind oder in die Kostenrechnung eingehen sollen, erfahren in der *Abteilung „Betriebsabrechnung"* eine entsprechende gesonderte Behandlung.

Etappe 7a: Auswertung der Schuppenbelege durch die Anlagebuchhaltung.

1) Aufteilung der Schuppen auf die zuständigen Sachbearbeiter. Dazu bedarf es keiner weiteren Erläuterungen!

2) Verbuchung anhand der Schuppen auf die Anlagekonten. Die Konten werden in Form einer Kartei manuell statistisch geführt. Die Verbuchung erfolgt laufend. Einzelheiten sind den Ausführungen auf Seite 161 ff. zu entnehmen.

3) Abstimmung am Periodenschluß. Am Ende jeden Monats, wenn alle Schuppen vorliegen, erfolgt eine Addition der Beträge sämtlicher Schuppen und eine Abstimmung der sich ergebenden Summe mit derjenigen, die sich aus der Addition aller verbuchten Neuzugänge an Anlagegegenständen, soweit sie durch Eingangsrechnungen belegt sind, ergibt. — Darüber hinaus wird zusammen mit der Lagerbuchhaltung und der Abteilung „Betriebsabrechnung" eine Abstimmung mit der Kontokorrentbuchhaltung und der Rechnungsprüfstelle durchgeführt.

4) Meldung am Monatsschluß an die Bilanzbuchhaltung. Am Schluß der Periode meldet die Anlagebuchhaltung der Bilanzbuchhaltung die Summe der fremdbezogenen Anlagezugänge wertmäßig, den Hauptbuchkonten entsprechend gegliedert. Der Zweck dieser Meldung wurde auf Seite 162 ff. ausführlich behandelt.

5) Ablage der Schuppenbelege. Nach der Verbuchung werden die Belege, getrennt nach Monaten und innerhalb derselben nach Konten geordnet, abgelegt. Bei Bedarf dienen sie zur Erläuterung der Anlagekartei.

Etappe 7b: Auswertung der Schuppenbelege durch die Lagerbuchhaltung. Hier kommt sinngemäß der gleiche Arbeitsablauf in Frage wie für Etappe 7a *1)* bis *5)*. — Auch die dortigen Hinweise auf frühere Ausführungen behalten ihre Gültigkeit.

Etappe 7c: Auswertung der Schuppenbelege durch die Abteilung „Betriebsabrechnung“

1) Sortieren der Schuppenbelege. Bis zum Schluß des Monats werden die Schuppenbelege zunächst gesammelt. Dann erst erfolgt eine Aussonderung derjenigen, die abzugrenzende Rechnungsbeträge beinhalten. — Die übrigen werden nach Kostenarten, Kostenstellen und Kostenträgern sortiert.

2) Einschaltung von Zehn-Felder-Blättern. Im Anschluß an die Sortierung werden die Rechnungsbeträge der einzelnen Schuppen nebst Kontierungsangaben in der auf Seite 161 ff. dargestellten Weise auf Zehn-Felder Blätter — vgl. Abbildung 45, Seite 163 — übernommen, und zwar mittels schreibender Additionsmaschinen unter gleichzeitiger Ermittlung der Endsumme der übernommenen Beträge.

3) Abstimmung. Die ermittelte Endsumme der Beträge der Zehn-Felder-Blätter wird einmal mit der Summe der Beträge laut Schuppenbelegen und zum anderen unter Einbeziehung der Summe der abzugrenzenden Rechnungsbeträge zusammen mit den Summen der durch die Anlage- und Lagerbuchhaltung verbuchten Beträge mit der Kontokorrentbuchhaltung (Lieferersammelkonto) und der Rechnungsprüfstelle (Eingangsrechnungsbuch) abgestimmt.

4) Ablage der Schuppenbelege. Die Schuppen erfahren nach Einschaltung der Zehn-Felder-Blätter keine weitere Behandlung mehr, sondern scheiden aus. — Sie werden, nachdem Kostenarten-, -stellen- und -trägerrechnung abgewickelt sind, zusammen mit den übrigen Unterlagen (Arbeitskarten, Materialentnahmescheinen und so weiter), monatsweise nach Kostenstellen und -trägern und innerhalb derselben nach Kostenarten geordnet, in besonderen Kartons, die nach Ablauf des Geschäftsjahres in der Registratur abgestellt werden, abgelegt. Bei Bedarf, insbesondere im Zuge der Kostenauswertung, kann jederzeit auf sie zurückgegriffen werden.

5) Meldung an die Bilanzbuchhaltung. Nach entsprechender Aufbereitung der gemäß 2) erstellten Zehn-Felder-Blätter, die ansonsten aufgelöst und dann in den gesamten Beleganfall einsortiert werden, werden der Bilanzbuchhaltung die angefallenen Kosten der Periode einschließlich der in Frage kommenden Rechnungsbeträge — diese sind also bereits in dem Gesamt-Kostenanfall untergetaucht, in der Meldung selbst aber summarisch besonders herausgestellt —, nach Kostenarten getrennt, wie die Hauptbuchkontengliederung es verlangt, gemeldet. — Vgl. hierzu die Ausführungen auf Seite 161 ff.! — Über die abzugrenzenden Rechnungsbeträge erfolgt besondere Meldung.

6) Die weitere Behandlung der Zehn-Felder-Blätter. Die Zehn-Felder-Blätter gehen nunmehr im Verband des gesamten, die Kostenrechnung berührenden Beleganfalls in die *Kostenstellen- und -trägerrechnung* ein. Auf Einzelheiten kann hier verzichtet werden. — Zur Ergänzung, insbesondere hinsichtlich der in der Bilanzbuchhaltung vorzunehmenden Abschlußbuchungen, können die Ausführungen auf Seite 162 ff. herangezogen werden.

Etappe 8: Die Regulierung auf Grund der roten Schuppenbelege (Beteiligte Stellen — *Finanzbuchhaltung, Kontokorrentbuchhaltung, Einkaufsabteilung und Rechnungsprüfstelle)*

1) Sortieren und vorübergehende Ablage der Schuppenbelege. Die laufend der Finanzbuchhaltung zugeleiteten Schuppenbelege (rot) einschließlich der Korrekturschuppen werden von den zuständigen Sachbearbeitern nach Fälligkeiten und Firmen sortiert und unter Beibehaltung dieser Ordnung in mit entsprechenden Leitkarten versehenen Karteikästen aufbewahrt. — Täglich erfolgt eine Durchsicht der Schuppen auf solche mit bevorstehender Fälligkeit.

2) Aussonderung der Schuppen mit fälligen Rechnungsbeträgen. Etwa zwei Tage vor Fälligkeit jeweils werden die betreffenden Schuppen (einschließlich der Korrekturschuppen) ausgesondert, um dann als Regulierungsunterlage zu dienen.

3) Vorlage der Schuppenbelege in der Kontokorrentbuchhaltung. Zwecks Feststellung, ob *Gegenforderungen* gegen den jeweiligen Rechnungsaussteller vorliegen, ob noch *Korrekturbeträge* auf dem Kreditorenkonto offenstehen oder ob *Zessionen* stattgefunden haben, werden die zur Regulierung anstehenden Belege den Kontenführern der Kreditoren- und Debitorenpersonenkonten vorgelegt, die gegebenenfalls auf Regulierungszetteln — vgl. Abbildung 58, Seite 199 — entsprechende Vermerke machen und im übrigen die vorzunehmenden Regulierungen jeweils auf den Kontenkarten vornotieren. — Zur Ergänzung sei auf die Ausführungen Seite 198 ff. verwiesen!

4) Überprüfung geleisteter Teilzahlungen. Falls auf Eingangsrechnungen Raten- oder Abschlagszahlungen geleistet wurden, was aus den Schuppenbelegen ersichtlich ist, wird deren Richtigkeit unter Einsichtnahme in die Bestellunterlagen der Einkaufsabteilung und in die Teilzahlungs-Kartei der Rechnungsprüfstelle überprüft.

5) Durchführung der Abrechnung. Wie sich die Abrechnung unter Verwendung bestimmter Vordrucke im einzelnen vollzieht, wurde bereits auf Seite 199 ff. ausführlich dargestellt und braucht daher an dieser Stelle nicht wiederholt zu werden.

6) Die Regulierung im engeren Sinne. Es folgt nun unter Zugrundelegung der Schuppen und der „Abrechnung" die Ausstellung der Zahlungsaufträge, Anweisungen, Wechsel, Schecks und so weiter, je nachdem, in welcher Form das Entgelt für die empfangenen Leistungen entrichtet werden soll oder muß. — Vgl. hierzu auf Seite 200ff.!

7) Unterschriftsleistung. Die Zahlungsaufträge, Anweisungen und so weiter werden anschließend nebst den dazugehörigen Regulierungsunterlagen dem Leiter der Hauptabteilung „Buchhaltung" sowie dem der Finanzbuchhaltung zur Unterschriftsleistung vorgelegt.

8) Abstempeln der Schuppenbelege. Nach erfolgter Regulierung werden die Schuppenbelege unter Verwendung eines Lochstempels als „bezahlt" mit Datumsangabe gekennzeichnet.

9) Die Ablage. Die roten Schuppenbelege werden zusammen mit den Kopien der Zahlungsaufträge, -anweisungen und so weiter sowie den Durchschriften der „Abrechnung", auf Grund deren die Verbuchung der Regulierung auf den Kontokorrentkonten zu erfolgen pflegt, periodenweise und nach Belegnummern geordnet, in der Finanzbuchhaltung abgelegt.

c) Abweichungen

Von dem unter *b)* dargestellten normalen Durchlauf können sich notwendig Abweichungen ergeben, und zwar regelmäßig in *zwei Fällen*, die im folgenden noch kurz zu behandeln sind.

Im Fall der Notrechnung ergibt sich zunächst derselbe Durchlauf, als wenn von der Originalrechnung ausgegangen würde, mit folgenden Einschränkungen:

Die Kontokorrentbuchhaltung bucht zunächst nicht zu Gunsten des Kreditorenkontos, sondern erkennt ein besonderes *Notrechnungs-(Zwischen-)konto* mit dem jeweiligen (fiktiven) Rechnungsbetrag.

Ferner werden die roten *Regulierungsschuppen nicht* an die Finanzbuchhaltung *weitergeleitet*, sondern vernichtet.

Bei Vorliegen der Originalrechnung wird diese ebenfalls nach ihrer Prüfung nebst eventuellen Berichtigungen in das Eingangsrechnungsbuch — wie auch die entsprechenden Notrechnungen — eingetragen, und bei dieser Gelegenheit werden die Schuppen erstellt. Von diesen erhält die Finanzbuchhaltung den roten Schuppenbeleg zur Regulierung, die Kontokorrentbuchhaltung die gelbe Schuppe zwecks Durchführung der *Umbuchung* zu Lasten des Notrechnungskontos, zu Gunsten des Kreditorenkontos und darüber hinaus erforderlichenfalls — also regelmäßig — zwecks Veranlassung der Korrekturbuchungen zu Lasten oder Gunsten des Notrechnungskontos und zu Gunsten oder Lasten der entsprechenden Sach-Gegenkonten, falls Notrechnungs- und effektiver Rechnungsbetrag sich nicht decken. Die Betriebsbuchhaltung mit ihren Unterabteilungen erhält keine grüne Schuppe; diese wird vielmehr vernichtet. Eventuelle Korrekturbuchungen werden, wie erwähnt, von der Kontokorrentbuchhaltung veranlaßt und besonders belegt.

Ferner ist noch der Fall der ungeprüften Eingangsrechnung herauszustellen: Sofern zum Monatsschluß noch Eingangsrechnungen vorliegen, die aus zeitlichen Gründen nicht mehr geprüft werden können, wenn der Abschluß nicht gefährdet werden soll, ergeben sich bei ihnen die gleichen Abweichungen von dem normalen Durchlaufweg wie im Fall der Notrechnungen, nur daß an die Stelle des Notrechnungskontos ein besonderes Konto (ebenfalls als Zwischenkonto) tritt.

2. LANGER DURCHLAUF OHNE EINSCHALTUNG VON HILFSBELEGEN

a) Vorbemerkung

Die Darstellung dieses Rechnungsdurchlaufs erfolgt in enger Anlehnung an die Ausführungen auf Seite 145 ff. unter *a) „Verbuchung ohne Hilfsbelege mit Verteilungsbögen"*. Der Einfachheit halber wird zwecks Vermeidung von Wiederholungen, ferner, wenn es sich ergibt, daß bei diesem Durchlauf sich Arbeitsgänge oder gar geschlossene Etappen mit solchen decken, die bereits im Verlauf des vorigen Beispiels zur Darstellung gelangten, lediglich auf diese entsprechend verwiesen.
Auch im folgenden Rechnungsdurchlauf wird zunächst der normale Weg aufgezeigt. Anschließend wird dann auf Sonderwege aufmerksam zu machen sein.

b) Normaler Durchlauf

Etappe 1: Eintragung der Eingangsrechnung in das Kontrollbuch für Eingangsrechnungen (Beteiligte Stelle — *Rechnungsprüfstelle)*

1) Die Eintragung. Sämtliche eingehenden Rechnungen werden durch die Postverteilungsstelle über die Postkonferenz sofort der Rechnungsprüfstelle zugeleitet.
Hier erfolgt zunächst Eintragung in das Kontrollbuch für Eingangsrechnungen — vgl. Abbildung 30, Seite 112 —, das in Lose-Blatt-Form geführt wird, in der Reihenfolge, wie die Eingangsrechnungen laufend eingehen. — Zu bemerken ist hier wiederum, daß am Monatsende die Endsummen der ursprünglichen und berichtigten Rechnungsbeträge sowie der Korrekturbeträge ermittelt werden können, um zur Abstimmung herangezogen zu werden.
2) Numerierung der Eingangsrechnung. Die sich aus dem Kontrollbuch für Eingangsrechnungen ergebende laufende Rechnungsnummer wird unter Verwendung eines automatischen Nummernstempels auf die Eingangsrechnung übernommen. Die Nummernreihe läuft zu Beginn einer Periode neu an.

Etappe 2: Die Prüfung der Eingangsrechnung (Beteiligte Stelle — *Rechnungsprüfstelle)*

Im Verlauf dieser Etappe ergibt sich jetzt der gleiche Arbeitsablauf, wie er im Rahmen des vorigen Beispiels 1. auf Seite 236ff. (Etappe 1) aufgezeigt wurde. Es kommen also die dortigen Arbeitsgänge *1)* bis *6)* unter Berücksichtigung folgender Abweichungen zum Zuge:

Im Falle, daß sich auf Grund der Prüfung Korrekturen ergeben, kommt für die Benachrichtigung der Rechnungsaussteller ein anderer Vordruck, und zwar der auf Seite 116, Abbildung 33 wiedergegebene, zur Anwendung. Einzelheiten hierüber können den dortigen Ausführungen entnommen werden.

Ferner werden nach erfolgter Prüfung eventuelle Berichtigungen in das Kontrollbuch für Eingangsrechnungen in der dafür vorgesehenen Spalte eingetragen, und der neue Rechnungsbetrag wird jeweils ausgewiesen.

Etappe 3: Vorlage der Eingangsrechnung zur Zahlungsanweisung (Beteiligte Stelle — *Leitung des Rechnungswesens)*

Der Vorgang ist derselbe, wie im Beispiel 1. im Zuge der Etappe 3 auf Seite 238ff. dargestellt. Die Vorlage des Vordrucksatzes „Eingangsrechnungsbuch“ sowie die Unterschriftsleistung auf den roten Schuppen entfallen selbstverständlich.

Die Weiterleitung und Rückgabe der Eingangsrechnung nebst den sonstigen Prüfungsunterlagen werden jeweils im Kontrollbuch für Eingangsrechnungen vermerkt.

Etappe 4: Weiterleitung der Eingangsrechnung und sonstigen Prüfungsunterlagen (Beteiligte Stelle — *Rechnungsprüfstelle)*

1) Weiterleitung der Eingangsrechnung. Im Anschluß an die Anweisung der Eingangsrechnung zur Zahlung wird jene der Kontokorrentbuchhaltung zur Verbuchung zugeleitet. — Die Weiterleitung und ihre Rückgabe nach der Verbuchung werden ebenfalls wieder im Kontrollbuch für Eingangsrechnungen unter Angabe des Datums vermerkt.

2) Rückgabe der sonstigen Prüfungsunterlagen. Die Bestellunterlagen einschließlich der Leistungsnachweise werden der Einkaufsabteilung zurückgegeben, wo sie bei Bedarf jederzeit eingesehen werden können.

Etappe 5: Verbuchung der Eingangsrechnung auf dem Kreditorenkonto (Beteiligte Stelle — *Kontokorrentbuchhaltung)*

Im Verlauf dieser Etappe ergeben sich, unter Berücksichtigung folgender Änderungen, sinngemäß die gleichen Arbeitsgänge, wie im Beispiel 1. (Etappe 6) auf Seite 239ff. aufgezeigt wurde. (An die Stelle der Schuppenbelege tritt also die Originalrechnung.)

Der zu Arbeitsgang *3)* gegebene Hinweis auf die Ausführungen auf Seite 159ff. sowie der gesamte Arbeitsgang *5)* entfallen hier. — Ferner erfährt der Arbeitsgang *6)* insofern eine Abänderung, als die Abstimmung am Monatsende nicht mit der Endsumme des Eingangsrechnungsbuches, sondern mit der des Kontrollbuches für Eingangsrechnungen vorgenommen wird.
Hervorzuheben ist, daß die Verbuchung auf den Kreditorenpersonenkonten in zweifacher Durchschrift ins Rechnungseingangsjournal — vgl. Abbildung 42, Seite 150 (nicht auf Lieferersammelkonto, wie der Hinweis auf Seite 159 ff. zu Arbeitsgang *3)* es besagt) — erfolgt. Eine Durchschrift desselben wird jeweils bei der Rückgabe der Eingangsrechnung an die Rechnungsprüfstelle beigefügt.
Schließlich ist noch zu Arbeitsgang *7)* der Etappe 6 des vorigen Beispiels zu bemerken, daß bei ihm an die Stelle des Lieferersammelkontos das vorerwähnte Rechnungseingangsjournal tritt.
Es kann zur Ergänzung weiter auf die Ausführungen Seite 147 ff. verwiesen werden.
Ob sich nunmehr die Etappen der Behandlung der Eingangsrechnung in den Unterabteilungen der Betriebsbuchhaltung anschließen oder nun zunächst die Regulierung der Eingangsrechnung erfolgt, hängt von der Aufeinanderfolge von Abschlußzeitpunkt und Fälligkeitstermin der vorliegenden Rechnung ab. Die Reihenfolge der Etappen kann hier nicht eindeutig bestimmt werden. Es ist Sache der Rechnungsprüfstelle, den Durchlauf in der auf Seite 231ff. unter ee) dargestellten Weise zu bestimmen.
In diesem Beispiel sei *unterstellt*, daß die Fälligkeit der jeweiligen Eingangsrechnung so liegt, daß deren Behandlung durch die Betriebsbuchhaltung der Regulierung vorausgehen kann.

Etappe 6: Die Auswertung der Eingangsrechnung durch die Betriebsbuchhaltung (Beteiligte Stellen — *Abteilung „Betriebsabrechnung“, Anlage- und Lagerbuchhaltung)*

Die Auswertung der Eingangsrechnung in der Betriebsbuchhaltung, der sie zu diesem Zweck durch die Rechnungsprüfstelle unter Beifügung jeweils einer Kopie des Rechnungseingangsjournals zugeleitet wird, vollzieht sich in *drei Unteretappen* (6a—c), von denen die Etappe 6a in der Abteilung „Betriebsabrechnung“ vorausgeht. Die Etappen 6b (in der Anlagebuchhaltung) und 6c (in der Lagerbuchhaltung) werden anschließend parallel abgewickelt.

Etappe 6a: Auswertung der Eingangsrechnung durch die Abteilung „Betriebsabrechnung“

1) Komplettierung von Rechnungseingangsjournal-Durchschriften und Verteilungsbögen. Die in der Abteilung „Betriebsabrechnung“ zusammen mit den Eingangsrechnungen eintreffenden Durchschriften der Rechnungseingangsjournalbögen werden mit einer Allonge in Form eines Verteilungsbogens — vgl. Abbildung 43, Seite 150 — versehen.

2) Überprüfung der Kontierung. Die von der Kontokorrentbuchhaltung auf die Rechnungseingangsjournalbögen übernommenen Kontierungsangaben werden anhand der beiliegenden Eingangsrechnungen überprüft. — Gegebenenfalls werden Korrekturen vorgenommen.

3) Übernahme der Rechnungswerte in die Verteilungsbögen. Unter Beachtung der vorgeschriebenen Kontierung werden die korrigierten Rechnungsbeträge, wie sie aus den Rechnungseingangsjournalbögen hervorgehen, in die in Frage kommenden Spalten der Verteilungsbögen übernommen.

4) Weiterleitung der Eingangsrechnung. Im Anschluß an Arbeitsgang *3)* wird mit den Eingangsrechnungen — jeweils zu verstehen einschließlich etwaiger Berichtigungsbelege — wie folgt verfahren:

Die Eingangsrechnungen mit Beträgen, die abzugrenzen sind oder in die Kostenrechnung eingehen sollen, werden unmittelbar an die Rechnungsprüfstelle zurückgeleitet.

Eingangsrechnungen mit Beträgen, die Anlagekonten zu belasten sind, werden der Anlagebuchhaltung, solche mit Beträgen, die Lagerkonten zu belasten sind, der Lagerbuchhaltung zugeleitet.

5) Auswertung der Verteilungsbögen. Am Monatsende werden unter Einsatz schreibender Additionsmaschinen die einzelnen Posten, soweit sie die Kostenrechnung berühren, nach Kostenarten, -trägern und -stellen getrennt herausgezogen und in der auf Seite 149 ff. dargestellten Weise verarbeitet. — Desgleichen werden Rechnungsbeträge mit neutralem Charakter gesondert herausgezogen.

6) Meldung an die Bilanzbuchhaltung. Die aus den Verteilungsbögen in die Kostenrechnung übernommenen Beträge, getrennt nach Kostenarten, wie es die Hauptbuchkontengliederung erfordert, sowie die Rechnungsbeträge, die neutralen Aufwand darstellen, werden am Schluß jeden Monats summarisch der Bilanzbuchhaltung zur Verbuchung auf den entsprechenden Hauptbuchkonten gemeldet. — Zur Ergänzung sei auf die Ausführungen Seite 152ff. verwiesen!

7) Abstimmung. Die Summe, die sich aus der Addition der Endsummen der einzelnen Spalten der Verteilungsbögen ergibt, stimmt die Abteilung „Betriebsabrechnung“ in folgender Weise ab:

1. Einmal mit der Endsumme der Spalte „neuer Rechnungsbetrag“ des Kontrollbuchs für Eingangsrechnungen, wobei unterstellt sei, daß sämtliche eingetragenen Rechnungen auch zur Auswertung weitergeleitet wurden,
2. ferner mit dem Saldo des Rechnungseingangskontos — vgl. zur Ergänzung die Ausführungen auf Seite 149 — und schließlich

3. mit der Summe der von ihr selbst (Rechnungsbeträge mit Kosten- und neutralem Charakter), von der Anlage- und von der Lagerbuchhaltung an die Bilanzbuchhaltung gemeldeten Zahlen.
4. Eine weitere Abstimmung wird noch so durchgeführt, daß die Summen der von der Abteilung „Betriebsabrechnung" in die Kostenrechnung übernommenen und abgegrenzten Beträge einerseits und der von der Anlage- und Lagerbuchhaltung statistisch verbuchten Werte andererseits jeweils mit der Endsumme der entsprechenden Spalten der Verteilungsbögen verglichen werden.

Die miteinander abzustimmenden Summen müssen in jedem Fall identisch sein, anderenfalls sich an irgendeiner Stelle Fehler eingeschlichen haben, die aufzudecken und zu beseitigen sind.

Etappe 6b: Auswertung der Eingangsrechnung durch die Anlagebuchhaltung

Hier schließen sich jetzt die im vorigen Beispiel 1. im Verlauf der Etappe 7a aufgezeigten Arbeitsgänge *1)* bis *4)* Seite 241 ff. an, mit der Maßgabe, daß an die Stelle der grünen Schuppenbelege jeweils die Originalrechnungen treten und der dortige Hinweis entfällt. Wegen Einzelheiten kann auch auf die Ausführungen Seite 151 ff. verwiesen werden. — Zu ergänzen ist, daß die Anlagebuchhaltung noch eine Abstimmung mit der Abteilung „Betriebsabrechnung" (mit der Endsumme der entsprechenden Spalte der Verteilungsbögen) durchführt.

Nach der statistischen Verbuchung werden die Eingangsrechnungen umgehend wieder der Rechnungsprüfstelle zugeleitet.

Etappe 6c: Auswertung der Eingangsrechnung durch die Lagerbuchhaltung

In der Lagerbuchhaltung werden parallel die gleichen Arbeiten durchgeführt, wie sie in der Anlagebuchhaltung anfallen. Der im vorstehenden zu Etappe 6b gegebene Hinweis einschließlich Ergänzungen gilt also sinngemäß auch hier in vollem Umfang: Es schließen sich somit die Arbeitsgänge *1)* bis *4)* der Etappe 7a — siehe Beispiel 1. — an.

Wegen der am Schluß der Periode durchzuführenden Buchungen, bei denen die Eingangsrechnung selbst keine Rolle mehr spielt (Auflösung des Rechnungseingangskontos und Abschlußbuchungen), sei auf die entsprechenden Ausführungen Seite 152ff. hingewiesen.

Etappe 7: Die Regulierung der Eingangsrechnung (Beteiligte Stellen — *Finanzbuchhaltung, Kontokorrentbuchhaltung, Einkaufsabteilung und Rechnungsprüfstelle)*

Die Rechnungsprüfstelle leitet die ihr von der Abteilung „Betriebsabrechnung" sowie von der Anlage- und Lagerbuchhaltung wieder zugegangenen Eingangsrechnungen sofort unter Vermerkung im Kontrollbuch für Eingangsrechnungen an die Finanzbuchhaltung zur Regulierung weiter.

Diese vollzieht sich nun in der Weise, wie dies im Verlauf des vorigen Beispiels auf Seite 243ff. (Etappe 8 mit den Arbeitsgängen *1)* bis *8)*) dargestellt wurde. — Dazu sind folgende Änderungen festzuhalten: Statt des roten Schuppenbelegs wird die Originalrechnung der Regulierung zugrunde gelegt. — Die vorübergehende Ablage der Eingangsrechnung erfolgt in anderer Weise als die der Schuppen, und zwar wird die Rechnung bis zu ihrer Regulierung in einer Spezialmappe (Regulierungs-Mappe), so, wie dies auf Seite 196ff. aufgezeigt wurde, aufbewahrt.

Nach erfolgter Regulierung wird die Eingangsrechnung wieder der Rechnungsprüfstelle zurückgegeben, die sie nach Austragung im Kontrollbuch für Eingangsrechnungen der Bilanzbuchhaltung zur Ablage vorlegt.

Etappe 8: Die Ablage der Eingangsrechnung (Beteiligte Stelle — *Bilanzbuchhaltung)*

Vergleiche hierzu sinngemäß auch die Ausführungen auf Seite 239ff. zur Etappe 5! —

Es ist darauf zu achten, daß an die Stelle der Kontokorrentbuchhaltung die Bilanzbuchhaltung als Ablageort tritt.

c) Abweichungen

Der Durchlauf der Notrechnung vollzieht sich zunächst genau so, wie dies im vorstehenden unter *b)* dargestellt wurde, mit der Einschränkung, daß Notrechnungen nicht der Finanzbuchhaltung zur Regulierung vorgelegt werden. Nach Auswertung durch die Unterabteilungen der Betriebsbuchhaltung werden sie an die Rechnungsprüfstelle zurückgegeben. — Die Kontokorrentbuchhaltung verbucht die Notrechnungsbeträge wiederum zugunsten eines Notrechnungskontos — dagegen noch nicht zugunsten des Kreditorenkontos.

Gehen die den Notrechnungen entsprechenden Originalrechnungen ein, decken sich beider Beträge und ergibt deren Prüfung, daß keine Korrekturen notwendig sind, werden die Eingangsrechnungen zusammen mit den Notrechnungen zunächst der Kontokorrentbuchhaltung zur Umbuchung vom Notrechnungskonto auf das Kreditorenkonto und anschließend der Finanzbuchhaltung zur Regulierung zugeleitet. — Danach erfolgt dann die Ablage in der Bilanzbuchhaltung. — Besonders zu erwähnen ist noch, daß die Originalrechnungen ebenfalls in das Kontrollbuch für Eingangsrechnungen eingetragen werden, allerdings mit Rücksicht auf dessen Abstimmungsfunktion mit besonderem Vermerk.

Stellt sich auf Grund der Prüfung der Eingangsrechnung heraus, daß Notrechnungs- und endgültiger Rechnungsbetrag sich nicht decken, werden von der Rechnungsprüfstelle Berichtigungsbelege ausgestellt, und zwar jeweils gegebenenfalls aus vordruck- und buchungstechnischen Gründen ein solcher über den festgestellten Differenzbetrag zwischen Notrechnungs- und Originalrechnungsbetrag und ein solcher über die Differenz zwischen ursprünglichem und nach der Prüfung sich ergebendem korrigiertem Rechnungsbetrag, und den in Frage kommenden Eingangsrechnungen beigefügt. — Die Originalrechnungen durchlaufen dann — nach vorheriger Eintragung der Korrekturen in das Kontrollbuch für Eingangsrechnungen — zusammen mit den Berichtigungen und den Notrechnungen sämtliche unter *b)* aufgezeigten Etappen. Dazu ist noch folgendes zu bemerken:
Die Kontokorrentbuchhaltung bucht die auf dem Notrechnungskonto verbuchten Beträge aus und die entsprechenden Beträge nach dem Brutto-Prinzip auf dem Kreditorenkonto neu. — Die Abteilung „Betriebsabrechnung" übernimmt die sich aus der Durchschrift der Rechnungseingangsjournalbögen ergebenden Salden (zwischen altem [Notrechnungs-] und neuem Rechnungsbetrag) in die Verteilungsbögen und verarbeitet sie im Zuge der Kostenrechnung, soweit sie sie angehen, oder grenzt sie ab. Anderenfalls verbuchen Anlage- und Lagerbuchhaltung die Korrekturbeträge statistisch. — In der Finanzbuchhaltung wird anschließend auf Grund der Originalrechnungen reguliert. Die Bilanzbuchhaltung übernimmt schließlich dann die Ablage.

Ungeprüfte Eingangsrechnungen nehmen am Monatsschluß den gleichen Weg wie die geprüften, nur daß sie nicht der Finanzbuchhaltung zur Regulierung vorgelegt werden, sondern nach ihrer Auswertung durch die Betriebsbuchhaltung wieder an die Rechnungsprüfstelle zurückgehen.
Ergibt die anschließende Prüfung, daß keine Korrekturen erforderlich sind, erfolgt die Weiterleitung der Eingangsrechnung nach vorheriger Anweisung zur Zahlung an die Finanzbuchhaltung zur Regulierung. — Danach werden die Rechnungen in der Bilanzbuchhaltung abgelegt.
Müssen dagegen Berichtigungen vorgenommen werden, durchlaufen die Eingangsrechnungen zusammen mit entsprechenden Berichtigungsbelegen — vgl. hierzu die Ausführungen auf Seite 246 zur Etappe 2 — noch einmal sämtliche Etappen: In der Kontokorrentbuchhaltung werden dann aber lediglich die Korrekturen verbucht, wie auch in der Betriebsbuchhaltung nur die Korrekturbeträge (anhand der Rechnungseingangsjournal-Durchschriften und Verteilungsbögen sowie der Kopien der Berichtigungsbelege) verarbeitet werden. — Die Finanzbuchhaltung nimmt anschließend die Regulierung, die Bilanzbuchhaltung die Ablage vor.

Eingangsrechnungen mit sehr kurzfristiger Fälligkeit (vor allem Skonto-Rechnungen) werden so durch die Etappen geleitet, daß sich an ihre Prüfung sofort die Regulierung und an diese erst die Verbuchung im Kontokorrent sowie ihre Auswertung durch die Betriebsbuchhaltung anschließen.

3. RECHNUNGSDURCHLAUF UNTER BESONDERER HERVORHEBUNG DER KONTROLL-, REVISIONS- UND ABSTIMMUNGSMÖGLICHKEITEN

a) Vorbemerkung

Bei diesem Beispiel geht es in erster Linie darum, die Kontroll-, Revisions- und Abstimmungsmöglichkeiten aufzuzeigen, die in den Rechnungsdurchlauf eingebaut werden können. Um diese ganz klar herauszustellen, soll im folgenden zunächst unter *b)* kurz der Weg umrissen werden, den die Eingangsrechnung durch das Unternehmen zurücklegt, um damit sozusagen den Rahmen festzulegen, in den die Kontrollen, Revisionen und Abstimmungen eingepaßt werden. Dabei soll auf eine ausführliche Darstellung der einzelnen Behandlungsetappen, insbesondere der verschiedenen Arbeitsgänge bei den eingeschalteten Stellen, bewußt verzichtet werden. — Wo und wie sich die besagten Maßnahmen im einzelnen vollziehen, wird dann separat unter *c)* darzustellen sein.

Es sei noch besonders erwähnt, daß sich die Ausführungen weiter unten unter *c)* eng an diejenigen von *W. Grull* in „Die Kontrolle in gewerblichen Unternehmungen"[70] anlehnen.

Es gelten hier wiederum die auf Seite 235 gemachten Unterstellungen, insbesondere hinsichtlich der Abteilungsgliederung.

Das Hauptmerkmal des folgenden Rechnungsdurchlaufs ist neben den vielerorts eingebauten Kontrollen und so weiter darin zu sehen, daß mit *Duplikat-Rechnungen* gearbeitet wird.

b) Abriß des Rechnungsdurchlaufs

Gemeinsamer Durchlauf von Original- und Duplikat-Rechnung:

Etappe 1: (Beteiligte Stelle — *Rechnungsprüfstelle)*

1) Eintragung der (auf Anforderung) zweifach eingegangenen *Rechnung in das Kontrollbuch* für Eingangsrechnungen — vgl. auf Seite 245 zur Etappe 1 — unter fortlaufender Numerierung.

[70] *Werner Grull*, Die Kontrolle in gewerblichen Unternehmungen, Berlin 1921, S. 175 ff.

2) Kennzeichnung der Duplikat-Rechnung durch Stempelaufdruck als solche.
3) Prüfung der Eingangsrechnung — vgl. auf Seite 246 zur Etappe 2. Zu bemerken ist, daß Prüfungsvermerke und Korrekturen selbstverständlich auch auf der Duplikat-Rechnung vorgenommen werden.
4) Weiterleitung der Original- und Duplikat-Rechnung unter Austragung im Kontrollbuch für Eingangsrechnungen an die Leitung des Rechnungswesens.

Etappe 2: (Beteiligte Stelle — *Leitung des Rechnungswesens)*
1) Anweisung der geprüften Eingangsrechnung zur Zahlung — vgl. auf Seite 246 zu Etappe 3. Auch die Duplikat-Rechnung wird (pro forma) zur Zahlung angewiesen.
2) Rückgabe der Eingangsrechnung nebst Duplikat an die Rechnungsprüfstelle.

Etappe 3: (Beteiligte Stelle — *Rechnungsprüfstelle)*
1) Weiterleitung der Originalrechnung — bei Unterstellung, daß Regulierung später (nach Verbuchung) erfolgen kann — an die Kontokorrentbuchhaltung.
2) Weiterleitung des Duplikats an die Abteilung „Betriebsabrechnung" der Betriebsbuchhaltung.
3) Weiterleitung der sonstigen Prüfungsunterlagen an die zuständigen Stellen — vgl. auf Seite 246 zur Etappe 4 (Arbeitsgang *2)*).
Zu bemerken ist, daß die Weitergabe der Eingangsrechnung jeweils im Kontrollbuch für Eingangsrechnungen nachgehalten wird.
Die folgenden Etappen durchlaufen Original- und Duplikat-Rechnung unabhängig voneinander.

Weiterer Durchlauf der Originalrechnung:

Etappe 4 (O.): (Beteiligte Stelle — *Kontokorrentbuchhaltung)*
1) Verbuchung der Eingangsrechnung auf dem Kreditorenkonto — vgl. sinngemäß auf Seite 246ff. zur Etappe 5. Es wird wiederum in zweifacher Durchschrift ins Rechnungseingangsjournal gebucht. — Eine Durchschrift erhält jeweils die Betriebsbuchhaltung (Abteilung „Betriebsabrechnung") zwecks Kontrolle der Vollzähligkeit der ihr zugegangenen Duplikat-Rechnungen.
2) Weitergabe der Eingangsrechnung zur Regulierung über die Rechnungsprüfstelle, die in dem Kontrollbuch für Eingangsrechnungen entsprechende Weitergabevermerke vornimmt.

Etappe 5 (O.): (Beteiligte Stelle — *Finanzbuchhaltung)*
1) Regulierung auf Grund der Originalrechnung — vgl. auf Seite 249/250 zur Etappe 7 mit Ausnahme des 1. Absatzes.

2) Weitergabe der regulierten Eingangsrechnung über die Rechnungsprüfstelle an die Bilanzbuchhaltung.

Etappe 6 (O.): (Beteiligte Stelle — *Bilanzbuchhaltung)*
Ablage der Originalrechnung. — Vgl. auf Seite 250 zur Etappe 8!

Weiterer Durchlauf der Duplikat-Rechnung:

Etappe 4 (D.): (Beteiligte Stellen — *Die drei Unterabteilungen der Betriebsbuchhaltung)*
Vorauszuschicken ist, daß die folgenden drei Unteretappen parallel verlaufen.

1. Unteretappe: (Beteiligte Stelle — *Abteilung „Betriebsabrechnung")*
1) Austragung des Rechnungs-Duplikats in der vorliegenden Durchschrift des Rechnungseingangsjournals.
2) Weiterleitung derjenigen Duplikat-Rechnungen, die die Anlage- und Lagerbuchhaltung angehen, an diese Stellen.
3) Sammlung der Duplikate mit Rechnungsbeträgen, die in die Kostenrechnung eingehen sollen oder abzugrenzen sind, bis zum Monatsschluß.
4) Statistische Auswertung der Duplikate am Schluß des Monats im Zuge der Kostenarten, -stellen- und -trägerrechnung.
5) Meldung der in die Kostenrechnung übernommenen und abgegrenzten Rechnungswerte zusammen — jedoch unter besonderer Ausweisung — mit dem gesamten Kostenanfall und neutralen Aufwand der Periode, entsprechend den Hauptbuchkonten gegliedert, *an die Bilanzbuchhaltung.*
6) Ablage der Duplikat-Rechnung zusammen mit den übrigen Belegen periodenweise und nach Kostenstellen und -trägern, innerhalb derselben nach Kostenarten geordnet.

2. Unteretappe: (Beteiligte Stelle — *Anlagebuchhaltung)*
1) Übernahme der Rechnungswerte von den Duplikat-Rechnungen *auf* die statistisch geführten *Anlagekonten.* — Vgl. auf Seite 249 zur Etappe 6b mit folgenden Einschränkungen: Die Abstimmung mit der Abteilung „Betriebsabrechnung" anhand der Verteilungsbögen entfällt hier. — Die Duplikate werden nicht weitergeleitet.
2) Ablage der Duplikat-Rechnung monatsweise, nach Konten getrennt.

3. Unteretappe: (Beteiligte Stelle — *Lagerbuchhaltung)*
Hier gilt sinngemäß das, was vorstehend zur 2. Unteretappe ausgeführt wurde einschließlich der daselbst gegebenen Hinweise.
Die Darstellung der Arbeitsgänge vorstehender Etappen unter *b)* findet eine *Ergänzung* in den Ausführungen auf *Seite 152 ff.*

c) Die eingebauten Kontroll- und Revisions- sowie Abstimmungsmöglichkeiten

aa) Reine Kontroll- und Revisionsmöglichkeiten

Die Kontrolle des Rechnungsausstellers hinsichtlich der von ihm bewirkten Leistungen durch die Empfangsstellen u. a.
(Läuft parallel der Etappe 1 und geht ihr zum Teil voraus)
Die zuständigen *Empfangsstellen* kontrollieren genauestens, welcher Art, Menge und Güte die seitens des Rechnungsausstellers bewirkten Leistungen sind, und legen das Ergebnis ihrer jeweiligen Kontrolle in den Leistungsnachweisen — vgl. hierzu auf Seite 98ff. unter *b)* — fest, die ihrerseits von der Rechnungsprüfstelle bei der Prüfung der Eingangsrechnung zugrunde gelegt werden. Erforderlichenfalls arbeiten die Empfangsstellen zu diesem Zweck mit anderen Stellen des Unternehmens (Warenannahmestelle, Pförtner, Wiegestellen, Bauabteilung, Laboratorium) oder fremden Institutionen aufs engste zusammen.

Die Kontrolle der Empfangsstellen durch Rechnungsaussteller und Rechnungsprüfstelle
(Läuft parallel der Etappe 1)
Vgl. hierzu die Ausführungen auf Seite 100ff. unter cc)!
Sobald die Wareneingangsmeldungen, die den Empfangsstellen laufend zur Quittierung der Eingänge zugeleitet werden, wieder bei der Warenannahmestelle vorliegen, übernimmt diese die von den Empfangsstellen angegebenen beziehungsweise bestätigten Mengen- und Qualitätsangaben — soweit erstere von den Empfangsstellen nicht angegeben werden können, setzt die Warenannahmestelle sie auf Grund eigener Unterlagen ein — auf eine weitere Kopie der Wareneingangsmeldung und übersendet diese dem jeweiligen *Rechnungsaussteller* mit der Bitte um Gegenzeichnung. Die von den Empfangsstellen quittierten Wareneingangsmeldungen (im Original) nehmen den vorgesehenen Weg zur Rechnungsprüfstelle. — Die vom Rechnungsaussteller gegengezeichnete Kopie der Wareneingangsmeldung wird nach Eingang ebenfalls sofort der Rechnungsprüfstelle zugeleitet.
Diese hat somit die Möglichkeit, die ihr von den Empfangsstellen über die Warenannahmestelle gemeldeten Angaben durch Vergleich der besagten beiden Meldungen (Original und Durchschrift der Wareneingangsmeldung) zu überprüfen. — Dadurch wird verhindert, daß die Empfangsstellen oder die Warenannahmestelle Eingänge der Menge oder Qualität nach melden, die nicht den Tatsachen entsprechen, und daß die Rechnungsprüfstelle die Prüfung der Eingangsrechnung auf falschen Unterlagen aufbaut.
In ähnlicher Weise kann auch eine Kontrolle der in Frage kommenden Stellen des Unternehmens vorgenommen werden, wenn es sich um andere als Wareneingänge handelt.

Die Kontrolle der Rechnungsaussteller hinsichtlich der von ihnen ausgestellten Eingangsrechnungen durch die Rechnungsprüfstelle
(Vgl. Etappe 1!)
Hierzu bedarf es keiner weiteren Ausführungen. Es kann vielmehr auf diejenigen über die Prüfung der Eingangsrechnung auf Seite 67ff. unter I. verwiesen werden. — Es sei jedoch nochmals festgehalten: Bei einwandfreiem Funktionieren des Prüfungsapparates kann es nicht dazu kommen, daß in preislicher, sachlicher oder in sonstiger Hinsicht fehlerhafte Eingangsrechnungen zur Verbuchung und Regulierung gelangen, daß Unredlichkeit und Unachtsamkeit der Rechnungsaussteller unbeachtet bleiben.

Die Kontrolle der Rechnungsprüfer durch den Stellenleiter
(Vgl. Etappe 1!)
Jede Eingangsrechnung wird nach ihrer Prüfung durch die oder den zuständigen Rechnungsprüfer unter Vorlage der gesamten Prüfungsunterlagen auf dem Prüfzettel — vgl. Abbildung 32, Seite 114 — durch den *Leiter der Rechnungsprüfstelle* gegengezeichnet, nachdem dieser sich von der Richtigkeit der durchgeführten Prüfung überzeugt hat.
Damit ist die Gewähr dafür gegeben, daß keine bewußt oder unbewußt seitens der Prüfer begangenen Fehler durchgehen.

Die Kontrolle der Rechnungsprüfstelle durch den Leiter des Rechnungswesens
(Vgl. Etappe 2!)
Sämtliche Eingangsrechnungen werden nach ihrer Prüfung, bevor sie zur Verbuchung und Regulierung weitergegeben werden, dem Leiter des Rechnungswesens, in Abwesenheit oder bei Überlastung desselben auch seinem Stellvertreter, zur Zahlungsanweisung vorgelegt. Zu diesem Zweck werden die kompletten Prüfungsunterlagen den Eingangsrechnungen beigefügt. Die anweisenden Personen haben die Möglichkeit, jede fehlerhafte Prüfung seitens der Abteilung „Rechnungsprüfung" aufzudecken.

Die Revision der Rechnungsprüfstelle durch die Einkaufsabteilung
(Schließt sich an den Rechnungsdurchlauf an)
Die zuständigen Sachbearbeiter der Einkaufsabteilung sind angewiesen, nach Rückerhalt der Bestellunterlagen und Ablage der Eingangsrechnung von Zeit zu Zeit stichprobenweise unter Heranziehung der betreffenden Eingangsrechnungen, die sie sich zu diesem Zweck von der Bilanzbuchhaltung aushändigen lassen, deren vorschriftsmäßige Prüfung zu revidieren.
Umgekehrt haben auch die Rechnungsprüfer — das sei hier nochmals hervorgehoben — Anweisung, bei Vorlage der Bestellunterlagen das Geschäftsgebaren der Einkaufsabteilung zu überwachen, und zwar desgleichen fallweise und in Form von Stichproben.

Die Revision der Rechnungsprüfstelle durch die Revisions-Abteilung
(Schließt sich an den Rechnungsdurchlauf an)
Eine sehr wirksame, wenn auch nur fall- und stichprobenweise Überwachung der Tätigkeit der Rechnungsprüfstelle stellt die Revision durch eine besondere Revisions-Abteilung dar. Hierüber wurde auf Seite 127 ff. unter 5. schon ausgeführt.

Die Kontrolle der Regulierung durch die Kontokorrentbuchhaltung
(Vgl. Etappe 5!)
Anläßlich der Verbuchung der regulierten Rechnungsbeträge auf Grund der Durchschläge der Zahlungsaufträge, Anweisungen, Durchschriften der „Abrechnungen" und so weiter auf dem Kreditorenkonto durch die zuständigen Sachbearbeiter der Kontokorrentbuchhaltung kontrollieren diese, ob die regulierten Beträge mit den (verbuchten) Rechnungsbeträgen laut Kontenkarte übereinstimmen. Die Regulierung einer Rechnung in falscher Höhe muß so automatisch aufgedeckt werden.

Die Kontrolle (oder Revision) der Regulierung durch die Rechnungsprüfstelle
(Im Anschluß an die Etappe 5)
Den Rechnungsausstellern wird durch die Finanzbuchhaltung im Zuge der Regulierung eine „Abrechnung" — vgl. Abbildung 59, Seite 201 — zweifach zugestellt. Eine Ausfertigung wird quittiert zurückerbeten und unmittelbar der Rechnungsprüfstelle zugeleitet. Die zuständigen Rechnungsprüfer kontrollieren unter Heranziehung der Eingangsrechnungen und Korrekturbelege und unter Einsichtnahme in das Kontokorrent die Ordnungsmäßigkeit der Regulierungen und gleichzeitig die Richtigkeit der Kontokorrentbuchungen. — Auch diese Kontrolle braucht nicht laufend, sondern kann von Fall zu Fall durchgeführt werden. Hierbei liegt dann, sachlich richtiger, eine revidierende Tätigkeit der Rechnungsprüfstelle vor.

Die Revision der Finanzbuchhaltung durch die Revisions-Abteilung
(Schließt sich regelmäßig an den Rechnungsdurchlauf an)
Die durch die Finanzbuchhaltung vorgenommenen Regulierungen werden schließlich auch noch fall- und stichprobenweise durch die Revisions-Abteilung auf ihre Ordnungsmäßigkeit hin unter Heranziehung der entsprechenden Unterlagen geprüft.

bb) Abstimmungsmöglichkeiten

Bei den nachstehend aufgeführten Abstimmungsmöglichkeiten handelt es sich um solche, von denen *regelmäßig am Schluß einer Periode* Gebrauch gemacht wird.

Die Abstimmung der Rechnungsprüfstelle mit der Kontokorrentbuchhaltung
(Vgl. Etappe 1 und 4 (0.)!)

Die Rechnungsprüfstelle ermittelt am Monatsschluß die Endsumme der in das Kontrollbuch für Eingangsrechnungen im Laufe der Periode eingetragenen Rechnungsbeträge, korrigiert um etwaige Last- oder Gutschriften, also die Endsumme der Spalte „Neuer Rechnungsbetrag". In dieser Summe sind die Beträge geprüfter und ungeprüfter Eingangsrechnungen enthalten, da letztere ja ebenfalls zur Verbuchung weitergeleitet werden.

Die Kontokorrentbuchhaltung stellt unabhängig davon die Endsummen der vorgenommenen Soll- und Habenbuchungen (Brutto-Prinzip) laut Rechnungseingangsjournal fest.

Die Endsumme des Kontrollbuchs für Eingangsrechnungen und der Saldo laut Rechnungseingangsjournal müssen übereinstimmen, wenn keine Fehler unterlaufen sind. Bei Nichtübereinstimmung können die Fehlerquellen sowohl im Feld der Rechnungsprüfstelle als auch in dem der Kontokorrentbuchhaltung liegen.

Die Abstimmung innerhalb der Betriebsbuchhaltung
(Vgl. Etappe 4 (D.)!)

Die Unterabteilung „Betriebsabrechnung" der Betriebsbuchhaltung läßt sich am Monatsende von der Anlage- und Lagerbuchhaltung die Summen der auf Anlage- und Lagerkonten übernommenen Rechnungsbeträge (um die Korrekturen saldiert) melden und fügt ihnen die Summe der von ihr selbst in die Kostenrechnung übernommenen beziehungsweise abgegrenzten Beträge, soweit sie Eingangsrechnungen entstammen, hinzu. Die durch Addition ermittelte Endsumme muß identisch sein mit dem Saldo aus Soll- und Habenbuchungen gemäß Rechnungseingangsjournal, wovon ihr eine Durchschrift durch die Kontokorrentbuchhaltung zugestellt wurde — vgl. auf Seite 253 zur Etappe 4 (Arbeitsgang *1)*).

Die Abstimmung der Bilanzbuchhaltung mit der Rechnungsprüfstelle und der Kontokorrentbuchhaltung
(Vgl. Etappe 1 und 4 (O.)!).

Der Bilanzbuchhaltung werden am Periodenschluß unter anderem folgende Zahlen gemeldet:

1. Von der Abteilung „Betriebsabrechnung" der gesamte *Kostenanfall* sowie der *neutrale Aufwand* der Periode,
2. von der Anlagebuchhaltung der *Anlage-Zugang* und
3. von der Lagerbuchhaltung die *Neuzugänge an Materialien* verschiedener Art.

Diese Meldungen sehen, wie an anderer Stelle schon ausgeführt, bei den einzelnen Posten, die sich ja nicht ausschließlich aus Rechnungsbeträgen zusammensetzen, einen besonderen Ausweis der anteiligen Rechnungswerte vor. — Ihre Endsumme stimmt die Bilanzbuchhaltung wie folgt ab:

1. Einmal mit der Endsumme des *Kontrollbuchs für Eingangsrechnungen* der Rechnungsprüfstelle, ferner
2. mit dem Saldo des *Rechnungseingangsjournals* der Kontokorrentbuchhaltung.

Die abgestimmten Summen müssen in jedem Fall Identität aufweisen. — Trifft das nicht zu, muß den Fehlerquellen auf den Grund gegangen werden.

LITERATURVERZEICHNIS

A. BETRIEBSWIRTSCHAFTLICHE LITERATUR

I. Bücher

Bogumil, H. — *Messarius*, G.: Das Grundwissen des Industriekaufmanns, Leipzig 1943

Calmes, Albert: Der Fabrikbetrieb, 7. Auflage, Leipzig 1922

Czekalla, Hanns: Die Organisation der Registratur in: Lindes kaufmännische Bücherei, Berlin - Wien 1926

Zweckmäßige Büroorganisation, Band I: Organisation der Buchhaltung, Berlin-Wien 1926

Fischer, Guido: Allgemeine Betriebswirtschaftslehre, 4. Auflage, Stuttgart 1947

Fischer-Hess-Seebauer: Buchführung und Kostenrechnung, Leipzig 1939

Greifzu, Julius: Das neuzeitliche Rechnungswesen, Hamburg 1949

Grull, Werner: Die Kontrolle in gewerblichen Unternehmungen, Berlin 1921

Die Organisation von Fabrikbetrieben, 2. Auflage, Leipzig 1920

Haller-Hotzel: Kaufmännisches Handwörterbuch, Band I und II, Berlin 1938

Hiemann, R.: Organisation eines Fabrikkontores, 2. Auflage, Leipzig 1912

Hoffmann, A: Wirtschaftslehre der kaufmännischen Unternehmung, Leipzig 1932

Kalveram, Wilhelm: Die kaufmännische Buchhaltung in: Die Handelshochschule — Die Wirtschaftshochschule, 23. Lieferung, Verl. No. 46

Le Coutre, Walter: Betriebsorganisation, Berlin-Wien 1930

Organisationslexikon, Berlin 1930

Leitner, Friedrich: Die Kontrolle in kaufmännischen Unternehmungen, 5. Auflage, Frankfurt 1939

Lilienthal-Müller: Fabrikorganisation, Fabrikbuchhaltung und Selbstkostenrechnung der Ludwig-Löwe und Co.-A. G. Berlin, 3. Auflage, Berlin 1925

Mellerowicz, Konrad: Allgemeine Betriebswirtschaftslehre, Band II, Berlin 1948

Nicklisch, Heinrich: Handwörterbuch der Betriebswirtschaft, Band II, 1. Auflage, Stuttgart 1926, Band I, 2. Auflage, Stuttgart 1937

Obst, Georg: Das Buch des Kaufmanns, Band I und II, 7. Auflage, Stuttgart 1928

Rahm, Walter: Lagerverwaltung und Einkauf, Leipzig 1920

Lagerverwaltung und Einkauf in Erzeugerbetrieben, 2. Auflage, Leipzig 1922

Sachsenberg, Ewald: Grundlagen der Fabrikorganisation, 3. Auflage, Berlin 1922

Schär, Johann-Friedrich: Korrespondenz und Handelsbetriebslehre in: Maier-Rothschild-Bibliothek, 12./13. Jahrgang, Berlin 1923

Schirmer, Alfred: Bessere Briefe — Bessere Geschäfte, 4. Auflage, Stuttgart-Wien 1929

Thielen, H.: Einkauf und Materialverwaltung in der Maschinenindustrie unter besonderer Berücksichtigung der Jahresinventur, 2. Auflage, Berlin-Wien 1940

van den Daele, Wilhelm: Der moderne Geschäftsbetrieb und seine Organisation, Stuttgart 1904

Handbuch der Rationalisierung, herausgegeben vom Vorstand des RKW., 3. Auflage, Berlin 1932

Maier-Rothschild, Band II: Kaufmannspraxis, herausgegeben von Karl Rohwald, Berlin 1927

Richtlinien für Rechnungsvordrucke, RKW-Veröffentlichung No. 16, Berlin 1929

L. Rothschilds Taschenbuch für Kaufleute insbesondere für Zöglinge des Handels, 30. Auflage, Leipzig 1886

II. Zeitschriften

Betriebswirtschaftliche Blätter, 5. Jahrgang, 1934, Otto Steup, Wien, Erfassung von Lieferungen und Behandlung von Lieferantenrechnungen

Deutsche Buchhaltungszeitung—Organisation—Buchhaltung—Betrieb, 29. Jahrgang, 1927, Heft 33, Paul Buttke, Frankfurt, Verbuchung ein- und ausgehender Rechnungen ohne Kontokorrent

Zeitschrift für handelswissenschaftliche Forschung, 1. Jahrgang 1906/07, Eugen Schmalenbach, Regulierung und Verbuchung eingehender Rechnungen im Fabrikbüro

Zeitschrift für Organisation, 6. Jahrgang, 1932: Fachblatt B, Heft 2, Wie wird die Rechnung zwischen Eingang und Regulierung aufbewahrt? — Fachblatt B, Heft 4, Wie wird die Rechnung zwischen Eingang und Regulierung aufbewahrt? — 7. Jahrgang, 1933: Fachblatt B, Heft 3, Josef Wieler, Rheydt, Vereinfachung der Regulierungsarbeit — 10. Jahrgang, 1936: Heft 6, Erich Lohmann, Hamburg, Umlauf und Kontrolle der Lieferantenrechnung — Heft 4, Max Röhr, Köln, Die Wareneingangskontrolle

III. Sonstige Quellen

Grundsätze für die Behandlung von Eingangsrechnungen, Anregung No. 8 der Wirtschaftsvereinigung Eisen- und Stahlindustrie, Ausschuß für industrielles Rechnungswesen, Unterausschuß Organisation und Verwaltungstechnik, erschienen Okt. 1950

B. JURISTISCHE LITERATUR

I. Bücher

Baumbach, Adolf: Handelsgesetzbuch in: Beck'sche Kurzkommentare, Band IX, München und Berlin 1951

Hanausek, Gustav: Fakturen und Fakturaklauseln nach Österreichischem Recht, Wien 1891

Könige, Handausgabe des Handelsgesetzbuches, 4. Auflage, Berlin 1936

Meussdoerffer, Franz: Die rechtliche Bedeutung der Fakturaklauseln, Dissertation, Erlangen 1908

Müller-Erzbach, Rudolf: Deutsches Handelsrecht, 2. und 3. Auflage, Tübingen 1928

Ritter, Carl: Kommentar zum Handelsgesetzbuch, 2. Auflage, München und Berlin 1932

Schlegelberger, Franz: Handelsgesetzbuch, erläutert von Geßler, Hefermehl, Herbig, Hildebrandt, Schröder, Band I, Berlin 1939

Staub: Staub's Kommentar zum Handelsgesetzbuch, 14. Auflage:
Band I, Berlin und Leipzig 1932,
Band III, Berlin und Leipzig 1933,
Band IV, Berlin und Leipzig 1933

Strohal, E.: Planck's Kommentar zum Bürgerlichen Gesetzbuch, Band II, 4. Auflage, Berlin 1914

Wahrneyer, Otto: Das Bürgerliche Gesetzbuch für das Deutsche Reich, 12. Auflage, Detmold, München, Berlin 1951

Das Bürgerliche Gesetzbuch mit besonderer Berücksichtigung der Rechtsprechung des Reichsgerichts — (Kommentar von Reichsgerichtsräten), 9. Auflage, Berlin 1939

Kommentar zum Handelsgesetzbuch, herausgegeben von Mitgliedern des Reichsgerichts: Band III, Berlin 1940, Band IV, Berlin 1943.

II. Zeitschriften

Juristische Rundschau,
10. Jahrgang, 1934, Anders, Die Faktura

Juristische Wochenschrift,
1902, Seite 134,
1904, Seite 341,
1922, Seite 1717,
1923, Seite 48,
1930, Seite 2238,

Recht,
1906, Seite 1192

Wahrneyers Jahrbuch,
No. 6, 1900, Seite 38.

III. Sonstige Quellen

Reichsgerichts-Entscheidungen:

7/275	59/351
18/55	65/330
47/428	65/331
50/255	91/346
52/133	95/120
52/135	118/354
57/409	

Reichs-Oberhandelsgerichts-Entscheidungen:

1/85	5/265
1/88	5/421
1/122	6/166
1/127	9/208
3/48	13/75
3/113	19/5
4/167	22/144
5/35	

GPSR Compliance

The European Union's (EU) General Product Safety Regulation (GPSR) is a set of rules that requires consumer products to be safe and our obligations to ensure this.

If you have any concerns about our products, you can contact us on ProductSafety@springernature.com

In case Publisher is established outside the EU, the EU authorized representative is:

Springer Nature Customer Service Center GmbH
Europaplatz 3
69115 Heidelberg, Germany

Batch number: 10809466

Printed by Printforce, the Netherlands